펄떡이는
길거리
경제학

펄떡이는
길거리
경제학

초판 2쇄 발행 | 2009년 6월 5일

지은이 | 이영직
펴낸이 | 이종록
만들고 파는이 | 임홍수, 이지혜, 박선정

펴낸곳 | 스마트비즈니스
출판등록 | 2005년 6월 18일(제313-2005-00129호)
주소 | 121-250 서울시 마포구 성산동 293-1 2층
전화 | 02)336-1254
팩스 | 02)336-1257
전자우편 | smartbiz@sbpub.net

ISBN 978-89-92124-22-5 03320

펄떡이는 길거리 경제학

강의실 밖에서 배우는 경제학 이야기

| 이영직 지음 |

Sb
art business

우리가 매일 걷는 길거리에서도 경제학은 펄떡이며 살아있다

로또 이야기를 해보자. 로또 100회까지 통계를 보면 1등 당첨자의 39.9퍼센트가 토요일에 구입한 사람이라고 한다. 만약 토요일에 구입하면 당첨 확률이 훨씬 높을까?

당연히 아니다! 통계의 속임수일 뿐이다. 로또는 수요일까지 거의 팔리지 않다가 목요일부터 서서히 움직이기 시작해 금요일과 토요일에 집중적으로 팔린다. 토요일에 팔리는 숫자가 전체의 40퍼센트다. 당첨자도 토요일에 구입한 사람 중에서 나오는 비율이 39.9퍼센트로 확률과 거의 정확하게 일치한다.

이처럼 전체를 알지 못하면 그릇된 판단을 하게 된다. 전체를 조망할 수 있는 유용한 도구가 바로 경제학이다.

　요즘은 샘물 같은 시원한 소식 듣기가 쉽지 않다. 길거리에 나가도 어깨 처진 젊은이들 뿐이다. 취업이 힘든 이유는 지극히 간단하다. 대학졸업장을 가진 사람들이 원하는 고급 일자리는 별로 늘어나지 않았기 때문이다. 게다가 기존의 일자리마저 해외로 빠져나가 더욱 줄어들고 있어 취업난을 가중시키고 있다.

　이런 상황의 해결 방법은 임시적인 일자리 몇 만 개 만드느라고 수천억 원씩 낭비하지 말고 그 돈으로 1990년대 미국처럼 젊은이들의 벤처 창업을 활성화시키는 것이다. 젊은이들 중에 걸출한 스타 몇 명만 나오면 10만 명의 일자리는 거뜬히 해결된다.

　경제학의 가장 기초인 수요와 공급 이론만 이해하면 간단한 답이 나온다.

미인은 왜 콧대가 높을까?

경제학자는 돈을 벌었을까?

퇴근길 오른쪽 자리가 왜 가게의 명당일까?

은행은 왜 가장 좋은 건물 1층에 있을까?

그 많던 공중전화와 우체통은 어디로 갔을까?

아파트 가격을 국가가 왜 좌지우지할 수 없을까?

쌀이 남아도는 나라에 왜 굶는 사람이 있을까?

이런 질문들은 경제학에 조금만 관심이 있다면 전혀 어려운 이야기가 아니다.

'미인은 왜 콧대가 높을까?'

이거 하나만 알면 경제학은 마스터한 것이다. 미인의 콧대가 왜 높은지 남자들은 다 알고 있다. 이런 경제 이론 몇 가지만 터득하고 있으면 훨씬 더 효과적인 경제 활동을 할 수가 있다.

하지만 사람들은 결정적인 순간이 되면 이론대로 행동하지 못하는 경우가 많다. 사람은 긴장하면 교감신경의 지배를 받아서 이성적인 판단을 하지 못한다는 것이다.

운동선수들이 경기에 나가 자신의 연습기록을 능가하기란 쉽지 않다. 왜? 역시 긴장하기 때문이다. 그래서 운동선수들은 눈을 감고도 해낼 수 있을 정도로 연습에 연습을 거듭하는 것이다. 마찬가지로 경제 이론도 몇 가지만 친숙해질 정도로 숙지하고 있으면 아무리 위급한 상황에서도 올바른 판단을 할 수 있다.

6

경제학은 인간의 욕심을 긍정적으로 수용하는 유일한 학문이다. 인간은 살아가는 동안 먹고 자고 입고 사랑하고 남에게 인정받고 싶어 하고 명예도 얻고 싶어 한다. 이런 것들을 정당하게 얻을 수 있는 방법은 열심히 일을 해서 돈을 많이 버는 것이다. 이것이 자신과 구성원 모두에게 이익이 되는 윈-윈 게임이다.

우리가 매일 걷는 길거리에서도 경제학은 펄떡이며 살아있다. 이제 어려운 경제학이라는 고정관념을 깨고 우리가 흔히 길거리에서 찾을 수 있는 경제학에서부터 눈을 떠보자.

이 책은 경제학에 문외한인 사람도 쉽게 이해할 수 있도록 쓰려고 노력을 많이 했다. 이 책이 여러분들의 경제 마인드 함양에 조금이라도 도움이 된다면 더 없는 영광이다.

- 이영직

1장 인간의 역사, 경제학의 원리로 진화되다

2장 생활 속에서 펄떡이는 길거리 경제학

3장

마케팅을 알면
새로운 경제학에 눈 뜬다

4장 경제학을 모르면 미래가 없다

1장 인간의 역사, 경제학의 원리로 진화되다

01 미인은 왜 콧대가 높을까?

경제 이론 그거 별거 아니다. 그냥 우리들의 일상적인 삶을 어렵게 보이는 용어로 쓴 것뿐이다. 실제로 경제 이론의 토대를 닦은 애덤 스미스, 데이비드 리카도 등 우리가 알고 있는 경제학의 대부들은 경제학자가 아니었다. 아니, 경제학이라는 학문 자체가 당시에는 존재하지 않았다.

애덤 스미스는 윤리학 교수였으며 데이비드 리카도는 대학 근처에도 가보지 않은 주식투자가로 큰돈을 번 다음에 정치가로 변신한 사람이었다. 각자의 입장에서 인간의 살아가는 문제, 먹고사는 문제를 성찰한 가설적인 이론이 그들의 경제학이었던 것이다.

'미인은 왜 콧대가 높은가?'

이거 하나만 깨달으면 경제 이론은 터득한 거나 마찬가지다. 경제

이론이란 우리 모두가 다 아는 이야기라는 말이다.

경제학의 핵심은 수요(需要)와 공급(供給)이다. 가지려는 사람이 많아지면 가격이 올라가고, 공급하는 사람이 많아지면 가격은 내려간다. 반대로 가격이 올라가면 가지려는 사람은 줄어들지만 공급하는 사람은 많아진다. 가격이 내려가면 가지려는 사람은 증가하지만 공급하는 사람은 줄어든다.

모든 경제주체들이 자신들에게 가장 유리하다고 생각되는 선택을 하는 동안 수요와 공급이 교차하면서 균형을 이루는 것이다.

다시 돌아가서, '미인은 왜 콧대가 높을까?'

미인 주변에 따르는 남자가 많기 때문이다. 경제학적으로 이야기하자면 수요가 많은 것이다. 그래서 미인은 콧대가 높다.

인간은 살아가는 동안 많은 것을 필요로 한다. 처음에는 스스로 모든 것을 해결했다. 원시인들은 사냥을 하고 나무열매를 따서 먹는 문제를 해결했고 사냥한 동물의 가죽을 벗겨 옷을 만들었다. 이때는 '생산자=소비자'였다. 그러다 사회가 점점 발전하면서 살아가는 데 필요한 모든 것을 혼자서 해결할 수 없게 되었다. 그래서 분업이 생겨났다.

어떤 사람은 농사만 짓고 어떤 사람은 물고기만 잡고 또 어떤 사람은 농기구를 만들거나 옷감을 짰다. 그러고는 각자의 결과물을 '교환'이라는 형식을 통해 조금씩 나눠 갖게 되었다. 그것이 훨씬 더 효율적이기 때문이다.

경제 행위란 사전적으로 '재화를 획득하여 욕망을 충족시키는 활동' 정도로 정의할 수 있다. 즉, 자신의 노력으로 얻은 결과물을 자신이 필요한 것들과 교환하는 행위다.

인간의 욕구는 무한한 반면 이를 충족시켜줄 재원은 유한하다. 갖고 싶은 것, 하고 싶은 것은 많은데 그것을 하기 위한 재원은 늘 부족하게 마련이다. 여기서 '필요한 재원을 어떻게 마련할 것이며, 그렇게 획득한 재원을 어디에 어떻게 배분할 것인가?' 하는 경제 문제가 생겨난다.

개인뿐만 아니라 기업, 국가도 마찬가지다. 개인의 먹고사는 문제가 가정경제라면 나라 전체의 먹고사는 문제는 국가경제다. 이 먹고사는 문제를 체계적으로 정리한 것을 경제학(Economics)이라고 한다.

그렇다면 미인의 콧대를 낮출 방법은 무엇일까?

답은 나의 가치를 미인의 콧대보다 더 높이는 것이다. 그러면 미인은 내 품에 안기게 된다. 나의 가치는 능력이고, 능력은 다시 돈과 직결된다. 돈을 많이 벌면 미인들이 줄줄 따르게 마련이다. 왜? 여자는 자신과 자신이 낳을 아이를 안락한 환경에서 키우고 싶어 하기 때문에 능력 있는 남자를 원한다.

《주역(周易)》을 보면 남자에게 있어 돈과 여자는 같다고 나와 있다. '돈=여자'인 것이다. 세상에 대한 깊은 성찰의 결과로 보인다. 그래서 돈 많은 남자 주변에는 늘 여자들이 끊이지 않는 법이다. 이 것이 수요와 공급의 법칙이다.

이번에는 미인의 입장에서 보자. 만약 자신이 좋아하는 남자 주변

16

에 다른 미인들이 줄줄이 나타난다면 자신의 가치는 상대적으로 낮아질 것이다. 그럴 때 할 수 있는 방법은 무엇일까? 그것은 자신이 다른 미인들과 같은 조건에서 비교되지 못하도록 하면 된다. 마케팅 용어로 말하자면 '차별화'이다.

다른 미인들이 나란히 서서 외모로 평가될 때 그 대열에 끼어들면 안 된다. 이럴 때는 미모가 아닌 다른 가치로 승부를 걸어야 한다. 예를 들면 '지적인 매력'으로 무장하는 것이다.

"너희들은 얼굴만 예쁘지'? 난 지적 매력까지 갖췄단 말이야, 흠!"

너희들과는 다르다는 것이다.

이런 지적 매력으로 나를 무장시키는 것을 '포지셔닝(positioning)'이라고 부른다.

벌써 수요와 공급 간의 관계, 경제학과 차별화 그리고 포지셔닝의 정의 등을 알았다.

이와 같이 경제학의 내용들은 우리가 일상생활에서 본능적으로 터득하고 있는 것이다. 다만 어려운 용어로 설명되고 있어 모르고 있을 뿐이다.

02 불, 수레바퀴, 화폐 그리고 숫자 '0'

본격적으로 경제 이야기를 하기 전에 인류가 걸어온 발자취를 잠깐 짚어보자.

인류는 수만 년의 역사를 지나는 동안 몇 번의 큰 도약을 거쳤다. 불을 발견하여 원시상태를 벗어났으며 수레를 발명하여 자연의 힘을 이용했고 화폐를 발명하여 자연스럽게 교환을 할 수 있었다.

불

원시인들에게 불은 신의 사자(使者)였으며 경외(敬畏)의 대상이었다. 천둥, 번개, 화산 폭발과 함께 일어나는 불길은 두려움 그 자체였을 것이다. 일부 종교에서는 지금도 불을 죄에 대한 응징으로 보고 있으며 배화교(拜火敎)처럼 불 자체를 섬기는 종교도 있다.

천둥이나 번개는 두려움의 대상으로 가까이 갈 수 없었지만 나중에는 마찰에 의해서도 불이 발생한다는 것을 알았고, 이를 보관하고 이용하는 방법을 터득하게 되면서부터 다른 동물들과 구별되는 '인간으로서의 삶'을 시작하게 되었다.

불을 가지게 되면서 냉수를 물리치고 추위를 이길 수 있었다. 음식을 익힐 수 있어서 훨씬 더 위생적인 식생활이 가능하게 되었다.

불의 효용은 여기서 그치지 않는다. 불로 도구와 무기를 만들었으며, 강력한 무기를 통해 고대왕국을 건설하면서 소위 문명의 길을 걷게 되었다.

이처럼 불은 인류의 진보에 크게 기여한 것이 틀림없지만 동시에 무기를 만들게 하여 전쟁이라는 재앙도 함께 가져다주었다.

그리스 신화에서 올림포스의 주신 제우스는 인간의 타락을 못마땅하게 여겨 인간에게서 불을 빼앗아버린다. 그러자 인간들은 바로 원시인들과 다름없게 되었다. 이를 불쌍하게 여긴 프로메테우스는 불을 훔치기로 마음먹는다. 회향나무 가지를 들고 하늘로 올라간 프로메테우스는 제우스 몰래 불을 훔쳐 인간에게 돌려주었다.

이에 격노한 제우스는 프로메테우스와 인간에게 벌을 준다. 제우스는 프로메테우스를 바위에 쇠사슬로 묶고 독수리가 그의 간을 쪼아 먹게 했다. 인간에게는 판도라라는 여성을 보내 '판도라의 상자'

사건이 일어나게 한다. 그 사건 때문에 온갖 재앙과 질병과 고통, 질투와 복수와 악의가 세상 밖으로 뛰쳐나갔고, 상자 바닥에는 '희망'이라는 단어 하나가 달랑 남게 되었다.

곧 불을 어떻게 이용하느냐에 따라 희망도 될 수 있고 재앙도 될 수 있다는 상징적인 메시지인 셈이다.

수레바퀴

수레는 인류가 동물과 자연의 힘을 이용할 수 있는 최초의 수단이었다. 수레가 있었기에 고대왕국을 건설할 수 있었으며, 성을 축조하고 건설에 필요한 자재들을 운반할 수 있었다. 말하자면 수레는 오늘날 기계문명의 효시였다.

최초의 바퀴는 둥근 통나무를 잘라 그대로 사용했을 것이나 점차 기술이 발달하면서 바큇살을 장착한 바퀴가 등장했다. 바퀴살이 등장함으로써 훨씬 더 가벼운 바퀴로 더 많은 물건을 실어 나를 수 있었다.

바퀴의 흔적은 고대 메소포타미아 문명권과 중국, 그리고 우리나라에서도 발견되고 있다. 고구려 고분 무용총 벽화에도 바퀴달린 수레와 금속을 다루는 야철(冶鐵)신의 모습이 나오는 것을 보면 고구려 시대에 이미 철제 바퀴살을 장착한 수레가 있었지 않았나 생각된다.

화폐

　교환의 매개물인 화폐. 이 화폐의 발명으로 인류는 윈-윈 게임이라는 상생의 길로 접어들 수 있었다. 사냥을 하고 물고기를 잡던 획득 경제인 원시시대에도 내가 사냥한 동물 중 일부와 다른 사람이 채집한 과일 일부를 맞바꾸는 형태의 물물교환 거래가 있었을 것으로 짐작된다.

　그러다가 가축, 동물의 가죽, 조개껍데기 등이 원시적인 화폐의 기능을 담당했다. 한층 더 발전하자 사람들에게 공통으로 필요한 일상용품(먹을거리, 옷감 등)이 그 자리를 대신했다. 오늘날 '자본'을 뜻하는 단어 'capital'이 소의 머리를 의미하는 'caput'에서 유래된 것도 원시 화폐의 흔적으로 가축이 사용되었음을 말해준다.

　그후 금, 은 등 내재가치를 가진 귀금속이 화폐의 역할을 하다가 오늘날의 화폐가 되었다. 금이나 은처럼 내재가치가 있는 화폐를 본원화폐, 요즘 지폐처럼 그 자체에 가치가 없는 화폐를 명목화폐 또는 법화라고 부른다. 법화란 화폐 자체는 아무런 가치가 없고 다만 정부가 보증하는 교환수단이라는 의미다.

　지금도 화폐의 가치가 떨어지거나 유통이 여의치 않은 곳에서는 여전히 물품화폐가 화폐로서의 기능을 발휘한다. 제2차 대전 당시 포로수용소의 죄수들 사이에서는 담배가 화폐의 구실을 했으며 소련이 붕괴될 당시에도 공식 화폐인 루블보다 미국산 담배가 더욱 인기 있는 교환수단이었다. 당시 모스크바의 택시 운전수도 루블보다

말보로 담배를 더 선호했다. 그러면 담배를 피우지 않는 사람도 왜 담배를 교환수단으로 선택했을까? 그 담배가 다른 상품으로 교환할 수 있는 수단이었기 때문이다.

화폐가 등장하면서 물물교환의 번거로움이 사라지고 교환은 빠르게 활성화되었다. 이 교환을 통해 인간은 원시상태를 벗어날 수 있었다.

교환이 이뤄지지 않는 사회, 즉 자급자족 사회를 생각해보라. 자급자족 사회에서 사냥을 하던 부족이 곡물이나 소금을 얻으려면 대부분 약탈에 의존해야 했다. 역설적이지만 원시인들이 원시상태를 벗어나지 못한 것도 교환이 이뤄지지 않았기 때문이라고 한다면 지나친 표현일까?

인간은 교환을 통해서 서로가 이익을 얻을 수 있다는 것을 깨달았으며 빠르게 분업과 전문화의 길을 가게 되었다.

처음에는 화폐가 순수한 교환 수단이었으나 점차 부(富)를 축적하는 수단이 되었다. 그렇게 되면서 화폐에 대한 인간의 욕구는 더욱 강렬해졌다. 거의 모든 것을 얻을 수 있는 교환의 수단이 화폐였기 때문이다.

우리가 살아가기 위해 노력하는 모든 일의 중심에 화폐가 있고, 화폐가 자연스럽게 모든 경제 활동의 중심이 된 것도 그러한 이유에서다.

숫자 '0'

앞에서 언급한 불, 수레바퀴, 화폐 등 3대 발견·발명품 외에 오늘날의 현대문명을 가능하게 한 것을 하나 더 들라면 숫자 '0'을 들고 싶다. 우선 '0'이 없었다면 1,234,567은 단위마다 새로운 숫자를 사용하여 일백이십삼만사천오백육십칠(壹百貳拾參萬四阡五百六拾七)로 써야 하며, 이를 더하고 곱하고 나누는 일은 복잡하기 이를 데 없었을 것이다.

또한 '0'의 발견이 위대한 것은 인간의 사고개념 자체를 획기적으로 바꿔 놓았다는 점에서 찾을 수 있다. 음수의 개념이 나타났고 무리수, 복소수 등의 개념을 도입하여 인간의 사유 영역은 훨씬 넓어졌다.

'0'은 다분히 인도적인 사유의 산물이었다. 아무것도 없는 상태, 비어 있는 상태가 영(零, zero)이지만 어떤 수에 더하거나 빼도 변하지 않는 항등원(identity element)의 의미를 갖고 있었으며, 어떤 수라도 곱하면 모든 것을 '없음'으로 만들 수 있고 나누면 무한대가 되는 개념이었다.

'0'을 발견한 사람은 인도의 위대한 수학자 브라마굽타(Brama gupta)였다. 그는 무(無)의 개념인 수냐(sunya, 空)에서 '0'의 개념을 생각해낸 것이다.

서양의 철학과 과학, 수학에서는 '0'과 같이 '존재하지 않으면서도 존재하는' 모순된 숫자는 인정할 수 없었다. 아리스토텔레스는

'빈 공간이 하나의 물체라 한다면 거기에 다른 공간을 들여놓을 경우 두 개의 물체가 동시에 한 공간을 차지하는 모순'이 생긴다며 반대했다. 또 '0'을 신에 대한 부정으로 생각했으며 아우구스티누스나 토마스 아퀴나스 같은 신학자들은 이를 철저히 부인했다. 교황이나 사제들이 '0'의 전파를 막으려 했던 것도 바로 그런 이유 때문이었다.

인도에서 발견된 새로운 개념 '0'은 십자군전쟁 기간 동안에 아라비아, 스페인을 거쳐 유럽으로 전파되었으며 동양에는 불교와 함께 전파되었다. 만일 '0'이 없었다면 '0'과 '1'로만 전개되는 오늘날의 디지털 문명도 존재할 수 없었을 것이다. '0'은 불, 수레바퀴, 화폐와 더불어 현대문명을 가능케 한 결정적인 모멘텀이 되었다.

뭐니 뭐니 해도 머니가 최고

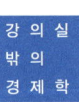

강 의 실
밖 의
경 제 학

화폐에 의한 교환이 없다면 우리는 다시 원시생활 수준으로 돌아갈 것이다. 이처럼 중요한 머니(Money) 이야기를 해보자.

우리나라 최초의 화폐는 고조선시대에 철로 만든 자모전(子母錢), 최초의 동전은 삼한시대에 만들어진 철전이었다. 금, 은이 화폐로 사용된 것은 삼국시대였으나 곡물이나 베 등 물품화폐가 더 많이 통용되었다고 한다. 고려시대에 동전이 본격적으로 주조되기 시작했으며 우리나라 최초의 엽전인 해동통보가 이때 만들어졌다. 그리고 본격적인 화폐 시대가 열린 때는 조선시대이다.

동전의 가장자리는 왜 톱니바퀴가 있을까? 금이나 은으로 동전을 만들던 시기에는 주화의 가장자리를 몰래 깎아내는 사람이 많았다. 그것을 방지하기 위해 가장자리를 톱니모양으로 만들었다. 그것이 유래가 되었으나 명목화폐가 된 지금도 습관적으로 그렇게 제조하고 있다.

초상화가 새겨진 기념화폐는 주인공이 죽으면 가격이 폭등한다. 교황 바오로 2세의 초상화가 새겨진 3.88유로 가격의 기념 동전은 교황의 건강 악화설이 나돌자 60배로 오르더니 교황이 서거하자 8,000유로로 치솟았다. 2,000배가 넘게 폭등한 것이다.

왜 고액권에는 초상화가 들어갈까? 위조방지를 위해서는 초상화가 가장 안전하기 때문이다. 예를 들어 세종대왕 대신 풍경화나 사물이 들어가면 모작을 쉽게 가려내지 못하지만 인물의 경우 조그만 뉘앙스 차이만 나도 금방 모조품임을 알아낼 수 있다. 그래서 고액권일수록 초상화가 많이 들어간다.

유로화는 유럽연합(EU)의 공통 화폐이기 때문에 어느 나라 누구의 초상을 넣느냐 결정하지 못해 초상화를 넣지 않는다.

10원짜리 동전과 10만 원짜리 수표 중 제작비는 어느 것이 더 비쌀까? 10원짜리 동전이 더 비싸다. 10만 원짜리 수표는 제조가격이 28원,

10원짜리 동전은 38원이 든다. 10원짜리 동전은 1966년 처음 주조될 당시 구리 88퍼센트, 아연 12퍼센트로 구성되었으나 구리가격이 오르자 구리 65퍼센트, 아연 35퍼센트로 바뀌었다. 구리가격이 다시 오르자 10원짜리 동전의 가치는 멜팅 포인트(melting point, 동전의 소재로 쓰이는 금속 가격과 화폐의 액면가치가 같아지는 선)를 넘어버렸다. 즉, 10원짜리 동전을 녹여서 금속으로 팔면 훨씬 더 이익이라는 이야기다.

만약 누군가 동전을 녹여서 금속으로 팔면 어떻게 될까? 화폐를 훼손하는 행위는 경제 질서를 교란하는 행위로 선진국 대부분이 법률로 처벌하고 있으나 우리나라는 처벌 규정이 없다. 실제로 그런 일이 벌어졌다. 10원짜리 동전을 녹여서 팔찌로 만들어 5천 원에서 2만 원에 판 것이다. 동전을 만드는 금속의 가격이 더 오르면 동전을 녹여서 장신구를 만드는 일이 사방에서 벌어질지도 모르겠다.

그래서 한국은행은 2006년 12월 18일을 기해 동전의 소재를 알루미늄에 구리를 씌운 값싼 소재로 바꿨다. 크기도 종전의 22.86밀리미터에서 18밀리미터로 4.86밀리미터를 줄였다. 무게도 4.06그램에서 1.2그램으로 줄었다. 동전을 만들던 소재인 황동(구리 65퍼센트, 아연 35퍼센트)의 국제시세가 크게 올랐기 때문이다.

03

욕망이라는 이름의 전차

미국작가 테네시 윌리엄스의 희곡 중에 「욕망이라는 이름의 전차」가 있다. 영화로도 만들어진 작품으로 몰락한 지주의 두 자매가 겪는 욕망과 갈등을 그리고 있다. 주인공인 블랑시는 지난날 호화롭고 영광스러웠던 기품 있는 여자로서의 자신과 결혼에 실패하고 욕망으로 들끓고 있는 현실의 자신 사이에서 갈등하다가 결국 욕망에 내맡기고 미쳐버린다는 줄거리다.

그 작품이 위대한 것은 줄거리가 아니라, 그렇게 타락해가는 과정이 누구에게나 공감을 줄 수 있는 내용으로 다가왔기 때문이다. 그것을 보고 천박하다고 느끼는 사람이 있다면 그 자신이 기만이라는 메시지를 준다.

욕망은 삶의 에너지

이런 이야기를 꺼낸 이유는 경제학이야말로 인간의 무한한 욕망을 긍정적으로, 있는 그대로 받아들이는 학문이라고 말하기 위해서다. 실제로 사회를 발전시키는 원동력도 욕심에서 비롯되었다. 내가 필요로 하는 것을 얻기 위해 열심히 일한 행동이 남을 돕는 결과가 된다.

인간은 살아가는 동안 많은 것을 필요로 한다. 먹고 자고 입고 결혼도 해야 하고, 휴식도 취해야 한다. 필요한 것을 얻는 데 그치지 않고 남보다 더 좋은 것을 더 많이 갖고 싶어 한다. 평생을 써도, 대를 이어 써도 남을 만큼의 부를 축적한 사람들까지 여전히 더 많은 돈을 벌기 위해 애쓰고 있는 것은 무한한 욕심 때문이며 그것이 용인되는 게 자본주의 사회다.

심리학자 프로이트는 인간의 욕망 자체를 삶의 원천적인 에너지인 '리비도(libido)'로 보고 있다. 이처럼 인간의 욕망은 무한에 가깝기 때문에 하나가 채워지면 만족하는 게 아니라 한 단계 더 높은 욕구로 옮겨가게 된다.

심리학자 매슬로(Maslow)는 인간의 욕구를 5단계로 분류하여 한 단계가 충족되면 다시 다음 단계의 욕구충족을 갈망한다며 욕구의 5단계설을 제시했다.

1. 인간의 가장 기본적인 욕구는 생리적(physiological) 욕구다. 먹고

28

자고 입고 사랑하고 싶은 욕구다. 이것은 가장 기본적인 욕구이므로 이것이 채워지지 않으면 다음 단계의 욕구는 일어나지 않는다. 배고픈 사람에게 고상한 미술품에 대한 욕구는 일어나지 않는다.

2. 그 다음은 안전(safety)의 욕구로 일종의 자기보존 욕구다.

3. 그 다음은 애정(love)에 대한 욕구로, 사회적인 소속감과 인정을 받고 싶어 하는 욕구다.

4. 그 다음은 자기존중(self esteem)의 욕구로 명예, 권력 등과 관련 있다.

5. 마지막으로 자아실현(self actualization)의 욕구가 나타난다.

이처럼 인간의 욕구는 무한하지만 물과 공기 외에는 모두가 노력과 대가를 치러야 얻을 수 있다는 점에서 경제 문제가 발생한다. 많은 가정과 사무실에 공기청정기가 설치되어 있고 공기도 상품화된다는 뉴스를 보니 이제 공기도 대가를 지불해야 할 날이 그리 멀지 않은 듯하다.

제주도 보건환경연구원에 따르면 한라산 국립공원 내의 기생화산인 천아오름(해발 700m) 부근의 Y계곡에서 채집한 공기를 압축해 캔에 담아 상품화했다고 한다. 지금까지 호흡이 곤란한 환자들을 위한 산소탱크는 있었지만 자연 상태에 있는 청정지역의 공기를 압축하여 상품화한 경우는 처음이다. 환경이 좀 더 악화되면 공기를 사서 마시는 것도 아주 일상적인 경제 행위 중 하나가 될 것이다.

04 시장 속에 흐르는 경제의 실핏줄들

시장이란 재화와 용역이 교환되는 곳이다. 우선 시장은 장소의 의미를 가진다. 남대문시장, 동대문시장 할 때의 시장은 장소적인 개념이다. 다음은 수요와 공급이 만나 정보를 교환하고 가격을 형성하고 거래가 이루어지는 종류 자체를 의미한다.

음반시장, 주식시장, 노동시장이라고 할 때의 시장은 후자의 의미이다. 시장은 가격이 형성되고 형성된 가격에서 거래가 이뤄지는 곳이다.

• 가격의 형성: 시장은 수요와 공급의 존재를 대전제로 한다. 재화나 용역을 공급하려는 사람과 이를 구입하려는 사람이 만나면 양측 세력의 균형점에서 가격이 형성된다.

- 가격의 가변성: 균형점의 가격은 불변이 아니고 가변적이다. 수요가 늘어나면 가격은 올라가고 공급이 많으면 가격은 내려간다.
- 가격수용자 이론: 가격이 가변적이기는 하지만 수요자와 공급자가 모두 복수인 경우에는 수요자와 공급자 어느 측도 가격을 움직일 정도의 힘을 갖지 못한다. 따라서 단기적으로 수요자나 공급자 개개인은 가격을 주어진 것으로 받아들일 수밖에 없다. 이를 가격수용자(price taker)라고 부른다.

애덤 스미스는 "시장기능이 온전할 경우 각 개인이 모두 자신의 이익을 위해 노력하면 그것이 사회 전체적으로도 가장 이익이 된다"고 보았다. 이것이 시장경제의 기초이다.

농부가 여름철 뜨거운 햇볕 아래서 땀 흘려 일하는 것은 우리에게 쌀밥을 먹여주기 위해서가 아니라 자신이 돈을 벌기 위해서다. 농부들은 왜 따뜻한 봄까지 기다리지 않고 추운 겨울에 비닐을 치고 불을 피우면서 채소를 기를까? 더 많은 돈을 벌기 위해서다. 봄에 기른 채소는 흔하지만 겨울에 기른 채소는 귀하기에 훨씬 더 비싼 가격을 받을 수 있기 때문이다.

애덤 스미스는 국부론에서 경제주체들의 이기적인 행동을 다음과 같이 기술하고 있다.

우리가 저녁식사를 할 수 있는 것은 정육점 주인, 양조장 주인, 그리고 빵 굽는 사람들의 호의에 의해서가 아니라 그들이 스스로의 이익을 위해 일한 결과다. 개인은 공공의 이익을 증진시킬 의사도 없고, 알지도 못한다. 개인은 사적인 이익만을 추구하고 있고, 그 과정에서 보이지 않는 손에 의해 인도되고 있다. 개인은 사적인 이익을 추구하는 과정에서 사회적 공익에 더욱 효과적으로 기여한다.

이 간단해 보이는 원리가 사람과 기업을 움직이는 거대한 힘이다. 1990년대 시장경제 시스템을 배우기 위해 우리나라를 찾은 소련의 관리들이 여러 곳을 견학하던 중 가락동 농수산물시장에 갔다. 아직 날이 밝지 않은 시간에 엄청난 차량들이 물건을 가득 싣고 전국 각지에서 모여들고 있었다. 그들은 그걸 보고 "날이 밝거든 천천히 출발하면 될 것을 하필 밤중에 먼 길을 달려올 게 뭐냐?"라며 의아하게 생각했다고 한다. 시간도 돈이 된다는 것을 사회주의 체제에서 머리가 굳은 그들이 어찌 알았겠는가.

무수한 가설로 만들어진 경제 이론

경제학은 무수한 가설의 연속이다. 그 가설이 맞을 수도 있고 틀릴 수도 있다. 또한 맞고 틀리고의 문제가 아니라 관점의 차이일 수도 있다.

맬서스는 "인간이 먹고살 식량자원은 산술적으로 증가할 뿐이나 인구는 기하학적으로 늘어나기 때문에 인류의 빈곤은 숙명적"이라고 전망했다. 애덤 스미스는 "시장이라는 자율 기능에 맡겨두면 인류는 영원히 발전한다"고 믿었다. 칼 마르크스는 "자본주의의 발전은 필연적으로 노동자 계급과 자본가 계급의 충돌을 불러와 결국 세계는 공산주의가 될 것"이라고 확신했다.

모두 부분적인 타당성은 있었지만 전부가 맞는 것은 아니었다. 이처럼 '경제학은 가설의 학문'이란 점을 염두에 두고 읽어주기 바란다.

자유재와 경제재

물과 공기처럼 자연 상태에 있는 것을 그대로 이용할 수 있는 것을 '자유재', 대가를 지불해야만 얻을 수 있는 것을 '경제재'라고 부른다.

경제재는 누군가의 노력이 들어가야만 우리가 이용할 수 있는 재화로 가공된다. 우리가 열심히 일을 하는 것도 우리에게 필요하고 갖고 싶어 하는 재화와 서비스를 얻기 위한 수단을 확보하기 위함이다.

그 수단이 화폐, 즉 돈이다. 돈을 벌기 위한 수단을 우리는 경제활동이라고 부른다.

재화와 용역

경제재는 다시 물질의 형태를 가진 재화와 형체가 없는 용역으로 나눌 수 있다. 출근할 때 필요한 치약과 칫솔, 비누는 대가를 지불해야 얻을 수 있는 재화에 해당된다. 양복이나 구두도 대가를 지불해야만 얻을 수 있는 재화다. 그러나 우리는 물리적인 재화만으로는 살 수 없다.

미용실에서 머리를 다듬는다면 누군가의 도움을 받아야 한다. 이것은 용역에 해당된다. 용역을 흔히 서비스라고도 부른다. 여행을 할 때 이용하는 버스나 기차, 비행기도 용역에 해당된다.

합리적 선택과 기회비용

누구나 갖고 싶은 것은 많지만 이를 획득할 재원은 한정되어 있다. 여기서 선택의 문제가 생긴다. 우리는 매순간 선택을 하면서 살아간다. 사람의 일생은 선택의 연속이다. 한정된 재원을 갖고 '무엇을 선택할 것인가'의 문제다.

선택을 하면 '비용(cost)'이라는 대가를 지불해야 한다. 선택에서 얻을 수 있는 이익이나 만족도를 '편익(benefit)'이라 부른다. 선택을 하는 이유는 선택에서 얻을 수 있는 편익이 지불하는 비용보다 크다고 판단하기 때문이다.

하나를 선택하면 다른 하나를 포기해야 한다. 포기한 것에서 얻을수 있는 가치를 '기회비용'이라고 부른다. 사과와 바나나 중 어느 한가지만 먹을 수 있다고 할 때, 사과를 선택했다면 바나나에서 얻을수 있는 만족도, 즉 효용은 기회비용이 된다. 가진 돈으로 건물을 지어서 임대료를 받는 것이 유리한가, 은행에 예치하여 이자를 받는것이 유리한가?

이 중 어느 하나를 선택하고 다른 하나를 버렸을 때, 버린 것의 가치가 기회비용이라는 의미다.

이 선택은 재화에 한정되는 것은 아니다. 일류대학을 졸업한 학생에게 연봉 5,000만 원의 일자리 제의가 들어왔다고 하자. 이 학생이취직을 하는 대신 2억 원을 들여 2년 동안 유학을 간다면, 유학비용은 2억 원이 되는 게 아니라 2년 동안 취직을 해서 벌 수 있는 돈 1억원(5,000만 원×2)을 합친 3억 원이 된다.

영화를 보러 극장에 간다고 하자. 이때 비용은 입장료 7,000원이전부가 아니다. 영화를 보는 2시간 동안 아르바이트를 해서 1만 원을 벌 수 있다고 한다면, 영화를 보는 데 들어간 총비용은 1만 7,000원으로 생각하고 의사결정을 해야 한다.

낮잠을 잘 것인가, 공부를 할 것인가 하는 것도 선택의 문제다. 따라서 선택이 합리적이라면 다음과 같은 가정이 성립될 수 있다.

선택한 편익 〉 기회비용

선택한 가치 〉 포기한 가치(기회비용)

이처럼 경제학은 모든 경제주체들이 합리적인 판단하에서 행동한
다는 것을 대전제로 하고 있다.

고시공부를 할까, 연애를 할까?

법과대학에 다니는 학생이 있다. 그는 연애도 하고 싶고 고시공부
도 하고 싶지만 2가지를 다 잘할 수 없다는 고민이 있다.

만약 그가 부잣집 외동딸과 결혼을 해서 장인 소유의 기업체를 물
려받을 수 있다고 가정해보자. 그런데 연애 대신 고시공부를 해서
합격했다. 그렇게 얻은 변호사 자격증은 일생 동안 상당한 가치를 가
질 것이다. 그러나 이는 그가 포기한 비용, 즉 부잣집 딸을 포기한 대
가보다 더 클 경우에만 합리적인 선택이 된다. 이것이 기회비용이다.

물론 그가 연애를 하더라도 결혼까지 한다는 보장은 없다. 그러므
로 기회비용이 아주 불확실하기 때문에 차라리 고시공부를 선택한
것이 잘한 행동이다.

기회비용을 보는 관점은 경영자와 회계사 사이에서 차이가 난다.
경영자는 포기한 것과 선택한 것을 비교해서 득실을 따지지만 회계

사는 포기한 것은 보지 않고 숫자로 나타나는 결과만 본다. 경영이 어려운 시기에 기업이 이익을 냈다면 회계사는 소견에서 아주 양호 하다는 평가를 할 것이다. 반면 경영자는 새로운 설비를 구입하는 대신 수도권 주변에 공장 부지를 매입했더라면 부동산 가격 폭등으로 훨씬 더 많은 이익을 냈을 거라고 후회한다. 이것이 기회비용이다. 이때 포기한 공장부지가 기회비용이 된다.

매몰비용

기회비용이 합리적인 의사결정 과정에서 충분히 고려할 요소라면 '매몰비용(sunk cost)'은 오히려 합리적인 의사결정을 방해하는 요소다.

A는 남의 말만 믿고 1억 원을 모두 주식에 투자했다. 그런데 소문과는 달리 주식은 반토막이 나고 말았다. 손해를 보고서라도 처분하고 싶지만 '본전 생각'에 용기를 내지 못하고 있다. 이럴 경우 '날려버린 돈'이 매몰비용이다. 날려버린 돈에 대한 본전 생각이 그의 합리적인 의사결정을 방해한다는 것이다.

미국의 심리학자 리처드 탈러는 이와 같은 심리적 현상을 매몰비용으로 정의했다. '함몰비용'이라고도 부른다.

신림동 고시촌에는 10년 가까이 고시에 매달려 있는 사람들을 어렵지 않게 볼 수 있다. 이들이 고시공부를 포기하지 못하는 이유는 그동안 투자한 노력이 아깝다고 생각하기 때문이다.

투자한 것이 돈이든 시간이든 노력이든, 지나간 것에 대한 미련으로 지금의 행동을 멈추지 못하고 있는 경우를 두고 하는 말이다.

텔레비전에서 영화를 보다가 재미가 없으면 쉽게 채널을 돌린다. 하지만 돈을 내고 들어간 극장에서는 영화가 재미없어도 돈이 아까워 끝까지 보려는 심리가 있다. 어느 분야든 자신의 돈과 노력이 들어간 것은 아깝게 마련이다.

유명 가수의 공연티켓을 공짜로 얻었다고 하자. 마침 공연 당일에 폭우가 쏟아진다면 쉽게 관람을 포기할 수 있을 것이다. 공짜로 얻은 것이기 때문이다. 그러나 돈을 주고 구입한 티켓이라면 웬만한 폭우쯤은 무시하고서라도 공연장을 찾는다.

영어 속담에 이런 말이 있다.

"Let bygones be bygones(흘러간 과거는 과거로 잊어버려라)."

흘러간 과거는 과거로 보내야 하지만 잊지 못하는 것이 인간이다. 부자가 망하면 과거의 화려했던 기억 때문에 아무것도 하지 못하게 되는 경우가 많다. 경제학자들은 이런 경우도 매몰비용으로 본다.

의사결정에서 매몰비용에 영향을 받는 경우가 50퍼센트나 되며 개인보다는 집단이 매몰비용에 좀 더 심하게 집착하는 경향이 있다고 한다.

이는 국책사업 같은 데서 많이 찾아볼 수 있다. 시간과 돈이 많이 들어가는 국책사업을 진행하다가 방향이 잘못되었다는 것을 알게 되었다. 이때 가장 합리적인 선택은 그 사업을 포기하는 것이지만 이미 투입된 돈과 시간이 아까워서 쉽게 포기하지 못하게 된다.

정치인들의 오기도 이런 유형으로 볼 수 있다. 자신의 정책이나 노선이 잘못되었다는 것을 알면 곧바로 포기하면 되지만 일종의 '체면' 때문에 포기하지 못한다.

0 5   시장을 움직이는 힘

   시장이란 특정한 재화나 서비스를 사고파는 사람들이 만나서 거래하는 장소이다. 사람과 기업을 움직이는 것은 돈이지만 시장 자체를 움직이는 것은 '가격'이다.

   시장은 수요자와 공급자 사이에서 나타나는 힘의 상관관계에 의해 가격이 형성되고, 이 가격을 중심으로 거래가 이뤄진다.

수요와 공급

   수요란 소비자들이 특정 재화나 서비스를 대가로 지불하고 구입할 의사와 능력이 있는 수량을, 공급은 주어진 가격에서 공급할 의사가 있는 수량을 말한다.

수요와 공급은 가격에 영향을 받기도 하고 가격에 영향을 주기도 하는 이른바 쌍방의존의 관계이다. 수요와 공급은 시장경제의 핵심적인 개념이다. 그래서 수요와 공급의 개념만 확실히 터득한다면 앵무새도 경제학자가 될 수 있다는 이야기가 나오는 것이다.

〈가격을 변수로 볼 때〉

수요자와 공급자가 모두 다수여서 개인의 힘으로는 가격을 움직일 수 없다고 하면 수요자나 공급자는 주어진 시장가격을 중심으로 자신의 행동을 결정하게 된다.

- 구입할 의사가 있는 수량, 즉 수요는 가격에 따라 변한다. 가격이 오르면 수요는 줄어들고 내리면 증가한다. 육류 가격이 오르면 가정에서는 육류 소비를 줄이게 되고 가격이 내려가면 육류 소비가 늘어난다. 백화점이 세일을 하면 평소보다 몇 배의 물량이 팔려나간다. 수요와 가격은 부(負)의 상관관계에 있다. 수요량을 X축, 가격을 Y축에 표기한 그래프에서 수요곡선은 우하향으로 이동하게 된다.

- 공급은 수요와는 반대로 움직인다. 가격이 오르면 더 많은 양을 공급하고 가격이 내려가면 양을 줄인다. 가격과 공급량은 정(正)의 상관관계에 있다. 수요량을 X축, 가격을 Y축에 표기한 그래프에서

공급곡선은 우상향으로 움직이게 된다.

• 수요와 공급 두 곡선은 서로 반대방향으로 움직이기 때문에 필히 교차하게 된다. 두 곡선이 만나는 지점에서 가격과 거래량이 결정된다. 이것이 가격의 수급 조절기능이다. 가격은 수요와 공급만 조절하는 것이 아니라 자원의 분배까지 조절한다. 특정 자원이 부족해지면 공급이 줄어들어 가격이 올라가고 가격이 올라가면 수요도 줄어든다. 그러나 비싼 가격을 주고라도 사용하려는 사람은 희소자원을 이용할 수 있게 된다.

〈수요를 변수로 볼 때〉

가격이 수요와 공급을 움직이는 것처럼 수요나 공급도 가격을 움직이는 변수가 될 수 있다.

• 특정 재화나 서비스에 대한 수요가 늘어나면 가격은 오르게 된다. 여행의 경우 수요가 가장 많은 여름 휴가철에 항공요금이나 호텔 숙박료가 가장 비싸다. 여름 휴가철에 바가지 가격이 문제가 되는 것도 수요가 대폭적으로 늘어나기 때문에 생기는 현상이다. 새해를 맞아 동해안에 일출 관광객이 몰리면 바다를 낀 민박집의 숙박료는 호텔과 맞먹을 정도로 뛰어 오른다. 하지만 무더운 여름철에 아이스크림 수요가 폭발적으로 늘어나는데도 가격이 별로 오르지 않는 것은, 늘어나는 수요를 대비하여 공급도 늘어나기 때문에 나타나는 현상이다.

- 수요가 줄어들면 가격은 내려간다. 가장 서비스가 좋은 여행은 철 지난 휴양지를 찾는 것이다. 이때는 훨씬 저렴한 가격으로 융숭한 대접을 받는다. 사람 심리도 마찬가지다. 따르는 남자가 많으면 여자의 눈높이는 올라가고 따르는 남자가 없으면 내려가게 된다. 수요 탄력성이 가장 큰 상품은 문화, 오락, 여행 등의 상품 분야다.

〈공급을 변수로 볼 때〉

- 채소 농사가 풍년이면 가격은 폭락한다. 배추 한 포기에 500원도 받지 못하면 농민들은 배추를 갈아엎기도 한다.
- 기후나 병충해 등의 요인으로 채소 농사가 흉년이 되어 공급물량이 대폭 줄어들면 김치는 금치로 변한다. 농산물은 공급 탄력성이 낮아서 가격이 올라도 공급이 따라주지 못하기 때문에 몇 년을 주기로 가격파동이 일어나는 것이다. 공급 탄력성이 큰 상품은 주로 공산품 분야이다.

수요와 공급 두 곡선이 만나는 점에서 가격과 거래량이 결정된다. 이것이 가격의 시장조절 메커니즘이다.

〈수요와 공급이 비탄력적인 상품〉

모든 재화와 용역이 가격에 비해 민감하게 반응하는 것은 아니다. 생필품은 가격이 올라도 수요가 별로 줄어들지 않는다. 쌀 값이 오른다고 해서 하루 세 끼 식사를 두 끼로 줄이는 사람은 거의 없을 것이다. 배추 가격이 폭등하여 김치가 금치가 되도 우리나라 사람은 김치를 먹지 않을 수 없다.

공급의 경우 농산물이나 축산물은 가격이 오르거나 내려도 단기적으로 공급이 늘어나거나 줄어들지 않는다. 하루이틀 만에 농산물이나 축산물을 기를 수 없기 때문이다. 원유 가격도 마찬가지다. 가격이 오른다고 해서 단기적으로 석유생산 규모를 늘릴 수가 없다.

가격에 대해 공급이 한 타이밍 늦게 적응해가는 과정을 그래프로 그리면 마치 거미집 같아서 '거미집 이론'이라고 부른다.

이처럼 수요와 공급이 비탄력적인 상품은 어느 한 쪽에서 균형이 깨지면 가격은 폭등하거나 폭락하게 된다. 농산물 가격이나 석유 가격이 몇 년을 주기로 폭등과 폭락을 반복하는 이유도 여기에 있다.

〈수요와 공급 이론이 무시되는 경우〉

아예 수요와 공급의 법칙이 무시되는 상품도 있다. 고가 사치품이나 과시적 성격의 소비상품은 가격이 올라야 팔린다. 고가 사치품은 다른 사람들이 쉽게 갖지 못하기 때문에 가치가 있는 것이지 모든 사람들이 가질 수 있으면 아무런 가치도 없어진다.

투기열풍이 불 때도 마찬가지다. 투기가 과열되면 가격이 오를수록 더 오를 것처럼 느끼기 때문에 수요는 더욱 늘어나게 된다. 이른바 '가수요 현상'이다.

공급 이론이 무시되는 경우도 있다. 가격이 오르면 공급이 늘어난다는 것이 경제학의 이론이지만 가격이 오르면 오히려 공급이 줄어드는 경우도 있다. 노동시장이 그렇다. 임금이 오르면 어느 정도까지는 노동력 공급이 늘어나지만 일정 수준을 넘어서면 그 다음부터는 돈보다 휴식과 여가를 원하게 된다.

인플레이션이 빠르게 진행될 때도 이와 같은 현상이 일어난다. 물가가 더 오를 것으로 믿기 때문에 수요자들은 사재기를 하느라 수요가 더욱 늘어나는 반면 공급자들은 가격이 더 오를 것을 기대하여 공급을 줄인다. 그러면 가격은 더욱 가파르게 상승한다.

독점과 과점

〈독점시장〉

앞의 사례들은 수요와 공급 모두가 복수여서 특정 수요자나 공급자가 가격을 마음대로 움직이지 못하는 완전경쟁 시장을 나타낸 것이다. 그러나 공급자가 하나뿐인 시장이 있다. 그 시장에서는 가격 결정, 물량 결정 등 모든 것을 공급자가 정한다. 이를 '독점시장(獨占市場)'이라고 부른다.

〈과점시장〉

공급자가 2~3개 정도로 소수인 시장을 '과점시장(寡占市場)'이라고 부른다. 우리나라의 항공노선이 여기에 해당될 것이다. 과점시장에서는 과다한 경쟁을 서로가 자제하면서 상대적으로 높은 가격을 유지하는 방법으로 시장을 움직이고 있다.

삼각 김밥의 등장

2001년 상반기에 최고 히트 상품으로 떠오른 상품은 다름 아닌 삼각 김밥이었다. 삼각 김밥은 1991년에 '오기니'라는 일본 주먹밥을 벤치마킹해 탄생했다. 햇수로 따지면 10년이 훨씬 넘는 장수상품이다.

처음부터 잘 팔린 것은 아니었다. 어떤 때는 하루에 7개도 팔지 못하는 별 볼일 없는 상품이었다. 그러다가 2000년 하반기부터 움직이더니 2001년이 되자 불티나게 팔리기 시작했다.

이에 대한 결정적인 요인은 밝혀내지 못하고 있으나 굳이 따진다면 그동안 라이프스타일이 변했다는 데서 찾을 수 있다. 싱글족과 다이어트족이 늘어나면서 간식이 아닌 가벼운 식사 대용으로 삼각 김밥이 선택된 것이다. 그리고 2002년 월드컵의 길거리 응원은 삼각 김밥을 정상 궤도에 올린 결정적인 계기가 되었다.

삼각 김밥은 '김밥'에 익숙한 우리나라 사람들에게 친숙한 먹을거리다. 빵이나 과자는 배불리 먹어도 간식이라고 생각하지만 김밥은 '밥'을 먹었다는 심리적 안도감을 준다.

무엇보다 간편하다. 그동안 간식이나 대체음식의 대명사였던 컵라면은 걸으면서 먹을 수 없었지만 삼각 김밥은 걸으면서 먹을 수 있다. 먹는 즐거움도 크다. 삼각형 모양은 눈을 즐겁게 해주는 세련된 디자인이면서 포장을 뜯는 재미까지 준다. 그리고 무엇보다 삼각 김밥을 먹을 때 김의 바스락거리는 고소함을 즐길 수 있다.

라이프스타일의 변화와 현대적인 디자인의 영향이 삼각 김밥을 짧은 시간에 히트상품으로 만든 비결로 보인다.

페스트푸드 시장을 보면 1990년대는 김밥, 햄버거, 컵라면이 가장 많이 팔렸으나 2001년부터 삼각 김밥이 가장 많이 팔렸고 2005년부터는 삼각 김밥과 샌드위치가 주류를 이루고 있다.

06

혼인은 인류가 만든
가장 위대한 교환제도

석유수출국기구 카르텔은 왜 유지가 잘 안 될까?

석유수출국기구(OPEC)는 1960년 사우디아라비아, 이란, 이라크, 쿠웨이트 등 11개 산유국이 결성한 기구로 산유국들의 이익도모를 위한 단체이다. 출범 이후 이들은 몇 번의 가격담합을 시도했다. 석유 공급량을 줄여서 가격을 인상하려는 일종의 카르텔(기업연합)이었다.

1973~74년 사이 이들은 물량 조절을 통해 석유 가격을 50퍼센트 정도 올렸다. 1980~81년에도 각각 34퍼센트씩 인상했다. 그러나 인상만 한 것이 아니었다. 1982~85년 사이에는 매년 10퍼센트씩 가격이 내려갔고 1986년에는 회원국들 사이에 공조가 완전히 깨져

45퍼센트 폭락했다.

카르텔은 왜 깨질까? 이를 경제학적으로 풀어보자.

원유에 대한 수요와 공급은 단기적으로는 비탄력적이다. 가격이 오른다고 쉽게 생산시설을 확충할 수도 없고 가격이 내린다고 기존의 생산시설을 쉽게 철거할 수도 없기 때문이다. 수요도 단기적으로는 비탄력적이다. 석유로 가동되는 공장시설을 당장 대체할 수도 없고 자동차를 타지 않을 수도 없기 때문이다.

그러나 장기적으로 보면 이야기가 달라진다. 유가가 높아지면 산유국들은 시추시설을 증설하여 생산량을 늘리게 되지만 공장에서는 석유 대신 석탄 같은 대체 에너지를 사용하고 소비자들은 대형차 대신 소형차를 타거나 자동차 이용 빈도를 줄이게 될 것이다. 즉, 가격이 오르면 생산량은 늘어나지만 수요는 줄어든다는 말이다.

회원국들이 석유 생산을 줄이면 석유 가격은 오르게 된다. 유가가 오르면 회원국들은 약속을 깨고 오른 가격에 더 많은 석유를 내다팔고 싶은 유혹에 빠지게 된다.

이때부터 고도의 심리전이 전개된다. 이런 유형의 게임에서는 다른 회원국들이 모두 약속을 지키고 혼자만 약속을 깰 때 가장 이득이 된다. 그런 대치상태에서 어느 하나가 약속을 깨고 석유를 증산하면 회원국 모두가 물량을 쏟아내면서 유가는 폭락하게 된다. 나의 이익과 집단의 이익이 상충할 때 약속은 언젠가는 깨어지게 되어 있다.

반면 다른 회원국들이 약속을 깨고 혼자서만 약속을 지킬 때 가장 손해가 심하다. 그래서 다른 회원국들이 약속을 깨기 전에 내가 먼저 약속을 깨고 싶은 유혹을 받게 된다.

교환과 분업은 윈-윈 게임

교환은 인류가 만들어낸 가장 위대한 상생(相生)의 장치다. 교환이 없는 원시시대를 상상해보자. 원시인들은 살아가는 데 필요한 모든 것을 혼자서 조달해야 한다. 혼자서 움막을 짓고 사냥을 하고 물고기를 잡고 열매를 채집하고 동물의 가죽을 벗겨 옷을 만들어야 했다. 이 모든 것을 최소한 가족 단위 내에서 자급자족해야 했을 것이다.

하지만 모든 것을 혼자서 해결하기는 역부족이었을 뿐만 아니라 가능하다 해도 효율성이 크게 떨어진다. 분업의 이점을 살릴 수 없기 때문이다.

여기서 분업의 이점을 생각해보자. 모든 것을 혼자서 하는 대신, 일을 나눠 하는 것이 분업이다. 사냥을 잘하는 사람은 사냥만 하고, 농사를 잘하는 사람은 농사만 해서 자신의 수확물 중 일부를 상대방의 수확물 일부와 나눠 갖는 것이다. 그러면 생산성이 훨씬 높아질 것이며, 나눠 갖는 각자의 몫도 더 많아진다. 이것이 요즘 말하는 전문화이다. 잘하는 분야에 집중하는 것이 전체의 생산성을 높일 수 있는 가장 좋은 방법이다.

분업의 이점을 이론적으로 정립한 사람은 애덤 스미스였다. 그는 영국의 스코틀랜드에서 태어나 옥스퍼드대학에서 철학과 신학을 공부했으며 프랑스를 여행하면서 중농주의학파 인사들과 교류를 갖고 많은 영향을 받았다. 그는 귀국 후에 여러 책을 남겼는데, 그 중 가장 중요한 것이 고전학파 경제학자들의 교과서가 된 《국부론(國富論)》이다. 국부론의 정확한 명칭은 '국부의 원인과 성질에 관한 연구(An Inquiry into the Nature and Causes of the Wealth of Nations)'였다. 이 책에서 강조하고 있는 핵심은 3가지다.

1. 분업의 이점을 살려 국가 전체의 생산성을 높일 것.
2. 자유방임의 효과를 살릴 것.
3. 국가간의 자유무역을 통해 국가의 부(富)를 증진시킬 것.

그는 분업이 어느 정도로 생산성을 높이는지 핀 제조공정을 예로 들어 설명했다. 핀 만드는 공정을 모두 혼자서 수행한다면 한 사람이 하루에 20개밖에 만들지 못한다. 그러나 공정을 18개로 나누고 10명이 일을 한다면 하루에 4,800개를 만들 수 있다. 결국 1인당 생산성이 240배로 증가한 것이다.

따라서 모든 경제 단위는 자급자족보다는 분업에 의한 전문화, 그리고 결과물을 서로가 나눠 갖는 것이 국가 전체의 부를 증진시킬 수 있는 가장 효과적인 방법이라고 주장했다.

노동생산성의 향상이라는 문제도 결국 분업에 의한 숙련의 결과이다.《국부론》서문에서 애덤 스미스는 "인간은 본성적으로 교환하는 동물"이라고 주장하면서 미래의 사회를 다음과 같이 예측했다.

분업이 완전히 확립되면, 사람의 욕망 중 자기 자신의 노동생산물이 충족시키는 부분은 매우 적어진다. 사람은 자기 자신의 소비를 초과하는 잉여분을 타인의 노동생산물 중 자기가 필요로 하는 부분과 교환해 자기욕망 대부분을 만족시킨다. 이리하여 모든 사람은 교환에 의해 생활하면서 어느 정도 상인이 되고 사회는 이른바 상업사회가 된다.

인간과 동물의 가장 큰 차이는 교환에 있다. 동물은 약탈을 통해서만 상대방이 가진 것을 차지할 수 있지만 인간은 교환을 통해서 상대방이 가진 것을 차지하는 유일한 존재다.

조선시대의 국부론자들

조선시대의 국부론자라고 부를 수 있는 인물이 박제가와 정약용이다. 두 사람은 애덤 스미스와도 거의 같은 시대를 산 인물이다. 애덤 스미스가 1723년생, 박제가는 1750년생, 정약용은 1762년생이었으니, 모두 18세기 중엽을 함께 산 사람들이었다. 묘한 일치다.

애덤 스미스의《국부론》이 자본주의 경제학의 교과서적인 저술이었다면, 박제가의 《북학의(北學議)》나 정약용의 《목민심서(牧民心書)》는 이에 못지않은 우리나라의 국부론이다. 애덤 스미스가 프랑스 등을 여행하면서 세상에 대한 눈을 떴듯이, 박제가는 청나라를 여행하면서 세상에 대한 눈을 떴다.

당시 청나라는 현제로 알려진 건륭제의 치하에서 정치적 안정과 경제적 번영을 이루고 있었다. 당시 수도 연경에서 당대의 지식인들과 교류를 하며 청나라의 발달한 문물을 직접 확인하고 크게 깨달음을 얻은 박제가는 가난하고 뒤떨어진 조선이 나아갈 길을 제시하는 저술을 남겼는데 그것이 《북학의》였다.

박제가는 중국이 흥한 이유를 상업의 발달에서 찾았다. 상업을 발전시키려면 선진기술을 받아들이고, 각 지역의 물자교류를 원활하게 하면서 소비를 촉진하여 생산 활동을 진흥시켜야 한다며 당시로서는 획기적인 주장을 내놓았다. 박제가는 국내의 상업 활동뿐만 아니라 외국과의 교류도 적극적으로 주장했다.

중국의 동주, 내주의 배가 장연에 정박하고 금부, 해개의 물건을 선천에서 교역하여 장강, 절강, 천주, 장주 지역의 여러 재화를 우리나라의 은진, 여산 사이에 모이도록 해야 한다. 그렇게 하면 영남지방의 면(綿), 호남지방의 모시, 서북지방의 실과 삼베 등이 중국의 비단, 담요와 교환될 것이고 각 지방의 산물을 중국의 금, 은, 병갑, 약재 등과 교환할 수 있을 것이다. 또한 선박, 수레, 궁실, 기물의 이로움도 배울 수 있다.

이는 애덤 스미스의 《국부론》에 못지않은 참으로 놀라운 혜안(慧眼)이다. 애덤 스미스가 《국부론》을 쓴 것이 1776년, 박제가의 《북학의》가 1778년이었으니 거의 비슷한 시기에 같은 생각을 한 선각자였다. 다만 일찍 그의 사상을 받아들이지 못한 것이 아쉬울 따름이다.

박제가보다 조금 늦은 시기에 태어난 정약용은 《목민심서》에서 이미 분업의 이점을 기술하고 있다. 광산업에 적용시킬 화도법(火淘法)을 소개하면서 정약용은 흙을 파는 인부 100명, 흙을 나르는 인부 50명, 광석에서 금의 함량을 탐색하는 인부 약간 명, 땔나무를 해오는 인부 10명 그리고 인부 15명마다 감독관 1명씩을 두는 형태로 분업을 하는 것이 가장 효과적이라고 권고했다.

광산업뿐만 아니라 배를 만드는 일이나 집을 지을 때에도 이와 유사한 분업을 권장했다. 애덤 스미스의 분업 이론보다 오히려 앞선 감이 없지 않다.

교환은 물리적인 재화에 국한되지 않는다. 혼인도 일종의 교환이었다.

두 부족이 있다. 한 부족은 바닷가를 면하고 있어 수산물이 풍부했고 다른 한 부족은 평야를 끼고 있어 곡물생산이 많았다. 두 부족 간에는 늘 크고 작은 다툼이 끊이지 않았다. 서로 상대방이 가진 소금과 곡물을 빼앗기 위한 싸움이었다. 교환의 개념이 없던 시절에 남의 것을 가질 수 있는 유일한 방법이 약탈이었기 때문이다.

그러나 서로의 산물 일부를 상대방의 것과 바꾼다면 싸우지 않고서도 서로가 만족할 수 있는 거래가 된다. 이 거래를 1회성이 아닌

항구적인 관계로 바꿀 방법은 무엇인가?

그것은 두 부족이 나의 누이를 다른 부족의 아내로 주고 다른 부족의 누이를 나의 아내로 맞이하는 방식으로 혈연관계를 맺는 것이다. 이때의 교환은 두 당사자가 모두 만족할 수 있는 윈-윈(Win-Win) 게임이 된다.

인류학자 레비스트로스는 혼인이야말로 인류가 생각해 낸 가장 위대한 교환제도로 보았다. 레비스트로스에 의하면 인류가 원시상태를 벗어나면서 가장 먼저 시행된 제도가 '근친혼 금지'였다고 한다. 이것은 당시로서는 도덕이나 윤리, 우생학적인 문제가 아니었다. 내가 속한 부족의 딸들은 적대적인 이웃 부족과 상생관계를 맺을 수 있는 큰 교환가치로 보았다는 것이다.

07 서로 다른 시각을 가진 경제의 눈들

교환이 일어나는 이유는 재화에서 느끼는 가치가 자신이 처한 입
장에 따라 서로 다르기 때문이다. 고기를 잡는 어부는 곡물의 가치
가 훨씬 더 커 보이고, 곡물을 생산하는 농부는 생선의 가치가 훨씬
더 크게 보인다. 그래서 두 상품 사이에 교환이 일어난다. 배고픈 사
람은 빵의 가치가 높게 보이지만 배부른 사람에게는 한잔의 커피가
그리운 것이다.

화폐에 의한 교환인 경우 화폐로 표기되는 가격과 개인이 주관적
으로 느끼는 가치가 다르다. 어떤 재화가 100이라는 가격에 거래가
이뤄진다고 하면 그것을 구입하는 사람은 그 재화에서 100 이상의
효용가치를 얻겠다는 의미이다.

'구입한 사람의 상품가치 = 100 + α'

이는 물물교환에서도 마찬가지다. 장난감 자동차와 장난감 비행기를 가지고 노는 두 아이가 있다. 물론 비행기 가격이 훨씬 더 비싸다. 그러나 한동안 비행기를 갖고 놀던 아이는 비행기에 싫증이 나서 다른 아이의 자동차를 갖고 싶어 했다. 이럴 경우 가격은 분명 비행기가 더 비싸지만 비행기를 가진 아이에게는 자동차가 훨씬 더 가치가 있다고 느끼게 된다. 물론 자동차를 가지고 놀던 아이도 비행기를 갖고 싶어 한다. 여기서 두 아이가 서로의 장난감을 바꾼다면 서로가 만족할 수 있는 교환이 된다.

스포츠에서는 선수들의 맞교환이 수시로 일어난다. A팀에 1루수 겸 7번 타자가 있다고 하자. 1루수 역할은 만족스러우나 타격이 아무래도 문제가 있다면 1루수가 아쉬운 B팀에서는 그를 받아들일 수 있게 된다.

이처럼 한 상품의 가치는 절대적이 아니고 상대적이다. 따라서 교환 당사자들의 자율적인 판단에 의해 이뤄지는 교환은 모두가 만족하는 거래가 된다. 그래서 교환은 상생의 길인 셈이다.

절대우위와 비교우위

애덤 스미스와 데이비드 리카도 모두 자유무역을 주장한 사람들이다. 그러나 이론적 근거에 있어서 애덤 스미스의 이론을 '절대우위(absolute advantage)'라고 한다면 데이비드 리카도의 이론은 '비교우위(comparative advantage)'라고 할 수 있다.

먼저 절대우위부터 보자. 애덤 스미스는 《국부론》에서 다음과 같이 쓰고 있다.

누구나 알고 있는 진리가 있다. 밖에서 싸게 살 수 있는 물건은 절대로 집에서 만들지 말라는 것이다. 양복점 주인은 자기 신발을 만들지 않고 신발 가게에서 사서 신는다. 신발 가게 주인은 자기 옷을 만들어 입지 않고 양복점에서 맞춰 입는다. 농부는 옷이나 신발 어느 것도 만들지 않고 이 물건들을 만드는 사람을 이용한다. 모든 사람들은 자기네들이 이웃에 비해 우위에 있는 분야의 생산 활동에 전념해서 자기네가 생산한 물건의 일부 가격으로 필요한 물건을 구입하는 것이 더 이익이 된다는 사실을 알고 있다.

자신이 가장 잘할 수 있는 분야를 전문화하는 것이 사회 전체의 생산성을 극대화하는 방법이라는 논리다. 공부 대신 일찍부터 금융업에 손을 대 백만장자가 된 데이비드 리카도는 이 책을 읽고 크게 감명을 받았다.

그는 애덤 스미스의 《국부론》을 훨씬 더 정교한 비교우위로 다듬은 사람이다. 그가 비교우위를 주창한 것은 단지 이론적인 측면에 국한된 것이 아니었다. 백만장자가 된 다음에 정치인이 된 데이비드 리카도는 곡물수입 제한법에 반대하면서 자유무역이 두 나라 모두에게 이익이 된다는 것을 입증하기 위해 비교우위를 다듬은 것이었다. 영국이 양모 생산에 능하고 프랑스가 포도주 생산에 능하다고 가정해보자.

	양모	포도주
영 국	3명	6명
프랑스	6명	3명

양모 1단위 생산에 영국은 3명, 프랑스는 6명의 인력이 필요하다. 반면 포도주는 영국 6명, 프랑스 3명이 필요하다. 이때 영국은 양모에서, 프랑스는 포도주에서 절대우위를 가진다. 두 나라가 폐쇄적인 경제를 운영한다면 영국은 9명이 양모와 포도주 각 1단위씩을 생산하는데 그친다. 이는 프랑스도 마찬가지다.

그러나 영국은 양모에, 프랑스는 포도주에 특화를 한다면 영국은 9명이 양모 3단위를 생산할 수 있고, 프랑스 역시 9명이 포도주 3단위를 생산할 수 있다.

영국과 프랑스가 옷감과 포도주 1단위씩을 교환한다면 영국은 옷감 2단위, 포도주 1단위를 얻게 되고 프랑스는 옷감 1단위와 포도주 2단위를 얻을 수 있게 된다. 이것이 애덤 스미스가 주장한 절대우위다.

만약 곡물 생산에 능한 미국이 교역에 참여한다면 삼각무역이 일어난다. 말하자면 어느 나라나 확실하게 잘하는 것 하나만 있으면 먹고살 수 있다는 이야기다.

이럴 경우, 각 나라가 절대우위 품목 하나씩을 가지고 있다면 문제는 간단하다. 그러나 어느 분야 하나도 경쟁력을 갖지 못한 나라는 어떻게 해야 하는가?

애덤 스미스에 의하면 교역이 일어나지 못한다. 절대우위 이론에서 국제교역은 상당히 제한적일 수밖에 없다.

이것에 대한 해법을 들고 나온 사람이 데이비드 리카도였다. 그는 절대우위가 아닌 비교우위를 통해서 얼마든지 교환이 일어날 수 있으며, 그런 교역을 통해서도 모두가 이익을 얻을 수 있다고 주장했다.

애덤 스미스의 이론대로라면 모든 면에서 절대우위인 미국과 모든 면에서 절대열위인 아프리카 국가들 간의 교역은 일어나지 못한다. 그럴 경우 아프리카 국가들은 교역을 하면 할수록 손해를 보기 때문이다.

그러나 데이비드 리카도에 따르면 어느 국가라도 어느 한 분야에서는 비교우위 품목이 있게 마련이며 그 품목을 특화하는 것이 두 나라 모두의 이익을 증진시킨다.

이를 구체적인 수치로 보자. A국과 B국이 있다. A국이 양모를 생산하기 위해서는 90, 포도주를 만들기 위해서는 80이라는 비용이 든다. B국은 양모에 100, 포도주에 120의 비용이 든다고 하자.

	양모	포도주
A국	90	80
B국	100	120

A국은 양모, 포도주 모두에서 절대우위를 차지하는 반면 B국은 모두 절대열위에 있다. 이제 두 나라의 비교우위 품목을 찾아보자. 이를 상대적으로 비교하면 다음과 같이 바꿀 수 있을 것이다.

	양모	포도주
A국	90/100(0.9)	80/120(0.67)
B국	100/90(1.1)	120/80(1.5)

양모만 본다면 A국은 B국의 0.9배 비용이 들고 B국은 A국의 1.1배 비용이 든다. 포도주만 본다면 A국은 B국의 0.67배, B국은 A국의 1.5배 비용이 든다. 두 나라 간의 격차는 양모는 0.2, 포도주는 0.83이다. 그렇다면 A국은 양모나 포도주가 우위에 있지만 상대적인 생산비 격차가 훨씬 큰 포도주에 특화하고, B국은 상대적인 격차가 작은 양모에 특화해 그 결과물을 교환하는 게 훨씬 유리하다는 얘기다. 이것이 비교우위론이다.

한마디로 양모나 포도주 모두에서 절대열위에 있는 B국은 차이가 적게 나는 분야로 특화를 하는 것이 모두에게 이익이 된다고 할 수 있다.

병원을 보자. 의사는 진료와 수술을, 간호사는 주사를 놓고 붕대 감는 일을 맡고 있다. 비교우위에 의하면 의사가 주사를 놓을 줄 몰라서 간호사에게 맡기는 게 아니라 그 일은 간호사에게 맡기고 자신은 진료와 수술에 전념하는 것이 훨씬 더 효과적이며 효율적이기 때문이다. 반면 간호사는 진료나 주사 모두 의사보다 못하지만(사실은 법적으로 진료를 할 수 없지만), 그 중 차이가 적게 나는 분야가 주사를 놓는 일이다. 그것이 병원 전체로는 가장 이득이 된다.

연예인이나 스포츠 선수들은 대부분 매니저를 두고 있다. 얼핏 이렇게 생각할지 모른다. 스케줄 관리하는 일이 그리 어려운 일도 아닌데 자신이 직접 하지 않고 왜 매니저를 두는 걸까? 물론 할 수는 있다. 그러나 그런 일을 하는 시간에 자신이 더 잘할 수 있는 연예 활동이나 연습에 몰두하는 것이 훨씬 더 효과적이라고 생각한다.

이를 좀 더 전문적으로 표현하면 다음과 같다.

같은 양의 결과물을 더 적은 생산요소로 만들 수 있는 사람은 절대우위에 있고, 같은 양의 결과물을 더 적은 기회비용으로 만들 수 있는 사람은 비교우위에 있다고 말한다. 간혹 모든 분야를 다 잘하는 천재가 없는 것은 아니지만 어느 분야든 한 가지만 확실하게 남보다 잘하는 것이 있으면 그것을 특화해야 한다. 이것이 절대우위이다. 그러면 어느 분야에서도 두각을 나타나지 못하는 사람은 어떻게 해야 할까? 비교우위에서 차이가 적은 분야에 전념하는 것이 본인이나 국가, 사회 전체를 위해서도 바람직하다.

저술 활동을 하는 교수가 있다. 자신의 분야에서 전문가이기 때문에 글을 쓰는 일도, 도서관에서 관련 자료를 찾는 일도 누구보다 잘할 수 있다. 그런데도 교수는 저술 활동에 전념하고, 도서관에서 자료를 찾는 일은 조교를 시키고 있다. 도서관에서 자료를 찾는 시간에 집필을 하는 것이 훨씬 더 효율적이라고 생각하기 때문이다.

성공한 사람들을 보면 대학교수나 정치인 중에 스포츠를 좋아하고 잘했던 사람들이 많고, 반대로 스포츠 선수로 성공한 선수 중에도 공부를 잘했던 사람이 많다. 그래서 진로 선택에 고민을 많이 했다는 이야기를 자주 듣게 된다. 이럴 때는 어느 쪽을 선택하는 것이 바람직한가? 바로 비교우위의 문제이다.

정운찬 전 서울대 총장이 야구광인 것은 널리 알려진 사실이다. 야구와 공부 둘 다 잘했지만 비교우위인 공부를 더 유리하게 여기고 공부에 좀 더 시간을 투자한 것이다. 이처럼 인생 전략도 절대우위의 개념보다는 비교우위의 개념으로 접근하는 것이 훨씬 더 효과적이다.

공부를 예로 들어 보자. 공부라면 절대적으로도 비교적으로도 열위인 사람이 있다면 공부에 매달리게 하지 말고 스포츠나 예능 방면, 장사에 눈을 뜨게 해주는 것이 본인을 위해 좋다. 이것이 비교우위론이다.

올 상반기에 말이 많았던 한·미 FTA도 비교우위가 이론적 배경이다. 비교우위를 좀 더 깊이 이해하기 바란다.

비교우위는 정말 타당한 이론인가?

일단은 그렇다. 단기적으로는 비교우위의 분야로 특화하는 것이 두 나라 모두에게 이익이 된다. 그러나 이렇게 생각해보자. 비교우위에 의해 특화를 한다면 간호사는 평생 간호사로만 일해야 하고 변호사 사무장은 평생 사무장만 하는 것이 마땅하다. 공부를 해서 몇 년 후에 의사나 변호사가 될 수 있는데도 말이다.

그런 기회를 잃게 된다는 데 문제의 핵심이 도사리고 있다. 사람이 어느 하나의 특성만으로 살아갈 수는 없다는 주장도 제기된다.

미혼 여성을 비교우위로 설명해보자. 미혼 여성의 경우 얼굴이 예쁘거나 머리가 좋거나 마음씨 하나만 좋으면 훌륭한 배우자를 만날 수 있다는 것이 비교우위다. 그러나 현실은 그렇지 않다. 공부를 잘해서 명문 대학을 다니는 여성도 외모가 뛰어나다.

비교우위론이 갖는 치명적인 문제는 장기적으로는 설득력이 약하다는 점이다. 멀리 갈 것 없이 우리나라를 보자. 우리는 1960, 70년대의 농업과 경공업시대를 거쳐 80년대, 90년대의 고도 성장기를 보냈다. 만약 우리나라가 60년대나 70년대에 한·미 FTA를 체결하여 시장을 완전히 개방했다면 우리는 비교우위론에 입각하여 농업과 몇몇 경공업 분야로 특화해야 했을 것이다. 아니 농업 분야도 세계 최고의 경쟁력을 가진 미국과는 상대가 되지 않으므로 일부 경공업 분야로 한정해야 했을 것이다. 만약 그랬다면 요즘 수출 효자상품 노릇을 하고 있는 반도체, 자동차, 중공업, 철강 분야 등은 처음부터 기회를 박탈당한다는 것이 비교우위 반대론의 근거다.

경제학 교과서에서 자주 인용되고 있는 영국과 포르투갈의 비교우위 사례를 보자. 영국과 포르투갈은 1703년에 메수엔 조약을 체결하여 양모와 포도주의 관세를 대폭 낮췄다. 이 조약으로 영국은 포르투갈의 포도주를, 포르투갈은 영국의 양모를 대량으로 수입하게 된다. 18세기판 FTA인 셈이다. 데이비드 리카도의 비교우위론을 그대로 따른 결과였다.

원래 포도주는 프랑스 보르도산이 최고였지만 프랑스와 정치적으로 불편한 관계에 있던 영국이 프랑스를 따돌리고 당시로서 만만했던 포르투갈을 선택했던 것이다. 여기에는 비교우위론의 이론적 기초를 제공했던 데이비드 리카도가 포르투갈 태생의 유대인이었다는 점도 흥밋거리다. 포르투갈로서는 포도주 수출이 획기적으로 늘어났지만 산업발전의 기회는 늦어졌다.

비교우위론에 따른 자유무역은 강한 분야는 유리하겠지만 취약한 분야는 더욱 낙후될 수 있다는 점에서 득실을 논의해야 할 것이다.

08 경제학자는 돈을 벌었을까?

경제학자는 입만 열면 돈 이야기를 한다. 그러나 대부분 돈을 많이 벌지는 못했다. 가장 가난하게 살았던 사람은 칼 마르크스였다. 그는 런던의 빈민가에서 찢어질 정도의 가난과 더불어 살았다. 그가 《자본론》을 쓴 데도 다분히 자신을 가난으로 몰아넣은 자본주의에 대한 반감이 작용했을 거라는 이야기도 있다.

경제학자들이 돈을 벌지 못하는 이유로 먼저 경제학이라는 학문 자체에 주목해볼 필요가 있다. 경제학은 개인의 치부보다 국가 전체의 먹고사는 문제를 고민하는 학문이었다. 그래서 경제학자 대부분은 일종의 사명감 같은 것을 가졌다.

경제학자들이 주식투자를 하면 잘할 것 같지만 주식시장은 그들이 따지는 재무제표 대로 움직이지 않는다. 돈을 번 경제학자는 데이비드 리카도와 케인즈 정도였다. 케인즈는 주식시장의 생리를 누구보다 정확하게 꿰뚫고 있었다. 그의 말을 들어보자.

"주식시장은 미인대회와 같다. 가장 아름다운 미인이 뽑히는 게 아니라 많은 사람들이 미인이라고 생각하는 사람이 뽑힌다. 주식시장도 마찬가지다. 재무제표가 건실하고 성장성이 높은 기업의 주가가 올라가는 게 아니라 많은 사람들이 오를 것이라고 생각하는 기업의 주가가 올라간다."

데이비드 리카도는 경제학자 중에서 돈을 가장 많이 번 사람이다. 그는 정식으로 교육을 받지 않았지만 일찍부터 아버지를 돕다가 나중에 금융시장에 뛰어들어 많은 돈을 벌었고 이를 배경으로 정치인이 되었다. 또한 비교우위론을 정립할 정도로 해박한 지식을 가졌고 화술도 뛰어났다.

데이비드 리카도와 당대의 경제학자인 맬서스 사이에 논쟁이 벌어졌다. '불황이 존재할 수 있느냐' 하는 문제를 놓고 벌어진 논쟁이었다. 자유방임을 주창했던 데이비드 리카도로서는 당연히 불황이란 있을 수 없다고 주장한 반면, 맬서스는 공급과잉과 유효수요의 부족으로 인한 불황의 가능성을 주장했다. 이 논쟁에서 화술이 뛰어난 데이비드 리카도가 이겼다고 한다. 그러나 1930년대의 세계공황에서 보듯 맬서스가 옳았다. 두 사람의 논쟁 이야기를 들은 케인즈는 '맬서스가 이겼다면 경제학은 훨씬 더 발전했을 것'이라며 개탄했다고 한다. 더욱이 유효수요의 개념을 먼저 사용한 사람은 케인즈가 아니라 맬서스였다.

유효수요의 개념을 확장한다면 소비도 미덕이 된다. 돈은 우리 몸의 피처럼 돌고 돌아야 하고 그 흐름이 막히면 경화증이 생기게 된다. 이것이 불황이다. 경제원칙을 개인에게 적용할 경우 개인은 아끼고 또 아껴야 한다. 경제학을 의미하는 'Economy'는 '아끼다'라는 의미도 갖고 있다. 그러나 모든 사람이 아끼기만 하면 경제는 돌아가지 않는다는 것이다. 경제학의 역설이다.

미국의 대공황 때 경제학자 어빙 피셔는 카드 색인 관련 기업을 운영하여 상당한 부를 축적한 인물이었다. 말하자면 당시로서 이론과 실물경제 모두에 통달한 인물이었다.

1929년 가을, 대공황의 전조가 되었던 주가 폭락사태가 발생했다. 그래도 어빙 피셔는 "주가는 절대로 내리지 않는다"라고 호언장담했다. 그러나 결과는 대대적인 폭락. 그는 전 재산을 날렸다. 자신의 재산뿐 아니라 당시 자신이 재직하고 있던 예일대학교 재정도 파탄 나고 말았다.

어빙 피셔는 수학과 경제학을 접목시킨 최초의 학자로 국민경제를 유량(flow)과 저량(stock)의 개념으로 나누고 국민소득론을 발전시킨 위대한 학자였으며 그의 이론은 나중에 밀턴 프리드먼 등 신자유경제학자들에 의해 이어졌다. 그런 그였지만 주가예측 잘못으로 그의 이름은 명예의 전당에서 가려지고 말았다.

경제학자는 아니지만 천재 중에도 주식에서 낭패를 본 유명한 사례가 아이작 뉴턴이었다. 그는 주식투자로 2만 파운드를 날리고 이렇게 말한 것으로 전한다.

68

"천체의 모든 움직임은 계산할 수 있어도 사람들의 광기는 도무지 알 수가 없단 말이야."

마크 트웨인은 이렇게 말했다.

"10월은 주식투자에 아주 위험한 달이다. 또 위험한 달은 7월, 1월, 9월, 4월, 11월, 5월, 3월, 6월, 12월, 8월 그리고 2월이다."

09 경제를 지배하는 원칙들

　자신이 갖고 싶어 하는 것을 다 가질 수는 없다. 자유재를 제외하고는 자원이 한정되어 있고, 무언가를 얻기 위해서는 대가를 지불해야 하기 때문이다. 따라서 선택도 한정된다. 어느 하나를 선택한다면 다른 하나를 포기해야 한다는 의미다.

　이는 어느 경제주체나 마찬가지다. 가정이라는 경제주체라면 한정된 가구수입의 범위 내에서 식품, 옷 등을 구입하거나 레저, 여행 등을 즐길 수 있다. 또는 미래의 불확실성에 대비하고자 저축을 할 수도 있다. 이 중 어느 한 가지에 돈을 지출한다면 다른 곳에 지출할 여력이 줄어든다. 따라서 경제주체는 최소의 비용으로 최대의 효과를 올릴 수 있는 방식으로 돈을 지출한다.

　합리적인 행동을 하는 경제주체가 되기 위해서 다음의 경제원칙을 알아야 한다.

- 최소비용의 원칙 : 일정한 효과를 위해 최소의 비용을 지불하려는 원칙.
- 최대효과의 원칙 : 한정된 비용으로 최대의 효과를 올리는 원칙.
- 최소비용, 최대효과의 원칙 : 비용과 얻는 효과의 차이를 최대로 하려는 원칙.

특정 상품의 가격이 올랐다고 하자. 이성적인 소비자들이라면 소비를 줄여야 한다. 그러나 보석이나 일부 사치품의 경우에는 가격이 비쌀수록 팔리는 비합리적인 현상도 나타난다. 특정 상품이나 특정 개인은 비합리적인 행동을 할 수 있겠지만 경제주체 모두가 그렇게 행동하지 않는다.

경제학은 전체의 행동을 확률적으로 추정하고 개별 주체의 행동은 심리적으로 추정한다. 그래서 경제학 주변에는 늘 수학과 통계학 그리고 심리학의 그림자가 얼씬거리고 있다.

한계효용 체감의 법칙

무엇이든 많으면 많을수록, 가지면 가질수록 만족도는 줄어든다.

장난감을 처음 사주면 아이들은 잠을 잘 때도 손에서 놓지 않는다. 그러나 시간이 지나면 실증을 느끼고 거들떠보지도 않는다.

배고픈 사람에게 빵을 주면 첫 번째 빵은 아주 맛있게 먹지만 두 번째 빵은 만족도가 조금 떨어진다. 세 번째 빵까지는 먹을 수 있겠지만 네 번째 빵을 준다면 아마도 거절할지 모른다.

첫 번째 빵에서 얻는 만족도를 100이라고 하자. 그러면 두 번째 빵의 만족도는 70으로 줄어들 것이고 세 번째 빵의 만족도는 30으로 줄어들 것이다.

이처럼 가장 마지막 선택에서 얻을 수 있는 효용을 '한계효용(限界效用, marginal utility)'이라고 부르며, 동일한 재화에서 만족도가 점점 줄어드는 것을 '한계효용 체감의 법칙'이라고 부른다.

이 이론을 처음 제기한 사람은 독일 경제학자 헤르만 고센이다. 그는 모든 상품에 대해 무차별적인 가치를 부여했던 고전학파들과 견해를 달리하고 효용은 욕망의 강도에 비례하고 재화의 존재량에 반비례한다고 봤다. 따라서 재화의 양이 한 단계 추가될 때마다 한계효용은 점차 감소하게 된다. '욕망포화의 법칙'이라고도 한다.

고센은 이 위대한 이론을 발견하여 책으로도 냈지만 거의 인정을 받지 못하다가 죽고 나서야 후학들에 의해 자신의 이론이 인정을 받게 되었다.

배고픈 사람의 이야기를 좀 더 이어보자. 배고픈 사람에게 빵과 사과와 커피 중 하나를 고르라면 가장 먼저 빵을 고를 것이다. 두 번째, 세 번째도 빵을 고를지 모른다. 어느 정도 배가 부르면 이번에는 빵 대신 사과를 고를 것이며, 다시 하나를 더 고르라면 커피를 고를 것이다.

왜 그렇게 행동할까? 인간은 한계효용이 높은 순으로 선택을 하기 때문이다. 그리하여 각 재화에서 얻는 한계효용은 엇비슷하게 같아진다. 이를 '한계효용 균등의 법칙'이라고 부른다. 한계효용이 같아질 때 전체적인 만족도는 가장 높아진다.

수확체감의 법칙과 수확체증의 법칙

고전학파 경제학자인 맬서스가 보기에 인류의 미래는 암담했다. 인구는 기하급수적으로 늘어나는 반면 토지는 한정되어 있기 때문이다. 여기에 알프레드 마샬이 가세하여 '수확체감의 법칙'을 내놓았다. 토지의 생산성은 노동력이 더 많아진다고 해서 비례로 늘어나지 않는다는 주장이었다.

예를 들면, 한정된 면적의 토지에 노동력을 2배 투입한다고 해서 수확량이 2배로 늘어나지는 않는다. '노동력 1단위를 추가할 때 이로 인해 증가하는 한계생산량은 줄어든다'는 것이다. 이것이 '수확체감의 법칙'이다.

이는 선진국과 후진국의 투자효율에서도 잘 나타난다. 선진국과 후진국에 똑같이 GDP의 일정 비율을 투자해도 후진국의 경제성장률이 훨씬 더 높다. 그래서 어느 정도 성장기반이 굳어지면 성장률은 낮아지게 된다. 1980년대의 우리나라나 요즘의 중국이 그렇다.

그러나 이 수확체감의 법칙은 규모의 경제가 실현되면서부터 맞지 않게 되었다. 대규모 생산시설을 갖출수록 오히려 생산성은 높아지고 단위당 가격이 내려갔다. 컴퓨터나 정보통신 분야는 오히려 수확체증 현상이 심화되고 있다.

소프트웨어를 보자. 소프트웨어 하나를 개발하기 위해서는 엄청난 돈이 들어가지만 일단 개발한 다음에는 생산비가 거의 들지 않는다. 윈도우즈를 개발하기 위해 마이크로 소프트가 5,000만 달러를 투입했지만 추가로 생산하는 데는 3달러면 충분하다.

네트워크 효과가 가세하면 수확체증의 법칙은 더욱 강력하게 나타난다. 컴퓨터가 10명과 연결되어 있다면 모두 90가지(10×9)의 커뮤니케이션이 가능하지만 10명이 더 추가된다면 2배수인 180이 아니라 380가지(20×19)의 커뮤니케이션이 가능하게 된다.

미국의 온라인 경매업체 이베이는 수확체증의 법칙을 가장 잘 설명해주고 있다. 이 사이트에서는 누구나 자신이 사용하다가 싫증이 난 물건을 경매로 팔거나 살 수 있다.

앞의 예처럼 10명이 접속해 있다면 90가지의 거래가 이뤄질 수 있지만 20명이 접속해 있다면 380가지의 거래가 일어날 수 있다. 접속자가 많을수록 자신이 원하는 거래를 할 수 있는 가능성은 그만큼 커진다.

이 사이트에 처음 가입한 사람은 당연히 가입자가 많은 곳을 택할 것이다. 그래서 가입자는 가속적으로 늘어나게 된다. 이것이 '수확 체증의 법칙'이다.

대학도 수확체증의 법칙이 적용된다. 세계 어느 나라든 명문대학이 있고, 명문대학은 우수한 인재를 더 많이 선발할 수 있다. 이렇게 선발된 우수한 학생들이 더 나은 성과를 낼 수 있음은 불문가지일 것이다.

영국 사람들은 이러한 현상을 옥스브리지(oxbridge)라고 부른다. 옥스퍼드와 케임브리지대학을 합성한 단어다. 이 두 대학이 영국 지성인 사회에서 차지하는 비율은 압도적이다. 사회 저명인사 대부분이 이 두 대학 출신인 것으로 보면 크게 틀리지 않는다.

DOS나 윈도우즈가 가장 우수한 운영체제여서 시장을 석권한 게 아니라 가장 많은 사람들이 사용하기 때문에 표준이 된 것이다. 소프트웨어도 마찬가지다. 그래서 소프트웨어를 만드는 기업들은 초기 사용자를 확보하기 위해 무료로 배포하는 일도 서슴지 않는다.

초기의 넷스케이프가 그랬고 아메리칸온라인(AOL)이 그랬다. 이제 아메리칸 온라인은 그들이 확보한 450만 명의 사용자를 수익의 원천으로 이용할 수 있게 되었다. 자사의 제품을 사용하는 사람 자체가 기업의 자산이 된 셈이다.

이것이 네트워크 효과이다. 그래서 네트워크가 지배하는 시장에서 승자가 모든 것을 다 가질 수 있다. 그러나 네트워크 효과를 제대로 평가하지 못하는 일부 기업은 투입한 개발비를 회수하기 위해 비싼 가격을 매기는 경우도 있다. 일본의 소니는 베타 방식의 VTR을 먼저 개발하고도 개발비가 아까워 비싼 가격을 매겼다가 후발로 나타나 무료로 기술을 나눠준 마츠시타의 VHS에 무너지고 말았다. 네트워크 효과가 있는 시장 싸움에서는 네트워크를 먼저 차지하는 사람이 이기게 된다.

네트워크 효과를 사전적으로 정의하자면, '다른 사용자에 의해 영향을 받는' 효과다. 컴퓨터 운영체제나 소프트웨어는 많은 사람들이 사용할수록 사용하려는 사람들이 늘어나지만 이와 반대되는 경우도 있다. 사치품이나 명품 같은 경우는 사용자가 많을수록 구매의욕이 떨어진다. 전자를 양의 네트워크 효과라고 한다면 후자는 음의 네트워크 효과일 것이다.

현대 비즈니스 모델에서 수확체증의 법칙이 적용되려면 네트워크 효과 외에 피드백 효과와 학습 효과를 갖추는 것이 바람직하다.

피드백 효과란 고객과의 피드백을 충분히 활용할 수 있어야 한다는 의미이다. 일단 선두에 오른 기업이 네트워크 기업이라면 자신의 네트워크를 이용해서, 네트워크 기업이 아니라면 다른 방법으로 고객과의 피드백 통로를 활성화시켜 이를 상품과 서비스 개선에 활용해야 한다. 이 역시 앞선 기업이 훨씬 더 유리하다.

사용에 지식을 필요로 하는 상품 분야라면 먼저 소비자에게 학습을 시킨 선발 기업이 절대적으로 유리하며, 반대로 선발 기업은 이를 활용할 수 있어야 한다. 기존에 사용하던 제품에 비해 조금 업그레이드된 상품은 어렵지 않게 접근할 수 있지만 전혀 새로운 접근 방식으로 된 상품인 경우에는 새로운 학습이 결코 쉽지 않다.

76

알 수 없는 소비자의 심리

일본의 아시즈리 국립공원 부근 고치현이라는 지방에, 공항에서 전철로 다시 버스로 갈아타고 50분, 또 케이블카를 타고 250미터를 내려가야 하는 오지에 객실 25개짜리 미니 호텔 '소다니' 가 있다.

이 호텔에서 하룻밤을 묵기 위해 한 달에 1,200명이 넘는 사람들이 문의를 하고, 예약하기가 하늘의 별따기라고 한다. 이런 소식이 알려질수록 이곳에 묵으려는 사람들의 문의는 빗발친다고 한다.

이런 현상에는 다른 사람들이 접근하기 어려운 곳을 다녀왔다는 심리적인 만족감과 경쟁이 치열하기 때문에 더욱 가보고 싶은 기대감이 작용한다. 이것이 바로 소비자다.

똑같은 상품, 똑같은 가격인데도 '10개 한정품' 이라는 딱지를 붙여놓으면 불티나게 팔려 나간다. 한정품이기에 희소가치를 가진다.

경제학은 소비자들이 합리적인 행동을 한다는 대전제를 두고 있다. 그러나 개별 소비자는 그리 합리적인 행동을 하지 않는다.

그런데도 경제학이 성립할 수 있는 것은 왜인가? 개별 주체는 비합리적일 수 있어도 전체는 합리적인 행동을 하리라는 가설이 작용하고 있기 때문이다.

그러나 최근에는 이마저도 부정되고 있다. '인간의 감성은 비합리적일 수 있으나 이성은 합리적이다' 는 것이 지금까지의 가설이었지만 2002년 노벨 경제학상을 받은 대니얼 카네먼 교수는 인간의 이성도 비합리적일 수 있다고 주장했으며 사회 곳곳에서 이러한 현상이 발견되고 있다.

　게다가 대니얼 카네먼 교수는 경제학자가 아니라 심리학자여서 경제학자들에게는 적잖은 충격을 주었다.

10

애덤 스미스의 '보이지 않는 손'과
케인즈의 '보이는 손'

보이지 않는 손

애덤 스미스가 《국부론》에서 강조한 내용 중 하나는 보이지 않는 손(invisible hand)에 의한 자율조절기능이다. 경제주체들의 이기심에 맡겨두면 '보이지 않는 손'에 의해 경제행위가 국가의 부(富)를 극대화시키는 방향으로 조화를 이룬다는 것이다.

개인이든 기업이든 경제주체들은 모두가 이기적이다. 만약 탐욕스러운 기업들이 자신들의 이익을 극대화하기 위해 행동한다면 국가경제는 큰 혼란에 빠지지 않을까? 애덤 스미스는 이 점에 대해 수요와 공급은 '가격'이라는 보이지 않는 손에 의해 저절로 조절된다고 보았다.

심한 흉년이 들어서 곡물 등 생활에 필요한 자원이 희소자원이 되었을 때 정부는 별도로 관리할 필요를 느낄 것이다. 그러나 애덤 스미스는 경제주체들의 이기적인 행동에 맡겨두면 저절로 조절된다는 입장이었다. 특정 상품이 희소해지면 공급이 줄어들 것이고, 공급이 줄어들면 가격이 오르게 되고, 가격이 오르게 되면 저절로 수요가 줄어든다는 논리였다. 이것이 가격이라는 보이지 않는 손에 의한 자율조절이다. 경제주체의 이기적인 행동은 결국 공공의 이익증진에 기여하게 된다.

이것이 애덤 스미스를 필두로 하는 자유주의 경제학자들의 주장이었다. 자유주의 경제사상은 개인의 자유를 최대한 보장했다는 점에서 크게 환영받았다. 특히 이기심과 양심 사이에서 고민하던 기업가들에게는 면죄부를 주는 격이었다.

고전 경제학파의 대부격인 애덤 스미스의 자유방임사상은 자본주의 이론의 핵심적인 기초가 되어 19세기는 물론 20세기 초반까지도 맹위를 떨쳤으며, '보이지 않는 손' 이론은 한계가 있는데도 시장경제의 초석이 되었다는 점에서 높이 평가되어야 할 것 같다. 왜냐하면 애덤 스미스의 이론을 정면으로 반박하면서 모든 것을 국가의 통제에 둔 소련과 동구권의 붕괴는 그것이 얼마나 비효율적이었느냐 하는 것을 웅변적으로 증명하고 있기 때문이다.

자유무역을 통한 국부의 증진

국가 사이의 자유무역에 대해 애덤 스미스는 다음과 같은 논리를 폈다. 중상주의자들이 정책을 좌지우지하던 시절에 그는 국부(國富)의 개념 자체를 다르게 보았다.

중상주의자들은 금과 은을 근간으로 국부의 개념을 삼았다. 그러나 애덤 스미스는 이에 반대했다. 당시 유럽 국가 중 금과 은을 가장 많이 보유한 나라가 스페인과 포르투갈이었지만 국민들은 가난을 면치 못했다. 그는 금과 은이 아니라 국민이 소비하는 상품이 국가의 부라고 주장했다. 그러기 위해서는 고용 효과가 높은 제조업 분야에 투자하고 분업을 통해 대량생산 체제를 갖추면 국가의 부를 증진시킬 수 있다고 주장했다.

애덤 스미스와 관련하여 최근 영국에서 날아든 소식 하나가 흥미롭다. 2007년 3월 13일부터 애덤 스미스의 초상이 들어간 화폐가 영국에서 처음으로 유통된다는 소식이다. 영국 중앙은행에 따르면 새로 발행되는 20파운드(우리 돈으로 3만 6,000원 정도) 신권에 그의 초상화와 핀 제조공장의 근로자 모습을 함께 담았다고 한다.

자본주의 이론의 기초를 놓은 애덤 스미스와 자본주의의 원조격인 영국. 그의 초상화가 이제야 화폐에 등장하는 것이 너무 늦지 않았느냐는 반응이 대부분이라고 한다. 왜 이렇게 늦었을까? 그 이유가 재미있다. 애덤 스미스는 영국 본토가 아닌 스코틀랜드 출신이기 때문이라고 한다. 우리나라로 치면 지역차별인 셈이다.

자본주의의 탐욕에 불을 붙인 경제학자가 또 하나 있다. 프랑스 경제학자 세이(Say)였다. 세이는 애덤 스미스보다 46년 늦게 태어난 사람으로 일찍부터 상업에 종사하다가 애덤 스미스의 《국부론》을 읽고 감동하여 스스로 경제학자가 된 사람이다. 그는 애덤 스미스보다 한발 더 나아가 '공급은 스스로 수요를 낳는다'라고 주장했다. '판로설'이라고도 불리는 이 학설에 의하면 생산에 참여한 사람들에게 소득이 분배되고 이렇게 분배된 소득은 다시 수요가 되기 때문에 과잉생산이란 있을 수 없다는 주장이었다.

그러나 그의 이론은 스승격인 애덤 스미스의 자유방임론과 함께 대공황의 단초를 제공하게 되었고, 그로 인해 훗날 마르크스와 케인즈에게 혹독한 비판을 받아야 했다. 역사상 장사꾼이 훌륭한 경제학자가 된 경우는 없다고 한다.

보이는 손

존 스타인벡의 소설 중에 《분노의 포도》가 있다. 영화로도 만들어진 작품이다. 이 소설의 줄거리는 제1차 대전 이후 호황을 누리던 미국이 대공황을 맞으면서 미국 사회 전체가 초토화 되어가는 모습을 그린 작품이다. 이러한 내용 때문에 자유의 나라 미국에서도 한때는 금서로 취급되기도 했다.

1929년 미국에서 발발한 대공황은 자유주의 경제학의 최대 위기였다. 영국 자본주의를 배워 그대로 옮긴 미국이 그처럼 번영한 것은 스미스와 세이의 덕분이라고 감사하던 미국인들이었다. 그래서 그의 가르침에 순종해왔다.

제1차 대전을 치르는 동안 유럽은 많은 인명과 재산의 피해를 입었지만 미국은 오히려 전시에 벌어들인 돈으로 공장을 증설하고 생산을 늘려갔다. 이 시기를 지배한 경제 이론은 애덤 스미스의 자유방임론과 '공급은 스스로 수요를 창출한다'는 세이의 법칙(Say's Law)이었다. 미국은 세계의 공장으로 떠올랐다. 수출 물량은 6배나 늘어났으며, 세계 금 보유량의 37퍼센트를 차지했다.

이처럼 고도화된 미국의 생산력은 1920년대 후반에 이르자 미국과 유럽 각국의 유효수요 부족으로 균형을 잃어버렸다. 1923~29년 사이 기업의 이윤은 60퍼센트 이상 늘어났지만 노동자들의 소득은 11퍼센트 증가에 그쳤다. 노동자들의 소득 일부는 미래의 불확실성에 대비하여 저축으로 숨어버렸다. 그러자 구매로 연결될 수 있는 유효수요가 결정적으로 부족해졌다.

상품은 창고에 쌓이기 시작했고 기업들은 노동자들을 해고하기 시작했다. 투자할 곳이 마땅찮던 기업이나 투자가들은 주식시장으로 몰려들었고, 주가는 연일 하늘 높은 줄 모르고 치솟았다. 노동자들은 뒤늦게 빚을 내어 주식시장에 뛰어들었다. 그러자 마침내 1929년 10월 24일 목요일, 뉴욕 증시는 시상 유례 없는 폭락사태를 맞았다. 그날 하루 주가는 43퍼센트나 폭락했다.

집을 담보로 대출을 받아 주식에 투자했던 많은 사람들은 하루아침에 전 재산을 날리고 말았다. 이날의 하이라이트는 고공점프였다. 주식시장에서 전 재산을 날린 투자자들 중 11명이 증권회사 옥상으로 올라가 공중으로 몸을 날린 것이다. 투자가들에게 돈을 빌려주었던 은행도 휘청거리기 시작했다.

은행이 휘청거리자 은행에 돈을 예치했던 사람들은 은행을 믿지 못하겠다며 예금 인출에 나섰다. 이 여파로 이번에는 은행들이 줄줄이 파산했다. 문을 닫은 은행 수만도 500개가 넘었다. 이로 인해 900만 명의 통장이 휴짓조각이 됐고 1,200만 명이 실업자가 되어 길거리로 몰려나왔다. 이것이 대공황이다. 그후 1933년까지 주가는 80퍼센트나 빠졌다. 애덤 스미스의 보이지 않는 손도 대공황을 계기로 휴짓조각이 되고 말았다.

선순환과 악순환

유효수요는 부족해지게 마련이다. 생산주체와 소비주체가 다르기 때문에 괴리가 발생할 수밖에 없으며, 기계에 의한 대량생산의 경우 생산이 늘어나는 것만큼 고용창출이 일어나지 않기 때문에 세이가 말한 것처럼 생산이 스스로 수요를 창출하지 못하게 된다. 또한 임금에 의존하는 근로자들은 미래의 지출을 위해, 부의 축적수단으로 수입의 일부를 저축하게 된다. 이 차이만큼 유효수요는 줄어들게 된다. 그리하여 유효수요의 부족은 언제든 일어나게 되어 있다. 유효수요가 부족해지면 다음과 같은 악순환의 고리가 형성되어 결국 공황으로 이어진다.

악순환 : 유효수요 부족 → 구매력 저하 → 투자축소 → 고용감소 →
         기업파산 → 경제공황

그래서 보이지 않는 손을 대신하여 '보이는 손(visible hand)'이 등장했다. 정부도 경제주체의 하나로 시장 기능에 적극 참여해야 한다는 주장이었다. 이윤추구를 유일한 목적으로 하는 기업들에게 생산을 맡기면 완전한 수요·공급의 균형이 이뤄지지 않으며, 이 불균형이 대공황을 부른다는 것이다.

시장의 조절기능이 아니라도 소득분배나 빈부격차의 문제가 과연 개개인의 잘못인가 아니면 제도의 모순인가 하는 문제도 제기되었다. 국가경제 전체의 성장, 노사문제, 환경문제, 특정 산업의 보호 등에 대해서도 국가가 손을 놓고 있어야만 하는가, 대공황 같은 사태가 발생해도 국가는 팔짱 끼고 보고만 있어야 하는가 등의 논란 속에서 보이는 손을 주창하는 사람들은 국가의 적극적인 개입을 요구했다.

대표적인 사람은 칼 마르크스였다. 대공황은 자본주의가 자본가들의 탐욕과 자유방임에 맡겨져 있는 한 공황은 피할 수 없다는 그의 이론을 증명이라도 하듯이 진행되었다. 자본주의 최대의 위기였다. 결국 적절한 정부의 개입이 필요하다는 케인즈의 유효수요 이론으로 위기는 일단락되었다.

묘하게도 케인즈가 태어난 해는 칼 마르크스가 죽은 해인 1883년이었다. 케인즈는 운명적으로 마르크스를 넘어서도록 태어난 것인지도 모른다.

유효수요

미국에서 대공황이 일어나고 대량의 실업자가 발생하자 국가의 개입을 부정하고 시장의 보이지 않는 손에 모든 경제 활동을 맡겨야 한다는 순수 자본주의 체제는 결정적인 결함을 노출시켰다.

케인즈는 대공황의 발생과 대량 실업사태의 원인을 유효수요의 부족 때문으로 분석했다. '유효수요(有效需要)'란 구매력으로 연결될 수 있는 수요를 말한다. 유효수요가 줄어들면 기업 이윤이 줄어들고 노동자 해고가 늘어나 고용이 줄어들게 되고, 고용이 줄어들면 다시 소득이 줄어들어 수요가 부족해진다. 이 공급과 수요의 간격을 정부의 개입으로 메워야 한다는 이론이었다. 이것이 '수정 자본주의 이론'이다.

그러나 케인즈의 이론이 쉽게 받아들여진 것은 아니었다. 자유방임 사상을 너무나 확신하고 있었기에 경제문제에 정부가 나선다는 것은 상상도 할 수 없는 노릇이었다. 시간이 지나면 회복되리라고 믿었던 경제는 꼼짝도 하지 않았다. 그러자 1932년 대통령에 당선된 루즈벨트는 정부의 적극적인 시장개입을 포함하여 대규모 재정지출을 통한 고용창출, 고용안정을 위한 각종 사회보장제도의 도입 등 14개의 뉴딜법안을 통과시켰다.

뉴딜정책에 의해 미국 경제는 서서히 살아나기 시작했고, 이에 힘입어 루즈벨트 대통령은 1936년 재선에서 당선되었다. 재당선으로 뉴딜정책은 탄력을 받게 되었다. 제2차 대전이 발발하자 전쟁 수요에 힘입은 미국 경제는 언제 그랬느냐는 듯이 말끔히 살아났다.

수요창출을 위해 끊임없이 시장을 외국으로 넓혀가야만 유지되는 미국 경제를 두고 사람들은 미국을 제국주의라고 말하기도 한다. 정부의 적극적인 개입으로 재정투융자를 확대하면 다음과 같은 선순환의 구조로 이어진다.

선순환 : 유효수요 증가 → 기업이익 증가 → 투자확대 → 고용확대
→ 소득증가 → 유효수요 증가

11 집단의 욕심은 왜 선이 아닌가?

사람이 집단을 이루면 개인은 집단 속에 묻혀버리고 집단 전체의 평균으로만 저울질된다. 선한 사람이라도 그 선행은 희석되어 다소 '악하게' 표출된다. 사람의 행동을 제어하는 것이 얼굴, 양심, 체면 등인데 집단이 되면 이것도 묻혀버린다. 그래서 나만 손해라는 생각을 갖게 된다.

이러한 익명성이 보장되기 때문에 이성적이기보다 감성적으로 변하게 된다. 소위 말하는 군중심리가 작동하는 것이다. 집단이 되면 인간은 아주 이기적인 행동을 할 수 있다. 언젠가 예비군 훈련장에서 교관에게 들은 이야기다.

"군복만 입혀놓으면 판사도 목사도 의사도 매한가지더라."

군복을 입으면 군중 속으로 매몰되기 때문에 나 혼자 고매한 척해도 표시가 나지 않는다. 나 혼자 도덕적으로 높은 수준을 유지하려 해도 집단 속에서는 전혀 표시가 나지 않고, 자칫하면 집단 따돌림을 당할 우려까지 있다. 그래서 집단은 도덕적으로 높은 수준을 유지하기가 지극히 어렵다.

경제논리는 사람의 욕심, 이기심을 대전제로 출발한다. 모든 경제주체들이 자신의 욕망을 채우기 위해 이기적으로 노력한 결과는 사회적인 선이라고 본다.

그러면 집단 이기주의는 왜 비난을 받는가? 근로자들의 파업, 혐오시설 유치에 반대하는 님비 현상이 집단 이기주의라면서 비난을 받는다. 개인의 욕심은 용인되는데 집단의 욕심은 왜 집단 이기주의니 뭐니 하면서 비난의 대상이 되어야 하는가?

근로자 입장에서는 자신의 노동가치가 임금보다 훨씬 높다고 보고 더 많은 임금을 요구할 수 있고, 내가 사는 동네에 혐오시설이 들어서면 집값이 떨어지고 환경이 오염되니 당연히 반대를 할 수 있다.

집단의 요구가 비난받기 쉬운 이유는, 개별 경제주체들의 행위는 양측 모두가 동의하는 선에서 가격을 매개로 평화적으로 이뤄지나 집단은 일방적이며 폭력적으로 이뤄지기 때문이다.

또한 집단은 얻는 것보다 전체에 끼치는 피해가 훨씬 더 클 수 있다는 인상을 준다. 예를 들면 근로자 1,000명이 임금 100만 원 인상을 요구하면서 파업을 했는데 그동안 기업에 100억 원의 손실을 끼쳤다면, 이들은 회사의 손실 100억 원을 담보로 이익 10억 원을 챙겼다는 이야기가 된다.

그래서 집단의 행동은 대부분 비난의 대상이 되는 경우가 많다. 물론 정당한 집단의 행동은 보장되어야 한다는 점을 전제로 하고서 말이다.

인간의 욕심은 일단 인정하기로 하자. 그러나 그것이 지나쳐 자신과 사회를 망칠 경우에는 욕심을 넘어 탐욕이 된다.

욕심과 탐욕의 경계는 어디일까? 그것은 기준이 마땅치 않다. 사회 구성원의 평균적인 생각에서 몇 배 이상 편향되었을 때 탐욕으로 볼 수 있을까?

그래서 건전한 상식을 훨씬 넘어서는 경우를 우리는 탐욕이라고 말한다.

파레토 법칙과 롱테일 법칙

매스와 나노의 싸움

다윗과 골리앗이 싸우면 누가 이길까? 물론 우리는 다윗이 골리앗을 이긴 사실을 다 알고 있다.

신장 270센티미터에 갑옷 무게 55킬로그램, 창 무게 7킬로그램인 골리앗 앞에 다윗은 어린아이에 불과했다.

골리앗이 매스(mass)라면 다윗은 나노(nano, 1/10억)였다. 사람들은 다윗에게 대적하기에는 골리앗이 너무 크고 강하다고 충고했지만, 그는 골리앗의 몸집이 너무 커서 돌팔매가 빗나갈 리 없다고 생각했다.

결국 다윗은 돌팔매 하나로 거인을 쓰러뜨렸다. 20세기에 이스라

엘이 아랍권을 맞아 싸웠던 몇 차례 전쟁을 방불케 하는 장면이다. 그 싸움에서 다윗이 승리한 것은 요즘 용어로 말하자면 '비대칭 전략'을 사용했기 때문이다. 즉, 싸움의 방법을 달리해서 이긴 것이다.

이제 두 사람이 다시 싸운다면 누가 이길까? 이번에도 다윗이 이긴다. 이번에는 롱테일(long tail, 긴 꼬리) 법칙이 적용되기 때문이다.

마케팅에 적용하자면 오프라인 싸움에서는 당연히 거인이 이기겠지만 인터넷을 기반으로 하는 온라인에서는 아이들의 단결된 힘, 즉 네트워크가 훨씬 더 큰 위력을 발휘하게 된다는 말이다.

미국 최대의 오프라인 서점인 반스앤노블과 세계 최대 인터넷 서점인 아마존닷컴을 보자. 반스앤노블은 미국 전역에 500개가 넘는 대형 매장을 가진 최대 서점인 반면, 아마존닷컴은 매장 하나 없는 인터넷 서점이다. 아마존닷컴과 반스앤노블은 다윗과 골리앗이었다.

아마존닷컴을 창업하기 전 제프 베조스는 28세의 나이로 금융회사에서 잘 나가던 수석 부사장이었다. 어느 날 신문에서 전자상거래 시장이 1년 동안 2,400퍼센트나 성장했다는 기사를 읽고 무언가 머릿속에서 스치는 게 있어 그날로 사표를 던졌다. 그리고는 인터넷을 통해 팔 수 있는 상품이 무엇인지 메모했다. 이때 적은 상품이 책, CD, 비디오, 컴퓨터 하드웨어, 소프트웨어 등이었다. 이 중 책과 CD, 비디오부터 팔기로 결정했다. 창고에서 시작한 아마존닷컴이 반스앤노블을 능가하리라고 생각한 사람은 단 한 사람, 제프 베조스 자신뿐이었다.

이 두 기업의 싸움은 시간이 흐를수록 아마존닷컴에 유리하게 전개되었다. 우선 장서량에서 비교가 되지 않았다. 반스앤노블은 공간의 한계 때문에 갖출 수 있는 책이 13만 권인 반면 아마존닷컴은 무려 230만 종의 책을 갖출 수 있었다.

이 둘의 매출 구성을 보면 더 재미있다. 반스앤노블은 잘 팔리는 주력 상품에 매출의 대부분을 의존했지만 아마존닷컴은 비주류 상품에 의존하고 있다. 아마존닷컴은 반스앤노블이나 일반 서점에서 구하기 어려운 하위 80퍼센트 상품에서 절반 이상의 매출을 올리고 있다.

반스앤노블이 파레토 법칙에 충실했다면 아마존닷컴은 롱테일 법칙에 충실했다. 그동안 비즈니스 세계를 지배하던 이론은 '8020 법칙'으로 잘 알려진 파레토 법칙이었다. 자연계나 사회 현상 대부분은 이 비율로 구성된다.

개미를 보면, 모든 개미가 다 열심히 일하는 게 아니라 불과 20퍼센트의 개미들만 열심히 일하고 나머지 개미들은 빈둥대기만 한다. 그래서 열심히 일하는 개미들만 모아놓았더니 그 중에서 20퍼센트만 열심히 일하고 나머지 80퍼센트는 빈둥거리는 것이 아닌가.

이를 사회 현상으로 옮겨보면 한 나라 부(富)의 80퍼센트는 20퍼센트의 사람들 차지이며, 기업 매출의 80퍼센트는 20퍼센트의 상품에서 올린다. 10가지 상품을 생산하는 기업에서 10억의 매출을 올린다면 2가지 아이템의 매출이 8억을 차지한다. 은행 예금의 80퍼센트는 20퍼센트의 고객이 맡긴 돈이다. 백화점 매출의 80퍼센트는 20퍼센트의 단골손님이 올려준다.

백화점 매출액도 근사치를 보이는 것으로 나타났다. 2006년 한 백화점의 총매출은 5조 1,496억 원인데 절반이 넘는 2조 7,653억 원이 10퍼센트의 고객 호주머니에서 나온 것으로 확인되었다. 이 10퍼센트는 백화점 측에서 특별 관리하는 VIP 고객이 아닌가 생각된다. 20퍼센트까지 확대한다면 비슷한 수치가 될 것이다. 참고로 1퍼센트의 상위 고객이 올린 매출은 16.3퍼센트였다고 한다.

반스앤노블의 매출 구성비가 그런 모습이었다. 반면 아마존닷컴은 세계 곳곳에 흩어져 있는 고객들이 찾는 비주류 도서에서 절반 이상의 매출을 올리고 있다는 것이다.

여기서 파레토 법칙 대신 롱테일 법칙이 등장하게 된다. 지금까지의 마케팅 핵심이 상위 20퍼센트에 해당되는 핵심 상품에 역량을 집중시켰다면 이제는 '별 볼일 없는' 80퍼센트에 관심을 갖게 된 것이다. 이러한 현상은 인터넷이 있기에 가능한 일이었다.

공간적으로는 광범위하게 흩어져 있지만 온라인에서는 공간 개념 자체가 존재하지 않는다. 인터넷 비즈니스는 모래처럼 흩어져 있는 고객 하나하나가 모여서 큰 산을 이룬다.

우리나라에서도 이런 사례들이 속속 나타나고 있다. 몇 년 전 사이버 학원으로 출발한 '메가스터디'는 강남의 잘 나가는 스타 강사들의 강의를 학원보다 저렴한 가격으로 수강할 수 있다는 컨셉트로 출발해 이미 100만 명이 넘는 회원을 확보했고 연 40퍼센트 이상의 빠른 성장을 기록 중이다. 2004년 12월에 코스닥에 상장, 현재 시가 총액만도 1조 원을 넘고 있다.

우리나라 기업 중 시가 총액이 1조원을 넘는 기업은 113개에 불과하다. 오프라인 학원은 공간의 제약이 따르지만 온라인 학원은 그러한 제약이 없었던 것이다.

일본 후쿠이에는 '하기'라는 초밥집이 있다. 물난리가 나서 손님이 모두 끊겨버렸다. 마땅한 방법을 찾던 중 하루 500엔을 투자하여 사바스시(고등어 초밥) 인터넷 검색어 광고를 띄웠다. 그러자 일본 전역에서 주문이 들어오기 시작했다. 첫 달에 10만 엔, 둘째 달에 20만 엔, 셋째 달에 40만 엔, 두 달 후인 다섯째 달에는 200만 엔으로 매출이 올랐다. 티끌 모아 태산이라는 속담이 제격이 아닐까?

인터넷 고무신 가게

롱테일 법칙을 좀 더 쉬운 말로 설명하면 인터넷에서 고무신을 판매하는 것과 같다. 고무신은 오프라인 매장에서는 거의 판매하지 않는다. 생각해보라. 종로에 고무신 가게를 차려봤자 매장 자체를 유지하기가 힘들다.

그러나 인터넷에서는 오히려 장사가 잘될 가능성이 있다. 지금도 전국 어딘가 누군가에게는 고무신이 필요할 것이다. 절에 있는 스님일 수도 있고, 항상 발에 물을 적시는 농민일 수도 있다. 한복을 고집하는 어르신일 수도 있다. 그러나 고무신을 취급하는 오프라인 매장이 점점 사라지고 있어 구하기가 힘이 든다.

오프라인에는 없으니 인터넷에서는 장사가 잘될 수 있다. 오프라인 매장에서는 하루 한두 명이 찾기도 힘들지만 온라인에서는 전국적으로 수백 명, 수천 명이 찾을 것이기 때문이다.

본격적으로 인터넷 고무신 가게를 만들어보자. 사이트 이름은 좀 고상하게 '옛날 옛적에'로 하자. 그리고 주변에서 사라져가는 상품들, 오프라인 가게에서는 안 된다는 아이템만 골라서 진열한다. 마케팅만 잘하면 큰 규모로 성장할 수 있을 것이다.

- 고무신
- 한지
- 벼루
- 먹
- 물레
- 맷돌
- 키
- 절구

1+1+1=5가 되는 이상한 힘,
시너지 효과

시너지(synergy)란 신서시스(synthesis, 합성)와 에너지(energy)의
합성어이다. 두 힘이 합쳐질 때 각자가 갖는 힘 이상의 에너지를 낼
수 있는 합성을 시너지라고 부른다.

수학사에 나오는 시너지 효과를 보자. 아르키메데스는 그리스의
섬 시라쿠사에 살고 있었다. 당시 지중해의 패권을 둘러싸고 로마와
카르타고는 3차에 걸친 전쟁을 벌였다. 시라쿠사는 카르타고의 편
에 있었기에 로마의 공격을 받았다. 기원전 214년, 제2차 포에니 전
쟁의 일화다.

전쟁이 발발하자 로마군 함대가 시라쿠사로 쳐들어왔다. 당시 아
르키메데스는 일흔 살이 넘은 고령이었지만 조국을 위해 전쟁에 나
섰다. 그는 투석기와 기중기, 지렛대를 이용한 신형무기를 만들어

로마군을 괴롭혔다. 그 중에 나오는 이야기 하나. 로마군 함대가 몰려오자 아르키메데스는 군사들에게 거울 하나씩을 나눠줬다. 로마군이 탄 배가 가까이 오자 군사들은 일제히 거울을 들어 로마군이 탄 배를 비췄다. 그러자 군함이 불타버렸다. 거울 하나의 위력은 별 것 아니지만 수많은 거울을 동시에 비추니 군함이 불탈 정도가 된 것이다.

이것이 시너지 효과다. 1＋1＝2가 아니라 3 또는 그 이상의 효과를 내는 것이면 무엇이든 시너지다.

시너지 효과는 수평 네트워크에서만 나온다. 수평이란 거울 이야기에서 보듯 동질의 A, B, C가 수평으로 연결된다는 의미다. 수직으로 연결되는 경우에는 시너지 효과를 내지 못한다.

마이크로 소프트, IBM, 인텔의 삼각편대가 수평으로 연결되어 나타내는 시너지 효과가 바로 오늘의 컴퓨터 혁명이고 인터넷 혁명이다. 이들이 수평으로 연결되기 이전의 상태를 살펴보자.

이전에는 IBM, 데이터 제너럴, 디지털 이큅먼트 3개 회사가 각자의 성 안에서 수직적으로 컴퓨터 산업을 추진하고 있었다. 여기서 수직적이란 3개 회사 각자가 컴퓨터 운영에 필요한 A부터 Z까지 모든 것을 수직적으로 갖춘다는 의미다. 이들은 각자가 칩을 만들고 운영시스템을 구축하고 컴퓨터를 생산하면서 응용 소프트웨어까지 독자적으로 개발했다.

여기에 마이크로 소프트, IBM, 인텔의 삼각편대가 등장했다. 인텔은 반도체를 만들고 IBM은 하드웨어를 만들고 마이크로 소프트는 운영체제를 만들어 표준화를 이뤄냈다. 이른바 개방형 표준인 것이다. 그러자 컴퓨터 산업은 이들에 의해 평정되었다. 이처럼 서로의 보완적인 협력도 시너지 효과를 창출하는 수평 네트워크이다.

시너지 효과를 내기 위해서는 보완적인 기능이 수평으로 연결되거나 동일한 것들이라도 수평으로 연결되기만 하면 무서운 에너지를 낼 수 있다.

동대문시장을 보자. 쇠퇴해가던 재래시장에 밀리오레, 두산타워 등 대형 쇼핑몰이 속속 들어서면서 엄청난 시너지 효과를 내며 고객을 유입하고 있다. 동대문시장의 쇼핑몰은 모두 27개, 여기에 입점한 점포는 2만 7,000여 개, 하루 평균 50만 명 정도가 방문하는 것으로 추정되며, 이 상권에서 올리는 일 매출은 100억 원에 육박한다. 외부와 단절된 공간에 들어선 경쟁업체는 고객을 나눠 갖게 되지만 외부에 대해 열린 공간, 고객을 불러들일 수 있는 장소의 점포 밀집은 오히려 시너지 효과를 창출한다.

이번에는 음식점을 보자. 도시마다 음식점 거리가 있다. 소위 말하는 먹자골목이다. 이렇게 음식점들이 몰려있으면 경쟁이 치열해서 장사가 안 될 것 같지만 오히려 시너지 효과가 나타나 장사가 더 잘 된다. 음식점이 소수일 때는 주위의 고객을 나눠 갖지만 외부 고객을 흡입할 정도가 되면 음식점이 많은 것은 오히려 시너지 효과를 내게 된다. 선택의 여지가 많고 음식점이 몰려있는 거리 자체가 하나의 볼거리 역할을 한다.

압구정동에 가면 아시안 레스토랑 거리가 형성되어 있어 먹는 맛

과 보는 재미를 동시에 누릴 수 있다. 갤러리아 백화점 맞은 편 파리
크라상 골목에는 베트남 국수 전문점 '리틀 사이공', 일본식 분식점
'마이도', 중국식 퓨전 레스토랑 '리밍', 몽골리안 비프를 파는 '빠
오'가 나란히 있다. 유럽의 노천카페를 본뜬 것 같은 하얀 파라솔 속
에 정답게 자리한 곳이다. 주말이면 이국적인 분위기와 맛을 즐기려
는 사람들로 앉을 자리가 없을 정도다. 이때 효과는 1+1=2가 아니
라 3 또는 그 이상이 된다.

오케스트라의 경우가 시너지 효과를 가장 잘 나타내는 사례다. 악
기 하나하나가 별개로 있을 때보다 모여 있을 때 이들의 조화는 어
느 악기도 따를 수 없는 아름다운 소리를 낸다. 개인도 기업도 이처
럼 시너지 효과를 낼 수 있는 조합으로 만나는 것이 이상적이다.

영화시장이 점점 커지고 있는데 이는 영화의 수준이 그만큼 높아
졌다는 이야기도 되지만 결정적인 요인은 복합 상영관의 등장 때문
이다. 복합 상영관이 등장하기 이전의 극장들은 여기저기 흩어져 있
었다. 가까이 있으면 자칫 서로에게 고객을 빼앗길 수 있기 때문이
다. 그러나 한 자리에 여러 상영관이 모여 있으면 고객들을 불러 모
으는 효과를 내어 단독으로 있을 때보다 훨씬 많은 고객을 창출할
수 있다. 복합 상영관은 이미 영화 상영뿐만 아니라 가족이나 연인
들의 나들이 코스로 변해 있다. 영화도 보고 음식도 먹고 게임도 하
면서 하루를 보낼 수 있는 장소가 된 것이다. 복합관의 탄생이 영화
산업을 진흥시킨 결정적인 계기였다.

기업간의 제휴에서 시너지 효과가 나타나려면 보완 관계에 있거

나 동일한 기능이라면 공유관계에 있을 때 시너지 효과가 나타난다.

보완관계를 보자. R&D(기술개발)에 뛰어난 기업과 강력한 유통망을 가진 기업이 제휴관계를 형성한다면 서로의 강점을 활용하여 훨씬 더 나은 성과를 낼 수 있게 된다. 물론 동일한 기능을 가진 경우에도 시너지 효과를 낼 수 있다. 유통을 공유할 수도 있고 생산수단을 공유할 수도 있다.

심지어 경쟁관계에 있는 기업간에도 가능하다. 과자나 비누를 만드는 두 기업이 있다. 과자나 비누는 더 이상 기술의 노하우가 있는 것이 아니다. 브랜드의 차이뿐이다. 이런 경우는 생산시설을 독자적으로 운영하기보다 공유하는 것이 훨씬 비용을 절약할 수 있다.

아이템을 온·오프라인에서 공유하는 방법도 있다. 오프라인에서 가게를 하는 사람이 있다면 동일 상품을 인터넷 가게와 연계하면 훨씬 더 강력한 시너지 효과를 얻을 수 있다. 주유소에서 편의점이나 간단한 정비를 겸하는 것도 시너지 효과를 극대화하는 방법이다.

공부도 마찬가지다. 집에서 혼자 하는 것보다 도서관에서 여럿이 함께 하는 것이 더 효과적이다. 신림동 고시촌이 대표적인 예다. 여기서는 경쟁의식 때문에 더욱 열심히 하는 것도 있겠지만 정보 교환이라는 보이지 않는 효과가 덧붙여진다.

1 4 풍선 효과

옛날에 내가 시골에서 살 때 벼가 고개를 숙일 무렵이면 참새 쫓는 일은 대개 아이들 몫이었다. 아이들은 학교에서 돌아오면 으레 논으로 나가 새 쫓는 일을 할 줄로 알고 있었다.

그런데 새를 쫓으면 새가 멀리 날아가는 게 아니라 대개 옆의 논으로 날아가서 앉았다. 결국 우리 논의 피해를 옆의 논으로 전가하는 꼴이 되고 말았다. '새에게 일정량의 알곡을 빼앗기지 않을 수 없다면 새를 쫓지 않고 그대로 내버려둬도 전체적인 결과는 동일하지 않았을까?' 라는 생각을 해본다.

경제학 용어 중에 '풍선 효과'가 있다. 바람이 든 풍선의 한 쪽을 누르면 풍선 내부 공기가 더욱 팽팽해져서 다른 한 쪽이 불거져 나온다. 풍선 효과는 문제 하나를 해결하면 그로 인해 다른 곳에서 새로운 문제가 불거진다는 의미로 사용되는 용어다.

쥐가 많던 1970년대 농촌에서 어느 한 집에 고양이를 키우면 이웃한 집에는 더 많은 쥐가 들끓게 된다. 이 역시 풍선 효과이다.

사회문제도 마찬가지다. 불법과외를 단속하면 전체적인 사례는 다소 줄어들지 모르지만 수요 자체가 없어지지 않는 한 과외는 음성적이 되고 금액도 훨씬 높아진다. 위험수당이 붙기 때문이다.

풍선 효과는 국내에서만 그치는 것이 아니다. 국제적인 풍선 효과도 나타나고 있다. 우리나라에서 불법 카지노를 엄격하게 단속하자 마카오로 간 출국자가 60퍼센트나 늘었다고 한다. 도박이 자유로운 마카오로 몰려간 것이다.

수요를 잠재울 근본적인 대책이 없으면 이러한 풍선 효과는 사라지지 않는다.

사실 풍선 효과는 경제학에서 부동산이나 금융 투기꾼들의 행태를 가리키는 말로 사용되었다. 투기자본은 금융과 부동산을 오가며 투기를 한다. 은행 금리가 높으면 은행으로 몰리고, 금리가 낮으면 주식이나 부동산을 기웃거린다.

부동산의 경우 투기 대상은 토지, 아파트, 상가였으나 요즘은 오피스텔이 이 대열에 합류하고 있다. 2006년 강남의 부동산 광풍은 전형적인 풍선 효과의 산물이었다. '공기'의 주입량이 풍부해져서 풍선이 팽팽할 대로 팽팽해진 상태였다. 여기서 '공기'란 '부동자금'을 말한다. 정부에서 부동산 가격 잡겠다고 전국에 걸친 개발을 시작하면서 토지보상으로 풀린 돈이 50조 원 가까이 된다. 이 돈이

투기자본으로 변해서 강남의 아파트로 몰려들었던 것이다.

다시 강남의 아파트 가격을 잡겠다고 이런 저런 조치를 내놓자 이번에는 오피스텔로 몰려들었다. 오피스텔은 분양권 전매가 자유롭고 청약 자격도 제한이 없으며 1가구 1주택 등 종합부동산세에도 해당되지 않으니 안성맞춤인 투자상품이었다.

앞으로 경제 변동이 심하고 쏠림 현상이 빈번하면 이러한 풍선 효과는 끊임없이 나타날 것이다. 이 풍선 효과를 어떻게 보고 대처하느냐에 따라 큰돈을 벌 수도 있을 것이다. 물론 그 반대도 가능하다는 것을 잊지 말자.

15 인플레이션의 위협

인플레이션(inflation)은 물가가 지속적으로 상승하는 현상을 말한다. 인플레이션이란 단어는 남미의 소장수에게서 유래되었다고 한다. 소를 비싼 가격으로 팔기 위해 소에게 억지로 소금을 먹였다. 소금을 먹은 소는 갈증을 느껴 양껏 물을 마셔 살찐 소처럼 보인다는 이유에서다.

인플레이션의 원인은 여러 가지가 있다. 순수한 수요·공급 이론으로만 보면, 재화는 한정되어 있는데 총수요가 증가할 경우 인플레이션이 일어난다. 예상치 못한 추위나 무더위가 닥치면 냉난방 기구들에 대한 초과수요가 일어나 가격이 폭등하는 것과 같다. 이것이 인플레이션이다. 최근 중국이 빠른 경제성장을 하면서 주요 원자재 수요가 폭증하고 있는데, 이것이 세계적인 인플레이션의 진원지가 될 가능성도 없지 않다.

몇 해 전 휴전선에서 북측의 총기도발 사건이 일어났을 때 라면가격이 폭등하는 사태가 일어났다. 라면 사재기 때문이었다. 이것이 수요·공급의 불균형 때문에 일어나는 현상이다.

원자재 가격 폭등으로 인한 물가상승도 인플레이션의 큰 요인이다. 1973년 중동전쟁으로 인한 제1차 석유파동, 1978년에 있었던 제2차 석유파동이 그렇다. 대규모 투자재원을 확보하기 위한 정부의 통화증발도 인플레이션의 주요 요인이다.

인플레이션이 진행되면 전반적으로 물가가 오르고 경제성장은 둔화된다. 제2차 석유파동 때 우리나라의 경제성장률은 1979년의 8퍼센트에서 1980년에는 마이너스 5.7퍼센트로 곤두박질했다.

인플레이션이 진행되면 국가 전체적으로는 국제수지에 악영향을 미친다. 수입은 증가하게 되고 수출은 줄어들기 때문이다. 또한 투자가 왜곡된다. 인플레이션 중에는 자본이 장기적이고 생산적인 곳으로 투자되지 못하고, 자금회전이 빠르거나 인플레이션의 피해를 막을 수 있는 부동산이나 골동품 등으로 옮겨가기 때문이다.

국민의 건전한 소비 패턴도 깨진다. 자고나면 물가가 오르기 때문에 더 오르기 전에 사재기를 하려는 경향이 나타나는 것이다. 이것이 악순환으로 이어지면 걷잡을 수 없는 사태가 일어나기도 한다.

인플레이션의 가장 큰 피해는 부자들이 가난한 자의 돈을 빼앗아가는 현상이다. 물가는 상승하지만 임금은 제자리걸음을 하기 때문에 실질 임금이 낮아지게 되어 인플레이션이 되는 만큼 소득을 빼앗기는 결과를 초래한다.

100만 원을 받아도 물가가 10퍼센트 오르면 90만 원의 가치로 떨어지게 된다. 반대로 부동산 등의 고정자산을 가진 사람들은 더욱 부자가 된다. 이것이 인플레이션이다.

지금 세계 주요 국가들은 인플레이션을 우려하여 잇따라 금리를 인상하고 있다. 통화 공급을 줄이려는 것이다. 지금 세계가 당면하고 있는 인플레이션의 주요 원인은 미국과 중국이 제공하고 있다.

미국의 경우, 저축은 거의 하지 않고 지나치게 많은 소비를 하기 때문에 무역적자는 GDP의 6퍼센트를 넘고 있다. 무역적자를 줄이기 위해서는 달러 가치를 떨어뜨려야 하는데 이것이 인플레이션의 압력으로 작용하게 된다.

다음은 중국이다. 중국은 최근의 빠른 경제성장으로 세계의 원자재를 모조리 흡입하고 있다. 철강, 시멘트 등 주요 원자재를 진공청소기처럼 흡수하는 중국 때문에 세계 전체의 원자재 가격이 폭등하고, 이어서 관련 물가도 상승하게 된다.

이것이 우리가 당면한 인플레이션 위협이며 국제경제 질서를 교란시킬 수 있는 위험요소가 되고 있다.

16

조직이 거대해지면
일은 엉망이 된다, 파킨슨 법칙

　궤도에 올라선 기업은 비용관리를 소홀히 하기 쉽다. 조직은 자신을 보호하기 위해 끊임없이 새로운 조직을 만들어내는 특성을 갖고 있다. 조직은 직원을 늘리려는 생리를 갖고 있으며, 서로를 위해 일을 만들어내기 때문에 조직은 비대해지게 마련이다. 이러한 현상을 발견한 사람의 이름을 따서 '파킨슨(Parkinson) 법칙'이라고 한다.

　구성원의 수가 많아지면 일이 잘되어야 하는데 오히려 엉망이 된다. 관리자 혼자서 하던 일을 부하직원 몇 명을 두면 이들을 위해 새로운 형식의 문서가 만들어지고 이를 고치고 다듬느라 여러 사람이 바쁘게 움직인다. 그래도 일은 결국 관리자의 입맛에 따라 결정되게 마련이며 결과물은 관리자 혼자 하는 것과 다를 바 없게 된다.

　파킨슨 법칙은 우리나라에도 그대로 적용된다. 새로운 정부가 들어설 때마다 작은 정부를 약속했지만 지켜진 경우는 한 번도 없었다. 초기에는 조금 줄어드는 척하다가 임기 말기가 되면 더 불어난 몸집으로 뒤뚱거리는 것이 정부조직이다. 정부조직의 비대화는 파킨슨 법칙 말고도 정권 공신들에 대한 배려 때문에 자리가 늘어나서 그렇다. 대부분 특별히 할 일이 없는 위원회가 많이 생긴다. 우리나라 중앙정부의 위원회는 2005년 말 381개, 위원 수는 3,100명, 예산은 1,646억 원에 이른다. 지방정부의 위원회 수는 1,391개나 된다. 위원회는 법적으로 필수 조직인 경우도 있지만 대부분은 자문기구 역할에 지나지 않는다. 우리나라 중앙정부의 위원회 중 1년 동안 한 번도 회의를 열지 않은 곳이 20퍼센트나 된다고 한다. 한때 미국에서는 위원회가 너무 많아 위원회 줄이기 위한 위원회를 만드는 사례도 있었다.

기업의 사례를 보자. 잘 나가는 기업들은 대부분 이런 경험을 가지고 있다. 1990년대에 IBM이 맞았던 위기가 바로 비대해진 조직의 문제였다. IBM은 1970년대 말에서 80년대 초반 세계에서 가장 큰 기업이었다. 당시의 주식가치는 469억 달러로 2, 3위 기업이었던 AT&T와 코닥의 주식가치를 합친 것과 비슷했다. 그러던 IBM이 1992년에 20대 기업에도 들어가지 못했으며 1993년에는 전성기 가치의 4분의 1로 추락했다.

내막을 들여다보면 조직의 비대화와 그로 인한 낭비, 그리고 시장의 변화였다. 1986년에는 관리자만 40만 명이 넘었다. 시장을 보면 대형 컴퓨터 위주의 시장은 눈 깜짝할 사이에 개인용 컴퓨터(PC)로 대체되어 갔다. IBM은 발 빠른 개미군단을 추격하기에는 몸집이 너무 비대해져 있었던 것이다. 이래서는 되는 일도 안 되는 일도 없게 된다.

GE, GM, 포드도 마찬가지였다. 기업이 정상에 올라가면 조직은 빠른 속도로 비대해진다. 경영자는 이것을 경계해야 한다.

이후의 연구에서 파킨슨은 '지출은 수입에 맞춰 증가한다(지출 증가의 법칙)', '확대는 복잡화를 의미하고, 복잡화는 노후화를 의미한다' 등 제2, 제3의 파킨슨 법칙을 내놓았다.

17 경제문제에는 정답이 없다

경제문제는 인간사처럼 복잡하게 이해관계가 얽혀 있다. 그래서 어떤 경제정책이 옳고 그르냐 하는 것은 의미가 없는 경우가 많다. 우선순위의 문제 혹은 판단의 문제다.

실업과 인플레이션을 보자. 실업률과 물가 모두가 낮은 상태를 유지하는 것이 가장 바람직하다. 이는 모든 정부의 공통된 희망사항이다. 그러나 이 둘은 서로가 모순된다는 점에 문제가 있다. 실업률을 낮추기 위해 돈을 풀고 재정지출을 늘리면 실업자는 줄어들지 모르나 대신 물가가 오른다.

효율성과 형평성의 문제도 그렇다. 극단적인 효율성을 위해서는 모든 근로자들에게 인센티브를 주는 것이 가장 바람직하다. 즉, 일한 만큼 보수를 주는 방식이다. 하지만 많이 받는 사람과 적게 받는 사람의 차이가 커지게 된다. 그렇다고 근로자들에게 동일한 임금을 지급하면 이번에는 일을 하지 않게 된다. 열심히 일해봐야 월급을 더 받는 것이 아니기 때문이다.

경제주체들 사이에서도 이익이 상반된다. 주5일제를 보자. 근로자는 환영하지만 기업은 반대하게 마련이다. 물론 일부 기업(관광, 서비스 관련 기업)들은 주5일제를 환영한다. 주5일제가 제조업의 생산성은 떨어뜨릴지 모르지만 관광, 레저, 서비스 등의 산업에서는 분명 발전에 기여한다.

한·미 FTA도 제조업 위주의 기업들은 반기지만 농민들은 농업 고사정책이라며 맹렬히 반대한다.

유감스러운 일이지만 모든 사람을 만족시킬 수 있는 경제정책은 없다. 설사 정책 자체에는 문제가 없다 하더라도 새로운 제도는 새로운 문제점을 낳는다. 근로자 보호를 위해 강력한 실업보험제를 도입하면 해고된 근로자들은 일을 하려들지 않게 된다는 것이다.

이처럼 경제문제는 정답이 없기 때문에 경제정책은 상황에 따라 변할 수밖에 없다.

이혼율이라는 사기

몇 년 전 우리나라 이혼율이 47.4퍼센트라고 발표하자 언론에서는
가족해체라며 호들갑을 떨었다. 이혼율 50퍼센트라면 결혼한 부부 두
쌍 중 한 쌍은 이혼을 한다는 이야기로 들리기 때문이다. 그러나 전혀
그렇지 않다. 통계는 제대로 알지 못하면 속을 수 있는 함정이 있다.

$$이혼율 = \frac{1년에\ 이혼할\ 쌍}{1년에\ 결혼한\ 쌍 \times 100}$$

1년에 1,000쌍이 결혼을 했을 때 1년에 500쌍이 이혼을 하면 이혼율
은 정확히 50퍼센트로 나타난다. 그러나 이혼한 500쌍이 언제 결혼한
사람이냐는 물음은 고려의 대상에 들어있지 않다.

물론 결혼을 했다가 몇 달 만에 헤어진 부부도 있겠지만 5년 전, 10년
전, 20년 전에 결혼한 사람도 포함되어 있으므로 현실과는 괴리된 결과
이다.

우리가 상식적으로 이해하고 있는 이혼율, 즉 '부부가 결혼해서 혼인
생활 도중 헤어질 가능성'을 짐작하려면 전혀 다른 통계 숫자를 빌려와
야 한다.

우리가 알고 있는 상식선의 이혼율, 즉 부부가 일생을 함께하지 못하
고 헤어지는 비율은 여전히 10퍼센트 미만이다.

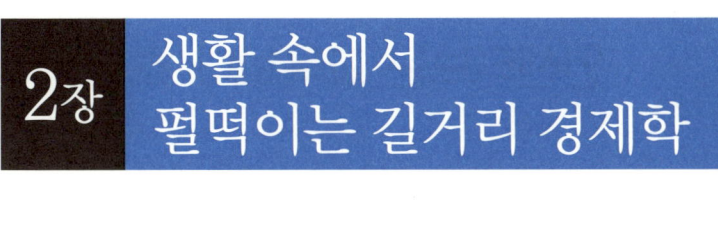

2장 생활 속에서 펄떡이는 길거리 경제학

01 인센티브는 교육보다 효과적이다

　포드자동차 설립자 헨리 포드는 제조업을 궤도에 올린 선각자였다. 컨베이어 벨트를 이용한 자동조립라인(assembly line)을 도입해 현대적인 생산라인을 구축함으로써 자동차 대중화 시대를 연 장본인이다.

　그는 경영자이기도 했지만 모든 미국인들이 자동차를 타고 출퇴근할 수 있도록 가격을 낮추는 일에 심혈을 기울인 애국자이기도 했다. 자동조립라인 도입으로 원가를 획기적으로 절감했지만 이에 그치지 않았다. '작업 매뉴얼 표준화'라는 새로운 개념을 도입하기도 했다.

　1914년, 헨리 포드는 또 하나의 획기적인 조치를 취했다. 자동차 생산라인 근로자들의 일당을 근로자 평균 임금의 2배 수준인 5달러로 올려준 것이다. 임금 인상과 관련하여 우리가 생각할 수 있는 것은 비용 증가와 이로 인한 상대적인 수익성 악화일 것이다. 원가 절감에 그토록 매달렸던 포드로서는 뜻밖의 조치가 아닐 수 없었다. 이는 통상적인 경제 이론과는 배치되는 것이기도 했다.

그러나 그렇게 임금을 올리고 나자 생산비가 오히려 줄어들었다. 이는 생산성 향상으로 인한 수익이 임금 인상으로 인한 비용보다 많았다는 의미다. 그렇게 임금을 올려주자 포드자동차 공장에는 일자리를 얻으려는 사람들로 장사진을 이뤘고, 이에 기존의 근로자들은 혹여 일자리를 빼앗길까봐 더욱 열심히 일했다. 임금 인상을 통해 근로자들의 자발적 참여 동기가 높아진 것이다. 이것이 인센티브의 위력이다. 훗날 포드는 이렇게 회고했다고 한다.

"인센티브는 교육보다 효과적이다."

비슷한 경우가 내 주변에서도 있었다. 어릴 적 시골에서 봤던 일이다. 요즘이야 모내기를 모두 기계가 알아서 하지만, 얼마 전까지만 해도 사람이 직접 모를 심어야 했다. 모심기 철이면 시골 학교들은 가정실습이라고 해서 3~5일 휴교를 하기도 했다. 모내기 일을 도와주라는 취지에서다.

당시 모내기를 할 때 인부를 쓰는 방식에는 2가지가 있었다. 하나는 인부 여러 명을 써서 모를 심는 방식이다. 이때는 하루 세 끼 식사와 새참을 제공한다. 다른 하나는 돈내기라 불리는 일괄도급식이다. 모내기에 들어가는 비용을 모두 줄 테니 알아서 해달라고 맡기는 방식이다. 물론 식사도 제공하지 않는다. 그런데 이 방식을 이용하면 전자의 절반 정도 인원만으로도 하루 만에 모내기를 끝내곤 했다.

고 정주영 회장이 즐겨 쓰던 방식도 이와 같았다. 공사기간을 단축시킬 수 있는 가장 좋은 방법은 바로 인간의 욕심에 인센티브를 주는 것이다. 사람들은 자신의 이익과 직결될 때 최선을 다한다. 자신에게 이익이 되지 않는 일에 누가 목숨을 걸겠는가? 사회주의가 몰락한 것도 개인의 노력과 이에 따른 혜택을 직접적으로 연결시켜주지 못했기 때문이다.

모든 개인이 능력에 따라 일하고 필요에 따라 분배를 받으려면 충분한 생산성이 전제가 되어야 한다. 하지만 분배되는 몫이 같으면 열심히 일하지 않는다. 인정하고 싶든 그렇지 않든 간에 인간은 욕망을 가진 동물이고, 자신에게 이익이 있을 때 능동적이 된다. 이것이 경제학의 기본원리다.

02

퇴근길 오른쪽 자리가
왜 가게의 명당일까?

운동장에서 조깅하는 사람들을 보면 하나같이 시계 반대방향으로 달린다. 올림픽에서 달리기 경주나 사이클, 스피드 스케이트 등을 할 때도 그렇다. 확실한 이유는 모르겠으나 시계방향으로 돌면 아주 어색해진다.

그 원인으로 2가지 학설이 있다.

하나는 심장을 보호하기 위해서라는 설명이다. 원을 그리며 돌 때는 심장을 안쪽, 즉 원의 중심에 두는 것이 부담을 덜 준다는 주장이다. 심장은 왼쪽에 가깝게 위치하고 있다.

다른 하나는 지구의 자전 때문이라는 설명이다. 지구는 동에서 서로 자전하면서 바람을 일으킨다. 이것이 북반구에서는 시계 반대방향으로 돌아간다는 얘기다. 태풍을 촬영한 인공위성 사진을 보면 이해가 빠르다. 이 때문에 시계 반대방향으로 달리면 에너지 소모를 줄일 수 있다고 한다. 그럼 남반구에서는 시계방향으로 돌아야 하지 않나? 그런데 거기서도 반대방향으로 돈다. 그 이유는 북반구 사람들이 먼저 표준을 만들었기 때문이라는 해석이다.

하지만 남자들의 경우 평소 길을 걸을 때는 시계방향으로 가는 게 훨씬 편하다고 느낀다. 왜일까? 그것은 남자의 본능 때문이다. 남자가 차도 가까이에 서야 위험한 상황에서 여자를 보호할 수 있다. 그리고 이렇게 되면 여자는 가게가 있는 쪽을 잘 바라볼 수 있게 된다. 남자는 여자를 보호할 수 있고 여자는 쇼윈도를 둘러보면서 걸을 수 있다. 이 구도가 자연스럽게 형성된다.

남녀가 다정히 팔짱 끼고 걸어가는 장면을 상상해보자. 이때 두 사람의 위치가 어떻게 되겠는가? 대부분의 남자가 차도 가까이에서 걷고 여자는 가게들이 늘어서 있는 쪽, 즉 안쪽에서 걷는다. 또한 남자들은 대개 앞만 보고 걷지만, 여자들은 주얼리숍이나 옷 가게 쇼윈도를 둘러보면서 걷는다.

그렇다면 가게로서의 명당자리가 어디겠는가? 당연히 걸어가는 방향의 오른쪽이 된다. 다시 말해 사람들이 걸어가는 방향 오른쪽에 위치한 가게가 명당인 것이다. 그런데 같은 오른쪽이라도 출근길 인파의 오른쪽은 별 볼일이 없다. 아이들 등교하는 길목 오른편에 문방구라도 차린다면 모를까, 일반적인 개념의 가게는 출근길과는 상관이 없다. 오히려 출근길의 오른쪽은 퇴근길이면 왼편이 되어버린다. 가장 나쁜 자리다.

정리하자면 퇴근길, 오른편, 시계방향으로 돌아가는 길목이 가장 좋은 자리다. 고정인구도 중요하지만 상품 특성에 따라서 유동인구가 훨씬 더 중요한 경우도 있다. 유행에 민감하거나 젊은이들을 상대로 하는 아이템은 유동인구가 무척 중요하다.

이렇게 보면 된다. 일상적·반복적으로 구입하는 상품은 고정인구가 중요하고, 일회적·충동적으로 구매하는 상품은 유동인구가 중요하다. 유동인구가 많은 곳은 노점상이 많은 곳을 찾아보면 된다. 노점상과 유동인구는 동전의 앞뒷면과 같다. 그만큼 밀접한 관계가 있다.

이번에는 접근의 편리성을 생각해보자. 점포는 물리적으로, 심리적으로 접근이 편리해야 한다. 포장마차가 장사가 되는 이유도 접근의 편리성 때문이다. 포장마차와 일반 음식점의 가격 차이를 보자. 포장마차에서 안주 하나에 소주 한 병을 시키면 보통 1만 6,000원을 받는다. 안주가 1만 3,000원, 소주는 3,000원이기 때문이다. 절대로 싼 게 아니다.

그런데도 포장마차는 장사가 잘된다. 바로 접근의 편의성 덕분이다. 게다가 포장마차는 혼자서도 갈 수 있는 곳이지만, 일반 주점은 혼자서 술을 마시기에는 구조상 적합하지 않다.

접근의 편의성으로 들 수 있는 또 다른 요소는 신발을 벗느냐 마느냐 하는 문제다. 일단 신발을 벗고 들어가야 하는 가게는 불편하다. 이런 집은 상대적으로 고급스러운 분위기가 아니면 일부러 찾지는 않게 된다. 특히 요즘 젊은이들은 신발 벗는 것을 싫어하는 경향이 있다. 그래서 젊은층을 상대로 하는 음식점이나 주점은 문턱 없이 신발을 신은 채 마실 수 있는 구조로 내부를 꾸며야 장사가 잘된다.

다음으로 갖춰야 할 요소는 여자를 위해 무언가 특별한 배려를 한다는 느낌을 주는 분위기가 필요하다. 그럼 남자는? 여자가 좋다면 그만이지 뭔 말이 그리 많은가!

돈을 모두 나누면
모든 국민이 잘살까?

돈은 우리가 일상생활을 하는 데 필요한 재화와 서비스의 교환수단이다. 또한 처음에는 교환수단이었지만 가치의 척도로, 부의 축적 수단으로 이용되기도 한다. 돈은 양이 적을 때는 그냥 '돈'이지만 임계치를 넘는 규모가 되면 '자본'이라고 부르게 된다.

돈과 자본은 큰 차이가 있다. 우선 돈의 성격 자체가 다르다. 돈은 재화나 서비스로 교환되어 소비되고 말지만, 자본은 '새끼'를 치는 특성을 가지게 된다. 즉, 다시 돈을 낳게 된다는 의미다. 따라서 처음에는 사람이 돈을 벌지만 나중에는 돈이 돈을 벌게 된다.

만약 부자들의 부(富)를 빼앗아 국민 모두가 나눠 가지면 어떨까? 모든 국민이 평등하게 잘 살게 될까? 아니다. 아무리 큰 부자의 돈이라도 국민 모두가 나눠 가지면 작은 돈이 되어 소비되고 만다. 한 순간은 넉넉한 소비생활을 할 수 있을지 모르나 다음 단계의 투자가 이뤄지지 않기 때문에 공장이 문을 닫아야 하고 국민 모두가 실업자가 된다.

세계 최고의 부자인 빌 게이츠의 전 재산 460억 달러를 전 세계인들에게 나눠준다면 한 사람 앞에 8,600원 정도씩 분배된다. 이 액수로는 세계 인구가 하루 먹고살 정도도 되지 않는다. 한 사람에게 모아져 있기 때문에 세계적인 영향력을 행사할 수 있다. 이것이 자본의 위력이다.

처음 마련된 목돈은 상업자본이 된다. 가격이 싼 곳에서 물건을 떼어다가 먼 곳으로 가져가 비싼 가격에 팔았다. 곡물이나 소금, 비단 등이 초기 상업자본의 투자 대상이었다. 이렇게 하여 축적된 돈의 규모가 좀 더 더 커지게 되면 산업자본이 되어 공장을 짓고 대규모 생산설비를 갖추어 공산품을 만들어내게 된다.

이것이 규모가 더 커지면 금융자본이 되어 거대한 산업분야나 원자재 등에 투자하여 계속 새끼를 치게 된다. 따라서 돈이 새끼를 치려면 어느 정도 이상의 규모가 되어야 한다.

세계에서 돈에 대한 안목이 가장 밝다는 유태인이나 화교는 어려서부터 자식들에게 돈에 대한 지식을 가르친다. 인생을 살아가는 동안 돈이 얼마나 중요하고, 또 종자돈을 마련하기 위해 어떻게 노력해야 하는가를 어려서부터 가르치는 것이다. 그래서 화교나 유태인은 세계 어느 곳에서든 금융을 장악하고 있다.

그러나 일반 사람들이 정상적인 방법으로 한 푼 두 푼 모아서는 자본을 형성하기가 매우 어렵다. 그래서 모두가 일확천금을 꿈꾸는 것이다. 돈은 어디로 흘러가는가? 돈은 돈이 될 곳만을 찾아서 이동한다. 은행, 증권, 부동산 등 새끼를 가장 많이 칠 수 있는 곳으로 끊임없이 이동하는 게 돈이다. 우리나라가 외환위기를 겪은 원인은 산업기반 자체가 허약한 데 있지 않다. 새끼를 치기 위해 몰려왔던 외국의 금융자본이 일시에 빠져나가면서 일어난 지불불능사태였다. 그만큼 우리가 돈의 속성에 대해 잘 몰랐다는 얘기다.

미국이 전 세계를 향해 문호를 개방하라고 외치는 것도 미국의 자본이 들어갈 적절한 환경을 찾기 위함이다. 그것이 '글로벌 스탠더드'다.

04 주유소와 꽃집의 궁합

음식에도 궁합이 있듯이 장사에도 궁합이라는 게 있다. 먼저 음식을 보면 삼겹살과 들깻잎, 스테이크와 파인애플, 족발과 새우젓, 닭고기와 인삼 등이 대표적인 찰떡궁합이다. 이들 음식은 따로 먹는 것보다는 함께 먹는 게 훨씬 더 효과적이다.

반면 장어와 복숭아, 도토리묵과 감, 게와 감, 조개와 옥수수 등은 함께 먹으면 탈이 나기 쉽다. 이런 것을 상극이라고 부른다. 장사에도 이런 상생, 상극의 관계가 있다.

점포를 고를 때는 단순히 잠재고객이 될 고정인구와 유동인구만 봐서는 안 된다. 자신의 가게가 들어섰을 때 주변 상권과 궁합이 잘 맞아야 한다. 시너지 효과를 낼 수 있거나 적어도 보완적인 관계여야 한다.

특히 요즘 같이 불황이 깊어지면 한 지붕 두 가족의 더부살이 가게가 많이 생겨나는데, 이런 경우는 절대적으로 궁합이 맞아야 한다.

강남의 한 탈모관리 센터는 손해만 보고 있었다. 실의에 빠져 있을 무렵 누군가 한의원을 접촉해보라고 했다. 밑져야 본전이라는 생각으로 한의원을 찾아가 자리 한 켠을 빌려달라고 졸랐다.

대신 버는 수익은 절반씩 나누기로 했다. 얼마 지나지 않아 한의원을 찾는 나이 든 고객 대부분이 자신의 잠재적 고객이었음을 깨닫게 되었다. 별 다른 홍보 활동 없이도 한 달에 1,500~2,000만 원의 수익을 올릴 수 있었다. 재료비, 인건비 등을 제하고 한의원 측과 절반씩 나누어도 순수익이 500만 원이 넘었다. 찰떡궁합의 예다.

3, 4년 전부터 이런 유형의 창업이 눈에 띄게 늘어났다. 커피숍 한쪽에 꽃이나 허브용품을 취급하는 경우는 서로가 매출을 올려주는 시너지 효과를 발휘한다. 허브를 사러 왔다가 차를 마시는가 하면, 차를 마시러 왔다가 허브를 사가는 식이다.

요즘 전국 곳곳에 들어서는 찜질방의 경우, 찜질방 용품점이 오순도순 재미있는 동거를 한다고 한다. 전국의 찜질방 수는 1만 여개인데 찜질방 용품도 덩달아 날개 돋친 듯 팔리고 있다. '찜질방에서 필요한 용품이 뭐 그리 많겠나?' 싶겠지만 무려 50여 가지나 된다. 입실 전에 착용하는 마스크 달린 모자, 각종 마사지 용품, 찜질 후 얼굴의 각질을 벗겨내는 장갑까지 매우 다양하다. 이런 초미니 가게에서 월 300만 원 정도의 순익을 올린다.

주유소와 꽃집의 궁합을 보자. 어느 도시나 도심에서 임대료가 가장 저렴한 곳 중 하나가 주유소 모퉁이다. 주유소와 이웃 빌딩의 모퉁이, 사각지대인 자투리땅을 말한다. 이런 곳은 구두수선이나 열쇠 수리점 등이 자리한 경우가 많다. 일본에서는 이런 땅만을 전문으로 확보해 운영하는 꽃집 체인이 있는데, 대도시 거의 전역에 걸칠 정도로 장사가 잘 된다.

우리나라에도 주유소 더부살이 꽃 가게들이 빠르게 늘어나고 있다. 우선 주유소에 더부살이를 하는 경우는 주유소도 좋고 꽃집도 좋다. 주유소 하면 삭막한 느낌을 주는 경우가 많은데, 주요소 한 쪽에서 꽃집 주인이 아름다운 장미송이를 다듬고 있다면 주유소로서는 그야말로 분위기를 한껏 살릴 수 있는 것이다.

꽃집 입장에서도 주변의 고정인구와 유동인구 외에 주유 고객들이 자신의 잠재고객이 될 수 있다는 점에서 좋은 입지조건이다. 경제가 어려울수록 이런 상생의 길을 찾는 것이 불황을 극복하는 지혜일 것이다.

128

05 사람을 미치게 하는 '맹목적 질주'와 '폰지 게임'

고원지대에서 풀을 뜯으며 사는 동물들 중에 가끔 집단자살로 보이는 떼죽음이 발생한다고 한다. 초원이 끝나는 지점의 절벽에서 집단으로 뛰어내려 죽는다는 얘기다. 그러나 이런 현상을 정밀 진단한 동물학자들은 집단 자살이 아니라 '맹목적 질주(blind rush)'라고 결론짓는다.

무슨 말인가 하면, 고원지대의 그리 넓지 않은 초원에서 뒤로 쳐진 무리들은 앞선 무리들이 뜯고 남은 얼마 안 되는 풀만 뜯을 수밖에 없다. 그래서 뒤따르던 무리들은 풀이 모자라 앞으로 내달리게 된다. 좋은 풀을 먼저 차지하기 위해서다. 그러면 앞서 가던 무리들은 맹수라도 나타난 줄 알고 더 빨리 내달린다. 결국에는 무리 전체가 원인 모를 질주를 하다가 전부 절벽으로 떨어지게 된다.

투기 열풍이 일어나면 사람들도 이와 비슷해진다. 자신이 왜 달리는지 이유도 모른 채 맹목적으로 달리게 된다. 네덜란드에서 불었던 튤립 열풍이나 대공황 직전의 미국의 주식 열풍이 바로 '맹목적 질주'였다. 과거 우리나라에서의 부동산 투기도 이에 못지않을 것이다.

튤립 열풍을 보자. 튤립은 원래 중앙아시아 고원지대에서 야생으로 자라던 꽃이었다. 이것이 1593년에 터키를 거쳐 네덜란드로 전파되었다. 동양적인 아름다움이 깃든 이 튤립은 처음에는 귀족들의 고상한 정원용 화초로 애호되었다. 그 중에서도 자주색이나 검은색 등 몇 가지 색깔이 교차하는 특이한 변종들이 인기를 끌었다.

그러나 그런 꽃은 우연의 산물일 뿐 구근을 보고 미리 모양을 알 수는 없었다. 그러자 여유 있는 귀족들은 튤립 구근을 무더기로 매입하기 시작했고, 좋은 튤립을 가지는 것이 일종의 신분 과시용이 되어버렸다. 어느 정도 시간이 지나자 튤립 열풍은 서서히 중류층으로, 다시 서민층으로까지 확산되었다.

그러자 경제학의 가장 기초인 수요와 공급의 균형이 깨지게 된다. 한정된 구근을 두고 수요가 폭등하자 가격이 가파르게 오르기 시작했고, 그럴수록 튤립 구근을 구하려는 사람들은 더욱 늘어났다. 서민들은 집과 땅을 팔아 튤립 투기에 가세했고, 암스테르담 증권거래소에서는 아예 튤립을 거래종목으로 내거는 전무후무한 사태가 연출되었다.

튤립 품귀 현상이 빚어지자 돈을 먼저 주고 현물을 나중에 인도받는 이른바 '선물거래'까지 등장했다. 그러자 신바람 난 상인들은 이 중으로 거래계약을 맺는가 하면, 특이한 변종을 만들어 황제 구근이 라며 턱없이 가격을 올렸다.

이 열풍은 1633~37년까지 이어졌다. 그러다 1637년 2월에 마침 내 파국을 맞았다. 최고급 차 한 대 가격에 거래되던 튤립이 포도주 한 병 정도의 가격으로 폭락한 것이다. 그러자 튤립에 전 재산을 묻 었던 사람들은 하루아침에 알거지가 되었다. 이 시기에 전 재산을 날린 사람의 숫자가 60만 명 정도였다고 한다. '맹목적 질주'의 좋 은 예다.

이런 일이 있었는데도 네덜란드 사람들은 여전히 튤립을 좋아한 다. 네덜란드는 원래 꽃이 유명한 나라로 새로운 품종을 만드는 기 술이 뛰어나다. 지금 네덜란드는 다양한 품종의 튤립을 만들어 이를 전략적 수출상품으로 육성하고 있다.

이번에는 나라 전체가 다단계에 빠져들어 정권이 교체되는 사태 까지 벌어졌던 알바니아 사태를 보자.

1997년 알바니아에는 16개의 주요 다단계 회사들이 설립되어 고 율의 이자를 보장한다면서 투자자를 끌어들이기 시작했다. 몇 해 전 다단계 판매를 법적으로 금지하는 조항을 삭제한 것이 화근이었다. 유전개발을 통해 수백조 원의 수익을 올릴 수 있다며 250퍼센트의 수익 보장으로 투자자들을 모았다.

이들은 유명 정치인과 연예인들을 모아 고율의 이자를 지불함으 로써 사기성을 은폐하는 목적에 악용했다. 몇몇 사업자들은 부동산을 사들이고 여행사와 주유소, 슈퍼마켓 등을 차리기도 했으며, 어떤 회사는 방송국을 세우기도 했다. 또한 은행에 투자자금을 예치하기도 했다. 16개 다단계 회사의 은행 예치금이 GDP의 50퍼센트인 12억 달러에 육박할 정도였다.

초기 투자자들은 원금에 이자까지 더해 다시 투자한 다음 발을 뺐다. 이들은 정치권에 막대한 자금을 지원하고 있는 상황이었기 때문에 별다른 견제도 받지 않았다.

결국 더 이상 투자자를 끌어들이지 못한 다단계 시스템은 무너졌다. 더욱이 정치권이 이들에게 거액의 로비를 받은 것이 확인되자, 흥분한 군중들은 해군기지를 장악해 해군함정을 탈취했고 정부는 공군기를 동원하여 시위대를 폭격하는 내전으로 번졌다. 부패정권을 교체하는 것으로 일단락되기는 했지만 충격적인 사건이었다. 이것이 신기루를 좇던 알바니아 다단계 사태다.

돌이켜보면 '어떻게 그런 일이 국가 차원에서 일어날 수 있었을까?' 싶지만 하나의 집단이 투기에 미치게 되면 완전히 광란의 도가니로 빠지게 된다. 자기가 정상인지 아닌지 판단할 대상, 즉 다른 사람들조차 미쳐 있기 때문에 모두가 미쳐버리는 것이다. 일단 미끼를 던지면 욕심에 눈이 멀어 저절로 사기에 걸려들게 마련이다.

'폰지 게임(ponzi game)'도 비슷하다. 1920년대 미국 플로리다에 폰지라는 이름의 사기꾼이 있었다. 당시는 개발 붐이 한창이던 때라 너도 나도 투자에 열을 올리고 있었다. 이 청년은 국제적인 쿠폰 사업을 하면 엄청난 돈을 벌 수 있다며 투자자들을 모았다. 투자한 돈에 대해서는 90일 만에 1.5배의 수익을 약속했다. 당시 미국의 이자율이 4퍼센트였으니 엄청난 수익이었다.

그렇게 모은 돈으로 그는 아무런 사업도 하지 않았다. 초기 투자 자금은 자신의 주머니로, 나중에 들어오는 돈은 앞서 투자한 사람들의 배당금으로 돌려 막았다. 하지만 이런 식의 고리가 계속 이어지려면 지속적으로 투자자가 나타나야 하는데 그러지 못했다. 결국 시간이 지나 투자자들이 멈칫하는 순간 공중 분해되고 만다.

우리나라에서도 이런 경우가 있었다. 몇 년 전 세상을 떠들썩하게 했던 보물선 사업이나 시중보다 턱 없이 높은 이자를 준다며 투자자들을 끌어 모았던 금융사기 등이 여기에 해당된다.

이런 열풍이 지나가고 나면 가장 피해를 많이 보는 쪽은 서민들이다. 막판에 서민들이 집 팔고 은행돈 빌려서 달려드는 때가 바로 상투를 잡는 시점인 것이다.

폰지 게임의 특징은 게임이 진행되는 동안에는 폰지 게임인지 아닌지 잘 알지 못한다는 점에 있다. 아니, 알아도 굳이 인정하고 싶어 하지 않는다. 허나 일단 당하고 나면 '내가 왜 그리 멍청했을까!' 하고 땅을 치게 된다.

폰지라는 청년, 아마도 최초의 다단계 기획자가 아니었을까? 사기꾼이긴 했지만 경제 용어에 이름을 올릴 정도니 나름대로 성공했다고 봐야 하나?

진짜는 숨어 있고 가짜가 날뛰는 세상

아이디어가 궁할 때는 시장에 나가보자. 서울이라면 남대문시장, 인사동, 종로3가에서 동대문까지 돌아다녀보자. 머리도 식히면서 다양한 사람들과 상품들을 접하다 보면 새로운 아이디어가 떠오른다.

요즘 등장한 가짜 상품 이야기 하나. 은행이나 관공서 같은 곳에서 볼 수 있는 폐쇄회로 카메라인데 가짜 몰래 카메라다. 방범용으로 판매하고 있다고 한다. 이것을 판매하는 주인의 말이 더욱 걸작이다.

"자, 진짜 몰래 카메라는 눈에 띄면 가짜가 되지만 가짜 몰래 카메라는 눈에 띄어야 진짜가 됩니다. 이거 하나만 현관에 떡 하니 걸어두면 도둑님들 줄행랑칩니다. 딱 부러지게 만 원 한 장입니다!"

세상에는 진짜를 사칭하는 머리 좋은 가짜들이 많다.

사회적 권력이 있는 검사나 의사, 사업가나 재벌 2세를 사칭하는 경우가 대부분이다. 몇 년 전에 검사를 사칭하다가 붙잡힌 사기꾼과 검사와의 대화가 소개된 적이 있었다. 가짜 검사를 잡은 진짜 검사가 했다는 말이다.

"단 한 가지 빼고는 모든 면에서 나보다 훌륭하다. 인물, 말솜씨, 빠른 눈치…."

그 한 가지가 무엇이었을까? 자기보다 좋은 집안에서 태어났다는 것이다. 진짜 검사는 가난한 집안에서 태어나 죽어라 공부해서 검사가 되었지만 가짜 검사는 너무 좋은 집안에서 태어나 제멋대로 살다가 사기꾼이 되었다.

가짜 검사는 서울대 정외과 출신이라며 여자들을 농락하고 다녔다고 한다(서울대에는 정치학과와 외교학과가 분리되어 있어 정치외교학과가 없다).

사기꾼은 동물의 세계에도 있다. 사마귀 암컷은 알을 낳으려면 영양분이 많이 필요해 짝짓기를 할 때 수컷을 잡아먹는다. 그런데 머리가 영리한 수컷은 미리 곤충을 한 마리 잡아간다. 암컷이 잡아간 곤충을 먹는 사이 재빨리 짝짓기를 끝내고 가버리는 것이다. 좀 더 머리가 좋은 수컷은 짝짓기 시간을 늘리기 위해 곤충이 들어있는 단단한 고치를 가져가서 암컷이 고치를 뜯느라 애쓰는 동안 느긋하게 짝짓기를 끝내고 달아나버린다.

사기 끼가 있는 수컷은 곤충 대신 곤충의 똥만 잔뜩 들어 있는 빈 고치를 가져간다. 곤충이 빠져나가고 없는 껍데기 고치인 셈이다. 구하기가 쉽기 때문에 빈 고치가 자주 사용된다. 그것을 가져가서는 암컷이 고치를 뜯느라 애쓰는 동안 짝짓기를 끝내고 달아난다. 나중에 낑낑거리며 고치를 뜯은 암컷은 곤충의 똥만 뒤집어쓴다. 가히 놀라운 수준이다.

06 구두닦이가 주식을 사면?

세상 모든 것은 전조(前兆)를 앞세우며 동시에 흔적(痕迹)을 남긴다. 옛 사람들은 달무리가 생기는 걸 보고 곧 비가 내릴 것을 알았다. 달무리는 대략 8킬로미터 높이의 구름층에 형성된 얼음 알갱이들이 달빛에 굴절되어 생기는 현상이다.

제비나 갈매기가 낮게 날거나 땅으로 내려앉아도 비가 내린다. 제비가 좋아하는 먹이인 잠자리들은 날개가 젖는 것을 아주 싫어하기 때문에 공중에 습기가 차면 이를 피해 지상 가까이로 낮게 나는데, 이를 쫓는 제비도 낮게 난다. 갈매기의 경우에는 저기압이 되면 날개를 쉬고자 땅으로 내려앉는다.

시장도 마찬가지다. 시장의 전조를 잘 살필 수 있다면 우리는 훨씬 더 효과적인 경제 활동을 할 수 있다. 한 음식점 주인은 상권 내에 있는 경쟁 가게들의 매출을 거의 정확하게 예측하는 자신만의 잣대를 가지고 있었다.

그 음식점 메뉴는 '대구탕'이었는데, 비결을 물으니 아주 간단했다. 어느 집에 콩나물 몇 시루가 들어가는지만 보면 매출을 거의 정확하게 알 수 있다는 얘기였다. 대구탕을 만들려면 일정 비율의 콩나물이 들어가야 하기 때문이다.

1970년대만 해도 예비고사 전국 수석을 한 학생의 인터뷰를 보면 세계적인 과학자가 되겠다는 이야기가 많았지만, 1980년대 이후부터는 모두가 "훌륭한 법관이 되어 사회정의를…" 하는 것으로 인터뷰 기사가 실린다. 이것도 하나의 흐름이다.

한 나라의 미래는 우수한 학생들이 어떤 분야에 몰리느냐를 보면 알 수 있다고 한다. 모든 학문은 기본적으로 미래지향적이지만, 굳이 분류를 하자면 과거지향적인 학문과 미래지향적인 학문이 있을 수 있다. 법학이나 의학이라면 과거에 일어난 범죄나 질병과 싸우는 분야로 분류될 수 있을 것이고, 자연과학이나 경제 · 경영학 분야는 미래지향적인 분야로 볼 수 있다.

법학을 공부하여 판 · 검사가 되면 이들이 하는 일은 과거에 일어난 범죄자를 찾아 단죄하는 것이다. 물론 그것이 사회기강을 바로잡는 행위이기에 미래지향적인 요소가 없는 것은 아니지만 자연과학과는 다르다.

의사도 마찬가지다. 의사는 과거에 일어난 질병을 치료하는 것이 목적이다. 물론 이런 직업도 분명히 존재해야 하고 가치가 있는 분야이기는 하지만 가장 우수한 학생들이 여기에 목을 맨다는 것은 국가의 장래를 어둡게 한다는 지적이다.

의학의 경우에는 좀 다른 해석이 있을 수 있다. 의학이란 과거에 발생한 질병을 치료도 하지만 이를 예방하는 일도 동시에 수행하기 때문이다. 여기에 비해 물리, 화학, 컴퓨터공학, 환경, 생물학, 천체 우주학 등은 분명 미래를 지향하는 학문 분야다.

우리나라의 현실은 어떤가? 가장 우수한 학생들이 법대와 의대, 한의대에 몰리고 공무원이 가장 선호되는 직업이니 분명 문제가 있어 보인다. 과거지향적인 혹은 안정지향적인 분야들이기 때문이다. 10년 후, 20년 후 우리를 먹여 살릴 분야는 결단코 과학이다. 젊은이들이 좀 더 진취적이고 미래지향적인 분야에서 땀을 흘릴 때 우리의 미래가 좀 더 활기차지 않을까?

존 케네디 대통령의 아버지 조셉 케네디의 이야기를 해보자. 조셉 케네디는 아일랜드계 이민 3세로서 하버드 대학을 나와 기업가와 정치가로 이름을 날린 인물이다. 그러한 아버지의 후광으로 훗날 존 케네디가 대통령이 될 수 있었다. 주식투자가이기도 했던 조셉 케네디는 어느 날 길거리에서 구두를 닦다가 구두닦이 소년들이 주식 이야기를 나누는 것을 들었다.

'구두닦이 소년들이 주식 이야기를 할 정도라면….'

이렇게 생각한 조셉 케네디는 보유한 주식을 모두 팔아버렸다. 그러자 곧 주식시장은 대폭락을 맞았고 대공황으로 이어졌다. 구두닦이가 주식 이야기를 할 정도면 폭락할 때가 가까웠다는 신호로 받아들인 것이다.

　우리나라도 마찬가지다. 가정주부를 포함하여 개미군단이 대거 몰려오면 주식시장의 폭락이 가까웠다는 신호로 보면 된다.

07 세상을 움직이는 속설들

미니스커트와 유혹 이론

사실보다 더 그럴싸하게 들리는 속설이 있다. 미니스커트와 유혹 이론이 대표적이다. 경기가 나빠지면 먹고살기에 지친 남자들은 어깨가 처지고 이성에 관심을 가질 여력이 없어진다는 말이 있다. 그러면 여자들은 남자들의 눈길을 끌기 위해 붉은 색깔의 립스틱을 선호하게 되고 치마 길이는 점점 더 짧아지면서 미니스커트가 유행한다.

그러다 경기가 좋아져서 흥청거리게 되면 남자들의 옷차림이 화려해지고 멋을 내는 남성들이 늘어난다. 이때 남자들의 관심사는 여성에게로 쏠리게 된다. 그러면 여자들의 치마 길이가 다시 길어져 롱스커트가 유행한다. 그럴싸하게 들린다.

하지만 이 속설에 대해 미국의 경제학자 마브리는 반대의 주장을 내놓았다. 우선 미국의 경기가 흥청거리던 1920년대에는 짧은 치마가 유행이었다가 1930년대의 대공황을 맞으면서 치마 길이가 종아리 아래로 내려갔다. 경기가 좋아졌던 1960년대에 미니스커트가 등장했다. 그리고 다시 오일쇼크 등으로 불황이었던 1970년대에는 치마 길이가 길어졌다는 분석이다.

우리나라의 연구결과도 속설과는 다름을 보여준다. 즉, 경기가 좋았던 1970년대 초반에는 미니스커트가 유행하다가 오일쇼크가 일어난 1974년을 기점으로 치마길이가 다시 길어졌으며, 1980년대의 불확실한 정치·경제적 상황에서는 미니스커트와 롱스커트가 공존했다. 결국 이 속설은 경기와는 별 상관이 없다.

보험

보험의 경우는 조금 다르다. 경기와 관련이 있다.

경기가 나빠져 당장의 먹고사는 문제가 시급해지면 사람들은 우선 보험부터 해약한다. 보험 해약률이 가장 높은 시기는 가입 후 13회차다. 보험 가입 후 1년 동안 보험금을 납입하고 나서 2년차 첫 달인 13개월째 되는 때 해약하는 비율이 가장 높았다.

전문가들은 '13회차 유지율' 이라는 용어를 사용하는데, 이 13회차 유지율이 높으면 경기가 회복되는 징조이고, 해지율이 높으면 경기가 더 나빠지고 있다는 것이다.

러브호텔

러브호텔도 주요한 경기지표가 된다. 사실 경기에 가장 민감한 곳이 숙박업소다. 러브호텔은 경기에 민감한데다 특성상 현금 장사여서, 경기가 좋을 때는 목 좋은 곳에 건물만 지으면 1, 2년 안에 투자자금을 회수할 수 있는 업종이다.

러브호텔 장사는 2가지를 본다. 하나는 영업이익이고, 다른 하나는 부동산 가격 상승으로 버는 돈이다. 이 때문에 경기가 좋은 시절에 러브호텔 대출은 0순위였다. 그만큼 담보가 확실하고 회수율도 좋아서 은행들이 선호하는 업종이었다. 1999년부터 5년 동안 은행에서 러브호텔에 융자해준 돈이 무려 10조 원에 이르렀다.

반대로 경기가 나쁘면 대출이자도 내지 못하게 되는 곳이 러브호텔이다. 2002년을 정점으로 하향곡선을 그리기 시작했고, 근래에는 특별 관리업종으로 지정되어 은행마다 사후관리에 비상이 걸렸다. 자금회수가 어려워졌기 때문이다.

러브호텔 연체율은 직접적인 경기의 바로미터다. 지난해 러브호텔 연체율은 소호대출 연체율 평균(3.3퍼센트)보다 1.5배가량 높은 5퍼센트 선이다. 은행 내부에서 자성의 목소리도 나오고 있다. 중소기업들이 대출을 받지 못해 어려움을 겪고 있는 동안에 러브호텔에 10조 원을 쏟아 부었다는 것에 대한 반성일 것이다.

말이 나온 김에, 북한에도 러브호텔이 있을까? 대답은 '아니오'다. 여관이라는 곳이 있으나 모두가 국영이어서 출장 증명서가 없으면 들어가지 못한다. 커피숍도 없다. 대도시에 다과점 정도만 있다. 영화관도 대부분 단체관람이라 연인들의 공간은 못된다. 평양에서 가장 유명한 데이트 장소는 대동강 유보도(游步島) 네 번째 팔각동 맡돌의자라고 한다.

그럼 농촌의 처녀, 총각들은 어디서 데이트를 할까? 바로 이효석의 소설 《메밀꽃 필 무렵》에 나오는 것과 같은 물레방앗간이 최고의 데이트 장소라고 한다.

버려진 애완견

길거리에 버려진 애완견 숫자를 봐도 경기를 예측할 수 있다. 경기가 나빠지면 주인에게 버림받은 애완견이 많아진다. 애완견에 정성을 쏟을 여유가 없어졌다는 증거다. 애견업계에 따르면 2002년부터 길거리에 버려진 애완견의 숫자가 현저히 늘어났다고 한다.

조사 방법이 어땠는지는 모르겠으나, 통계에 따르면 버려진 애완견의 숫자는 2002년 3,404마리, 2003년 7,389마리, 2004년 1만 5,688마리로 증가했다. 반대로 경기가 좋아지기 시작하면 충무로에는 애완견을 사려는 사람들로 붐빈다.

노점상

서울에 있는 노점상 수는 대략 1만 7,000여 개, 외환위기 직후에 1만 8,454개로 최고치를 기록한 이후 서서히 감소 추세를 보이다가 최근에 다시 증가추세로 돌아섰다.

노점상들의 주요 영업수단인 1톤 트럭 판매량도 바로미터로 적용된다. 소형 트럭에 해당하는 1톤 트럭은 주로 배달용이나 길거리 자영업자의 점포로 활용되는데, 이것의 판매량이 늘어나면 경기는 바닥을 친 것으로 볼 수 있다는 얘기다.

경제학자 폴 크루그먼이 재미있는 가설을 내놓았다. 텔레비전 광고 내용이 감성에 호소하면 경기가 좋다는 증거이며, 사실적이고 논리적이면 경기가 나쁘다는 주장이다. 경기가 좋을 때는 분위기만 잡아도 소비자들이 지갑을 열지만, 나쁠 때는 논리적인 설득이 필요하다는 것이다.

항공기 운항 수

우리나라 주요 산업도시로 운항하는 비행기 편수가 대폭 줄어들고 있다. 이들 지역으로 운항하는 항공기 수가 줄어들면 경기가 나빠지는 신호로 봐도 무리가 없다.

1, 2년 전만 해도 포항, 울산 정도면 오전에 비행기로 갔다가 일을 보고 오후에 돌아오는 편한 코스였는데, 요즘에는 비행기 편수가 대폭 줄어들어 아침 일찍 기차나 버스를 타야 하는 요일이 많아졌다.

전세가율

참여정부에 들어서 강남 아파트 가격이 폭등에 폭등을 거듭했다. 가장 큰 원인은 행정신도시를 비롯해 지역 균형발전이라는 명분으로 전국에 삽질을 하면서, 보상으로 풀린 수십조 원의 자금이 강남으로 몰렸기 때문이다.

순진한 정책 당사자들은 이렇게 생각했다. 전국적으로 개발을 하면 서울 사람들도 상당수 그리로 옮겨갈 것이고, 강남 집값도 떨어질 것이라고 말이다. 하지만 삽질을 시작하면서 풀린 수십조 원의 보상비가 도리어 투기자본이 되어 강남으로 몰리고 말았다.

돈은 새끼를 칠 수 있는 곳으로 이동하는 속성을 가지고 있다. 농사만 짓던 사람들이 갑자기 수십억 원의 돈을 만지게 되자 모두가 투기자본이 되어 강남으로 몰린 것이다.

지금의 현상은 1980년대 중반에서 1990년대 초반의 일본을 연상케 한다. 당시 일본은 6대 도시의 평균 지가가 1984년을 기준으로 1987년에 2배, 1990년에 3.7배로 뛰었다. 그후 거품이 붕괴되면서 1991년은 집값이 60퍼센트, 상업지구의 부동산 가격이 80퍼센트까지 폭락했다. 그러자 부동산을 담보로 은행돈을 빌렸던 기업들은 줄줄이 파산했고 경기침체로 이어져 소위 '잃어버린 10년'을 맞았던 것이다. 일본 경제기획청은 1993년에 부동산 버블에 대한 백서를 출간했다.

거품의 생성과 붕괴 과정을 보면 거품에는 경제적 장점은 없고 결점만 있다. 거품이 한 번 발생하면 자산분배를 불평등하게 만들고 자원분배를 왜곡시키는 등 경제적으로 큰 비용을 발생시킨다. 이는 경험에서 배운 교훈이다.

부동산 전문가들에 따르면 집값의 버블, 즉 거품 정도를 측정하는 방법은 전세가율을 보면 거의 정확하게 알 수 있다고 한다. 전세가율이란 '아파트 가격 대비 전세가격'의 비율이다. 이 지표가 60인 경우는 정상이고 그 이하면 버블이라는 것이다. 전세가율 60은 집을 사서 전세를 놓은 것과 그 돈을 은행에 예치해서 받을 수 있는 이자수익이 일치하는 선이다.

146

몇 년 동안 강남 아파트 가격 상승으로 강남 주요 지역의 아파트 전세가율이 20퍼센트대로 나타나고 있어 과도한 버블이라는 경고가 나오고 있다. 2001년의 전세가율은 59.6퍼센트로 아주 정상적이었으나, 참여정부가 들어온 시점부터 전세가율이 낮아지기 시작해 2001년에서 2006년 사이 평균 전세가율은 34.9퍼센트로 낮아졌다. 전세가율이 낮아졌다는 것은 상대적으로 집값이 올랐다는 말이다.

　참고로 서울에서 전세가율이 50퍼센트대를 유지하고 있는 지역은 서대문구(52.4퍼센트), 은평구(52.1퍼센트), 광진구(51.4퍼센트) 세 곳뿐이다. 결국 강남 아파트 가격을 잡겠다는 정책이 강남 사람들만 부자로 만들어준 꼴이 되고 말았다.

등산인구

　우리나라 등산인구는 1999년 200만 명, 2003년 600만 명, 현재는 1,000만 명을 넘어섰다. 가히 폭발적인 증가 추세다. 이를 반영하듯 요즘 같은 불황에도 등산복시장은 몇 년 동안 30퍼센트의 신장을 거듭해 현재 1조 1,000억 수준의 거대시장으로 성장했다.

　등산인구가 이렇게 늘어난 데는 크게 2가지 요인이 작용한 것으로 보인다. 하나는 외환위기이고 다른 하나는 주5일 근무제이다. 외환위기 이후 직장에서 쫓겨난 사람들은 평일에 마땅히 할 일이 없어

산을 찾았다. 그리고 직장에 다니는 사람들은 대부분 주5일제를 맞아 가족이나 친구들과 함께 오른다.

특히 평일에 오르는 사람이 많다는 현상을 반영하듯 전체 등산인구 중에서 9퍼센트가 '나홀로' 등산객이라고 한다. 대략 100만 명의 실업자가 등산인구에 합류한 셈이다. 등산인구는 경기를 측정하는 또 다른 현상이다.

대한산악연맹에서 집계한 자료를 보면 국내 등산인구는 1,000만 명 정도고, 성인 10명 중 4명은 한 달에 한 번 이상 산을 오른다. 산을 오른 연인원은 4억 6,200만 명에 이른다는 계산이 나온다. 성별로는 남자가 62퍼센트, 여자가 38퍼센트다. 그리고 40대 이상이 전체 등산인구의 76퍼센트를 차지하고 있다.

반딧불이

세상 만물은 징후와 흔적을 남기게 마련이다. 반딧불이와 도롱뇽은 오염의 가장 대표적인 척도다. 이들이 서식한다면 아직 오염되지 않은 청정지역으로 보면 된다. 반딧불이는 1급수에만 사는 다슬기를 먹이로 하기 때문에, 반딧불이가 있는 지역은 청정지역으로 남아 있는 곳이다.

도롱뇽, 그 중에서도 꼬리치레 도롱뇽은 온전한 청정지역에서만 서식한다. 생존조건을 살펴보면 우선 1급수에 14도 미만의 차가운 물이어야 하며 용존 산소량도 높아야 한다. 이 때문에 도롱뇽은 환경의 바로미터 역할을 한다.

지율 스님이 단식농성을 하고 25만 명의 환경단체 회원들이 도롱뇽의 친구로 등록한 것도 고속철도 건설로 멸종 위기에 놓인 천성산 도롱뇽을 살리기 위함이었다.

다른 분야를 보자. 언어학자들에 의하면 방언의 통용 범위는 '나비가 날 수 있는 경계'라고 한다. 험준한 산맥, 큰 강이나 바다, 넓은 삼림지대 등이 가로놓여 있으면 이를 경계로 방언이 갈린다. 이때 나비가 날 수 있는 경계로 꿰뚫어볼 수 있는 것이 시장을 헤아릴 줄 아는 통찰력이다.

조선 시대 임금의 주치의들은 왕의 변을 늘 확인했다. 변을 보고 건강상태를 체크한 것인데, 색이 검으면 오른쪽 대장에 문제가 있다고 한다. 위궤양이 심하면 위암의 신호로도 받아들인다. 이는 소화기관 내부에 출혈이 있다는 증거이며, 이 출혈이 십이지장을 통과하는 동안 산화되어 검게 나타난다는 뜻이다.

반대로 아직 산화되기 이전의 상태인 붉은 빛이면 대장이나 항문에 문제가 있고, 자줏빛을 띠면 왼쪽 대장이나 직장 부위가 손상된 것이다. 건강한 사람의 변은 매끈하고 황금빛을 띤다. 건강한 아기의 변 색깔을 보라.

인프라

개인이나 기업은 도로나 항만처럼 직접적으로 이윤이 발생하지 않는 곳에는 투자를 하지 않는다. 그러나 아무리 좋은 상품을 만들어도 도로나 항만 등의 시설이 없으면 수출을 할 수 없다. 이런 시설들은 정부나 지방 자치단체의 차원에서 투자가 이뤄져야 한다.

우리나라에 고속도로나 항만, 공항이 없다면 경제 발전은 매우 어려울 것이다. 이런 유형의 시설을 인프라스트럭처(infrastructure, 이하 인프라)또는 사회간접자본(social overhead capital)이라고 한다.

그러나 엄격히 정의하면 두 단어는 약간의 차이가 있다. 사회 간접자본은 하드웨어, 소프트웨어를 포괄하는 개념이라면 인프라는 하드웨어만을 가리키는 개념으로 이해하면 된다.

인프라를 스포츠에 비유해보자. 걸출한 한 명의 선수가 태어나기 위해서는 넓은 저변층이 있어야 한다. 많은 학교에서 운동을 가르치는 가운데, 그 중에서 특정 종목에 뛰어난 재능을 가진 학생이 나오는 것이다. 이때 넓은 저변층을 인프라라고 부른다.

많은 젊은이들이 아이디어 하나로 창업전선에 뛰어들어서 하나의 인프라를 만들면 그 중에서 빌 게이츠나 스티브 잡스 같은 걸출한 경제계의 스타가 탄생하는 것이다.

08 은행은 왜 가장 좋은 건물 1층에 있을까?

"비바람이 몰아칠 때 더 큰 우산이 되어드리겠습니다."

어느 은행의 광고문구다. 은행이나 금융기관들은 이 광고에 나오는 것처럼 어려운 시기를 대비해 고객에게 힘이 되겠다는 약속을 내건다. 그러나 이를 있는 그대로 믿으면 큰 손해를 보게 된다. 은행은 자선단체가 아니다. 엄연히 기업이다. 기업인 이상 고객을 위해서라기보다는 우선적으로 자사의 이익을 위해 존재한다. 이런 본질을 모르고 광고만 믿다가는 큰코다친다.

은행은 예대마진으로 먹고산다. 대출에는 높은 이자를 받으면서 예금에는 낮은 이자를 준다. 그 차액이 예대마진이다. 은행이 가장 꺼리는 것은 회수불능의 불량채권이다. 그래서 은행은 안전한 거래처, 즉 신용이 확실한 사람에게는 낮은 이자로 빌려주지만 신용이 악화되면 채권을 회수해버리거나 높은 이자를 받는다.

마크 트웨인은 이렇게 말했다.

"은행은 날씨가 맑을 때 우산을 빌려줬다가 비가 오면 빼앗아가는 곳이다."

외환위기 때를 생각해보자. 외환위기가 닥치자 기업들은 거의 신용불량 상태에 빠졌다. 은행들은 기업에 빌려주었던 돈을 빠르게 회수하기 시작했다. 그렇게 자금난이 가속화되자 기업들은 연쇄적인 부도사태에 직면하게 되었다.

회수한 돈을 어딘가에 빌려줘야만 은행이 먹고살 수 있다. 그게 어디인가? 안전한 가계대출이다. 직장과 아파트만 있으면 이를 담보로 최대 한도까지 빌려주었다. 예대마진율도 가계대출이 훨씬 더 높다. 기업대출의 예대마진은 3퍼센트 미만이지만 가계의 예대마진은 4, 5퍼센트에 이른다. 그렇게 안전한 장사를 한 것이다.

그러다가 외환위기 후유증이 깊어지자 직장을 잃거나 소득원이 없어지는 가계가 늘어나기 시작했다. 많은 가계들이 신용불량이 되었다. 이어서 대대적인 개인파산이 발생했다. 카드 회사들도 마찬가지였다. 기업대출이 여의치 않자 길거리에서 마구잡이로 카드를 발급했다. 당시 직업이 없는 학생들은 물론 노숙자들도 카드 서너 개씩은 가지고 있었다. 소득이 없는 사람들에게 무분별하게 카드를 발급하면 결과는 불을 보듯 빤하다. 금융대란이 뒤를 이었다. 이게 본질이다.

은행도 부도가 날까? 물론이다. 은행도 기업이라고 했다. 부실대출이 많거나 일시에 예금인출이 몰리면 부도가 난다. 기업을 평가할 때는 BIS라는 기준을 사용한다. 자기자본비율을 가리킨다. 자기자본을 총자산으로 나눈 뒤 100을 곱하는데, 이 수치가 50 이상이면 안정, 100 이상이면 우량기업으로 본다. 은행은 돈 자체가 상품인 기업이기 때문에 일률적으로 적용할 수 없지만, 국제결제은행에서는 BIS 비율을 8퍼센트 이상 유지하도록 권고하고 있다. 그 정도는 돼야 위기상황에 대처할 수 있다는 의미다.

최근 북한의 검은 돈 세탁 경유지로 알려진 방코델타은행의 경우를 보자. 이 은행은 마카오의 경제를 움직이는 스탠리 호가 운영하고 있는데, 북한의 위조 달러, 돈 세탁이 문제가 되면서 예금인출 사태가 일어나 위기를 맞고 있다. 이 은행이 취급하고 있는 북한 검은 돈의 규모는 은행 전체 거래의 2, 3퍼센트에 불과하지만, 검은 돈의 이미지 때문에 위기를 맞은 것이다.

몇 년 전 일본에서는 여고생들 사이에 ○○은행이 위기라는 소문이 퍼져 예금인출 사태가 벌어진 적이 있다. 물론 근거 없는 소문이었지만 하나 둘 예금을 인출하기 시작하자 지급불능 사태에 빠지게 되었다.

은행은 어떤 경우에라도 안전하다는 믿음을 주어야 한다. 그래서 은행은 신용을 무엇보다 중요하게 생각한다. 그래서 모든 은행은 '우리 은행은 안전하다'는 인상을 주기 위해 좋은 건물, 그 중에서도 가장 비싼 1층에 점포를 얻는 것이다.

09 쇼핑카트가 커지는 이유

대형 할인점들의 쇼핑카트 크기가 점점 더 커지고 있다. 신세계 이마트, 롯데마트, 홈플러스 등이 100리터 조금 넘던 카트를 요즘에는 180리터짜리로 교체하고 있다. 물건을 수레에 가득 채우고 싶어 하는 인간의 심리를 이용한 고도의 상술이다.

초기의 할인점에는 쇼핑 바구니를 비치했다가 이어 편리한 카트로 바꿨고 크기도 점점 커졌다. 매장 내 많은 상품들을 보면 무의식적으로 구매의욕이 솟아난다.

이처럼 오프라인 매장은 알고 보면 고객과의 치열한 심리전이 전개되는 곳이다. 미국의 대형 할인점은 계산대 쪽으로 향하는 바닥을 높이고 있다. 바닥이 높으면 카트를 끌고 가기가 힘들어진다. 바퀴가 역회전하기도 한다. 그러면 하나라도 더 팔린다는 것이다.

반면, 계산을 마치고 나가는 통로는 내리막길로 되어 있어 빨리 나가도록 유도하고 있다. 치사하지만 고도의 심리전이라 할 수 있다.

백화점에서는 엘리베이터를 찾기 어려운 구조로 설계되어 있다. 쉽게 빠져나가지 못하도록 하기 위해서다. 에스컬레이터도 마찬가지다. 위층으로 올라갈 때는 쉽게 에스컬레이터를 타도록 되어 있지만, 내려갈 때는 한 바퀴 빙 돌아야 탈 수 있게끔 해놓았다. 도는 사이 새로운 유혹을 받게 하려고 눈에 띄는 상품을 진열해놓는 것을 잊지 않는다.

백화점 매출은 고객이 매장에 머무는 시간과 비례하기 때문에 가능한 한 오랫동안 매장에 잡아두려는 계산이 숨어 있다. 백화점 하층부에 여성용품을, 상층부에 남성용품을 두는 것도 심리전이다. 남자는 목적지로 직행하는 반면 여성은 층마다 구경하면서 쇼핑을 하기 때문이다.

입구에는 비교적 가격이 저렴한 잡화를 진열하는 것도 잊지 않는다. 왜냐하면 입구에 저렴한 가격의 상품이 있어야 별로 비싸다는 느낌을 주지 않기 때문이다. 나가는 출구에 이런 상품이 진열되어 있으면 지갑을 한 번 더 열게 할 수 있다.

패스트푸드점의 의자는 앙증맞게 생겼지만 인체공학적으로 보면 30분 이상은 불편해서 못 앉는다. 빨리 먹고 나가라는 뜻이다. 즉, 회전율을 높이기 위해서다.

상품 배열도 철저한 계산의 결과로 이뤄진다. 쇼핑 시간을 측정해보면 여자가 혼자 오면 5분 2초, 아이와 같이 오면 7분 19초, 여자 2명이 오면 8분 15초, 반면 남자와 여자가 함께 오면 4분 41초로 가장 짧다. 남자는 쇼핑을 지겨워하기 때문이다.

이를 위해서는 여성복 매장 바로 옆에 남자들이 좋아하는 디지털 카메라나 컴퓨터 소프트웨어 매장을 차리는 것이다. 그러면 남자들은 그걸 구경하느라 나가자고 재촉하지 않고 자연스럽게 매출로 연결될 수도 있다.

또한 백화점에 창문과 시계가 없는 것도 오직 쇼핑에만 몰두하게 하려는 고도의 계산이 깔려 있다.

세일의 정체

강의실 밖의 경제학

우리나라 백화점 세일은 너무하다는 느낌이 든다. 세일이란 단골고객에 대한 감사의 표시로 1년에 몇 번 정도 저렴한 가격으로 구매할 수 있는 기회를 주거나 입점매장이 계절을 넘기는 재고분을 정리하는 차원에서 시행하는 것이라고 본다.

1997년 각종 규제완화 분위기 속에서 세일규제도 함께 풀린 이후로 우리나라 백화점 세일은 백화점 전체 세일과 개별 브랜드 세일을 합쳐서 1년에 200일이나 된다. 그렇다 보니 정상 판매와 세일 판매의 비중이 이전에는 7:3 정도였는데 지금은 3:7로 역전되고 말았다.

백화점에 입점매장이 있는 기업들은 세일을 감안하여 가격을 정한다. 결국 세일 판매가는 정상가격이고 정상 판매가는 인상가격이 되는 것이다.

외국과 비교할 때 우리나라 백화점은 운영형태 자체가 다르다. 외국은 거의 직영매장 형태로 운영되고 있다. 즉, 백화점이 자체적으로 기업에서 상품을 구입해 적정한 마진을 붙여서 판매하는 형태다. 그래서 우리가 상식적으로 알고 있는 세일은 애당초 불가능하다. 계절 지난 상품의 재고처리나 고객사은 행사는 없다. 재고가 있어도 업체의 재고일 뿐 백화점과는 무관하다.

반면 우리나라 백화점의 매장은 대부분 임대매장이다. 외국 백화점은 상품 유통의 한 형태지만 우리나라 백화점은 유통이 아니라 매장을 업체에 빌려주는 '부동산업' 이다.

대형 백화점들이 세일을 자주 하면 소형 백화점이나 대리점, 재래시장, 소형점포, 아울렛 등은 파리만 날리게 된다.

소비자는 세일이라고 해서 저렴하게 사는 것이 아니라 겨우 정상가로 구입하는 것뿐이다.

그 많던 공중전화와 우체통은
어디로 갔을까?

2006년 12월 18일자로 한국은행이 새로운 동전 10원짜리를 유통시키기 시작했는데, 이 조치로 가장 손해를 본 건 어디일까? 바로 공중전화다. 휴대전화의 대중화로 애물단지가 되어버린 공중전화, 지난날의 화려했던 영광을 되새기며 길거리에 묵묵히 서 있지만 적자에 허덕이고 있다.

그렇다고 모두 철거해버릴 수도 없는 노릇. 새로운 동전이 등장하면서 공중전화도 부품을 모두 교체해야 할 차례다. 공중전화는 동전의 무게와 크기로 금액을 인식하는 시스템이어서 동전이 바뀌면 부품도 바뀌어야 한다. 여기에 들어가야 하는 돈이 자그마치 40억 원에 이른다.

1990년대까지 공중전화는 주머니 속의 삐삐와 함께 최고의 전성기를 누렸다. 삐삐가 울리면 곧장 달려가는 곳이 공중전화였다. 그러나 지금은 30분을 기다려도 이용자를 거의 찾아볼 수 없다. 하지만 이제 그 공중전화가 다시 한번 화려한 변신을 준비하고 있다.

새로 등장할 공중전화는 동전이나 전화카드가 필요 없이 신용카드로 전화를 걸 수 있으며 문자와 위치확인, 지리정보 서비스가 추가되고 휴대전화나 디지털 카메라의 충전까지 가능한 기능으로 대체될 예정이다. 휴대전화 때문에 몰락해버린 자신이 휴대전화를 껴안는 넉넉함을 보인다는 것이다.

또, 지역별 맛집 정보도 제공할 예정이어서 낯선 도시에 도착해 맛있는 음식점이 어딘지 수소문할 필요도 없어지게 된다. 아무튼 새로운 기능으로 무장한 공중전화를 만날 수 있어 감회가 새롭다.

공중전화는 그렇게라도 살아날 기미를 보이지만 길거리에서 눈비를 맞고 서 있는 우체통은 참으로 안타깝기만 하다. 그 옛날, 밤새워 찢고 또 찢으면서 썼던 편지를 빨간 우체통에 넣던 아름다운 추억은 이제 더 이상 찾을 길이 없어 보인다. 체신청에서도 이용도가 낮은 우체통을 순차적으로 없앤다는 입장이고 보면, 기쁨의 전도사 빨간 우체통이 사라질 날도 머지않은 듯하다.

그러나 전문가들에 의하면 디지털 문화가 심화될수록 아날로그의 향수는 짙어질 것이라고 진단한다. 아날로그가 언어라면 디지털은 숫자다. 주민번호, 전화번호, 카드번호 모든 것이 디지털적인 편리함을 추구한다지만, 누군가 손을 잡으며 따뜻하게 건네는 말 한 마디와는 견줄 수 없다. 세상이 삭막해질수록 아날로그적인 정(情)은 더욱 가치를 발하게 되리라는 것이다.

디지털적인 것이 편리함, 자동화, 기계화, 정밀함, 냉철함 등의 단어를 대표한다면 아날로그는 여전히 단순함, 그리움, 기다림, 자연적인 것, 연속적인 것을 상징한다. 디지털이 기계적인 차가움을 나타낸다면 아날로그는 종이 냄새, 사람 냄새나는 정을 나타낸다. 사람이 사람인 이상 인간적인 따사로움을 외면할 수는 없으며, 이것이 디지털 시대를 맞아 다시 한번 꽃필 것이라는 기대를 해본다.

사람의 손이나 몸이 있어야만 할 수 있는 회화나 서예, 연주, 연극 같은 문화운동이 대도시를 중심으로 새롭게 태동하는 것도 디지털에 대한 아날로그의 반발이다. 대학가를 중심으로 국토순례와 자연사랑 운동이 활발히 전개되는 것도 이런 이유 때문이며, 대학가에서 옛 먹을거리가 다시 등장하는 것도 이런 바람이다.

대도시의 술 문화에서도 아날로그적인 강한 반동이 엿보인다. 1970~80년대의 흘러간 노래와 막걸리가 다시 인기를 얻고 있으며, 추억의 LP 레코드를 틀어주는 찻집이 생겨나고 있다.

가장 아날로그적이라 할 수 있는 꽃의 경우를 보자. 디지털이 심화되기 시작한 1990년대 후반부터 꽃 수요가 빠르게 늘어나고 있다. 아마도 첨단 몇몇 분야를 제외하면 근래에 가장 빠르게 성장하고 있는 분야가 꽃시장이 아닌가 생각된다. 생화로 실내를 장식하는 카페가 늘어나고 있다. 아예 카페 한편에 꽃과 허브를 장식 겸 판매하는 곳도 생겨나고 있다.

스타벅스가 커피만 판다고 생각하면 안 된다. 커피뿐만 아니라 아

아파트 가격을 국가가
왜 좌지우지할 수 없을까?

기업들은 가격인하의 유혹을 받기가 쉽다. 경제원론대로 가격을 낮추면 매출은 늘어난다. 그래서 매출 부족에 시달리는 기업들은 가격 인하의 유혹에 빠지게 된다. 그러나 가격을 인하하는 것은 상당히 위험한 장난이다.

미국 S&P 1000대 기업의 사례를 조사한 결과를 보면, 가격을 1퍼센트 인하하면 영업이익은 평균 7~8퍼센트 포인트, 순이익은 12~13퍼센트 포인트 감소하는 것으로 나타난다(여기서 '퍼센트 포인트'라는 용어에 주의. 퍼센트끼리의 덧셈 뺄셈은 퍼센트 포인트라는 수치로 표기한다). 가격을 5퍼센트 내린다면 영업이익을 상쇄하기 위해서는 대략 20퍼센트 정도의 매출증가를 가져와야 한다. 그러나 경험상으로 보면 그 정도로 매출이 늘어나지 않는다. 그래서 가격인하는 자칫하면 큰 손실을 가져올 수 있다.

가격인하 때 거듭 고려해야 하는 요소는 '가격은 일단 내리고 나면 다시 올리기가 어렵다' 라는 사실이다. 거의 불가능하다고 보면 된다. 가격인하로 인한 매출증가도 일회성으로 그치는 경우가 대부분이다. 그래서 추가로 가격인하의 유혹에 빠지는 것이다. 이 때문에 가격을 매출증대 수단으로 보는 단기적인 시각은 극히 위험하다. 가격은 장기적으로, 전략적인 차원에서 다뤄야 한다.

단기적인 매출보다는 장기적인 시장점유율 확보를 위해 가격인하의 유혹을 받는 경우도 있다. 말보로가 그랬다. 말보로는 가격인하 덕분에 시장점유율을 29퍼센트까지 올리기도 했다. 하지만 그 결과는 23억 달러에 이르는 영업이익 손실이었다. 말보로를 생산하는 필립 모리스의 주가도 13억 달러나 줄어들었다.

가격인하 때 고려해야 할 또 하나의 요소는 '자사의 가격인하가 경쟁사의 가격인하를 유발한다' 는 점이다. 서로가 경쟁적으로 가격인하를 단행하면 그 싸움은 로스-로스(loss-loss) 게임이 된다. 모두가 손해일 뿐이며, 산업 전체가 침체된다. 경쟁사들이 모두 가격을 인하해버리면 시장점유율도 제자리로 돌아오게 된다. 무엇보다 가격인하는 자칫하면 브랜드 이미지만 추락시키는 결과를 초래한다.

가격인하는 뚜렷한 명분이 없는 한 마지막 경쟁이다. '너 죽고 나 죽자' 할 경우에만 사용해야 한다. 예를 들면 상위개념의 제품개발을 완료한 다음 기존 제품의 가격인하를 단행하면 경쟁자도 따를 수밖에 없을 것이고, 다시 더 내려 경쟁자에게 치명적인 피해를 입힌 다음에 자신은 새로운 개념의, 훨씬 더 비싼 제품을 시장에 내는 방법이 있다.

이렇게 되면 기존의 제품은 모두 시장에서 사라지고 새로운 개념의 신제품 하나만 시장에 남게 된다.

이처럼 가격싸움은 마지막 싸움인 것이다. 델 컴퓨터나 월마트, 사우스웨스트 항공 등에서 채용한 저가정책은 처음부터 계산된 전략적 행동으로 가격인하와는 차원이 다르다.

경제는 물처럼 흘러야 한다. 인위적인 왜곡이 있으면 반드시 그만큼의 대가를 치르는 것이 경제라는 흐름의 특성이다. 시장경제를 지탱하는 것은 수요와 공급, 이 두개의 흐름이 만나 새로운 한 줄기의 흐름을 만들어내는 것이다. 정부가 할 일도 이 흐름을 왜곡시키지 않도록 도와주는 것이다. 시장의 흐름을 왜곡시키면 대개는 더 큰 부작용을 초래하게 된다.

먼저 가격통제를 보자. 가격통제는 독재정권이나 포퓰리즘에 영합하려는 좌파 정권들에서 흔히 찾아볼 수 있다. 브라질, 베네수엘라, 아르헨티나 등의 좌파 정권들은 서민들의 인기를 얻기 위해 인위적인 가격통제와 각종 선심정책의 남발, 선동적인 화법을 조자룡헌 칼 쓰듯 자주 사용한다. 전형적인 포퓰리즘이다.

예를 들면 베네수엘라의 국영주유소에 가면 휘발유 가격이 70볼리바르로, 맥도날드점에서 1시간만 아르바이트를 하면 자동차 기름 30리터를 채울 수 있다고 한다. 이른바 국영 가격이다. 그러나 민간인에 의해 가격이 결정되는 우유는 1리터에 3,000볼리바르다. 우유가 휘발유보다 30배 이상 비싸다.

아르헨티나 정부는 주식인 소고기 가격이 오를 조짐이 보이자 곧바로 수출금지령을 내렸다. 그러자 피해를 예상한 농민들은 소를 키우는 대신 수출이 자유로운 콩으로 업종을 바꿨다. 그러자 소고기 값은 천정부지로 치솟았다.

구소련 시절 국영상점에서 빵을 구입하기 위해 길게 줄을 서서 기다리는 광경을 사진으로 본적이 있을 것이다. 가격이 통제되자 공급마저 통제된 것이다. 그래서 인위적인 가격통제는 필연적으로 또 다른 부작용을 불러일으킨다.

재미있는 것은 가격통제로 야기되는 피해가 대부분 보호하려는 사람들에게로 돌아간다는 사실이다. 프랑스 혁명 당시 정권을 장악한 것은 로베스피에르였다. 자코뱅당의 일당독재를 완성한 그는 청렴결백한 변호사 출신의 이상주의자였다. 평생 결혼도 하지 않고 가난한 사람들을 대변하겠다고 나선 사람이었다.

그의 이상은 다분히 사회주의에 가까웠다. 그는 부르주아 1만 5,000명을 잡아들여 그들의 부(富)를 빼앗고는 단두대로 보냈다. 빼앗은 부는 모두 농민과 서민들에게 나눠주었다. 그러자 그는 빈곤의 해방자라며 열렬한 추앙을 받았다. 공산혁명 초기와 유사하다.

로베스피에르는 서민들의 생활과 직결되는 생활필수품 가격통제를 실시하기 시작했다. 빵 값이 오르자 그는 밀가루 가격을 올린 제분업자를 잡아다 단두대로 보내 목을 잘랐다. 그러자 다른 제분업자들은 아예 공장 문을 닫아버렸고, 수요가 없어진 농민들은 밀농사를 짓지 않았다. 하는 수 없이 정부는 비싼 외국산을 수입해야 했다. 결국 국민들은 훨씬 더 비싼 빵을 먹지 않으면 안 되었다.

다음은 우유였다. 우유 값이 비싸다며 엄마들이 길거리로 나와 항의하자 우유 가격을 동결했다. 일종의 최고가격제였다. 그러자 목축업자들이 줄줄이 도산했다. 이번에는 목축업자들을 돕겠다고 사료 가격을 통제했다. 그러나 사료업자들이 문을 닫았고 우유는 품귀 현상이 일어나 처음 가격의 10배로 거래되고 말았다.

그가 그토록 사랑했던 농민과 서민들에게 가혹한 고통을 주게 되는 결과만 초래한 것이다. 마침내 시장은 혼란에 휩싸였고 결국 로베스피에르 자신도 단두대로 끌려갔다. 단두대로 끌려가는 그를 보고 노동자와 시민들은 이렇게 외쳤다고 한다.

"저기 우리의 빵과 우유를 빼앗은 도적이 간다!"

독재정권이나 권위주의적인 정권에서는 사회악이라고 여겨지는 상품이나 서비스를 없애려는 노력을 자주 한다.

1980년대 전두환 정권 시절 과외를 전면 금지한 적이 있었다. 과외가 좋다 나쁘다 하는 것을 논하려는 게 아니다. 인위적인 통제는 그만큼 부작용이 따른다는 것을 말하려는 것이다. 과외를 금지해도 수요는 여전히 존재했다. 오히려 위험수당이 붙어 과외비용이 폭등했다.

이번에는 공급통제를 보자. 미국에서는 1920~33년이라는 기간 동안 금주법이 시행된 적이 있었다. 그러자 술값이 천정부지로 치솟아 밀주업자만 떼돈을 벌게 되었다. 결국 밀주를 둘러싼 이권을 뺏기 위한 쟁탈전이 갱들 사이에 벌어졌고, 가난한 술꾼들은 비싼 술을 구입하기 위해 다시 범죄에 가담했다. 그 기간 동안 술 소비량은 거의 줄어들지 않았고 살인사건만 더 많이 늘어났다. 부자들은 얼마든지 술을 구입할 수 있었지만 가난한 서민들만 재산을 탕진하고 범죄자가 되었던 것이다.

한때 영국에는 '창문세' 라는 것이 있었다. 창문이 많은 큰 저택에 대해서는 많은 세금을 매기고 창문이 적은 서민들의 집은 세금을 깎아주자는, 얼핏 공평해 보이는 제도였다. 하지만 시행되자 부자들은 끄떡도 않았고 서민들은 그나마 있던 창문도 못질을 해서 막아버렸다. 세금 낼 형편이 되지 않았기 때문이다. 몇 년이 지나자 런던에는 각종 전염병이 만연하기 시작했다. 습기 찬 집안에서 온갖 병균들이 득실거린 탓이다.

이와는 조금 다르지만 자연계도 마찬가지다. 혁명 초기 마오쩌둥의 1차적인 관심사는 식량증산이었다. 많은 인구를 먹여 살려야 하는 고민이었다.

어느 날 농업현장을 시찰하던 중 알곡을 쪼는 참새떼를 발견했다. '녀석들이 먹는 알곡만 절약해도…' 라고 생각한 마오쩌둥은 전국적으로 참새와의 전쟁을 선포했다. 그리하여 참새 숫자는 크게 줄어들었고 식량은 늘어나는 듯했다.

2년 정도 지나자 해마다 흉년이 들게 되었다. 천적인 참새가 사라지자 해충들이 때를 만난 듯 기승을 부렸던 것이다.

우리나라 주택시장도 마찬가지다. 가령 아파트 가격이 평당 500

만 원에 형성되었다고 하자. 이때의 거래량은 30만 호다. 이 가격을 평당 200만 원으로 묶으면 수요는 45만 호로 늘어나지만 공급물량은 15만 호로 줄어들게 된다. 공급물량 15만 호를 두고 45만 명이 경쟁을 하게 되면 암거래 가격은 잠재적으로 평당 700~800만 원 선에서 형성된다. 결국 집 없는 서민만 손해를 보게 되는 것이다.

지금 우리나라의 부동산 양도세도 그렇다. 부동산시장을 잡겠다고 1가구 다주택에 대해 무거운 양도세를 매기는 것 말이다. 부동산 투기로 빈 돈을 모두 양도세로 거둬들이겠다는 징책 당국의 생각이다. 그러나 이 정책은 볼 것도 없이 실패할 가능성이 매우 높다. 지금까지 수차례나 유사한 정책을 실시했지만 부동산 투기를 잡지 못했다. 세금을 내고도 남을 만큼 부동산 가격이 오르기 때문이다. 이러면 부동산 가격은 더욱 오르게 된다.

다음은 팔지 않고 가만히 두었다가 자녀에게 증여하는 방법이다. 증여세가 훨씬 저렴한 구조이기 때문에 안성맞춤인 셈이 된다. 이러면 부동산 공급량이 줄어들어 부동산 가격은 한층 더 뛰게 된다. 수요와 공급은 경제의 기초 중 기초이다. 차라리 양도소득세를 대폭 낮춰서 부동산 공급을 파격적으로 늘리는 것이 효과적이다. 공급을 줄이면서 가격폭등을 잡은 사례는 역사상 없다는 것을 정책당국자는 정말 모르는 걸까?

최저가격제 역시 부작용을 낳기는 마찬가지다. 가격을 일정 수준 이하로 내려가지 못하도록 강제하는 제도다. 근로자 보호의 명목으로 시행되는 최저임금제 등이 그렇다. 최저임금제가 시행되면 기업주는 꼭 필요한 사람이 아니면 고용하지 않게 된다.

외환위기 이후 우리나라에 나타났던 구조조정도 이런 현상 중 하나다. 결국 근로자를 보호하려는 취지가 근로자의 취업을 막는 쪽으로 전개된다는 것이다.

농산물 가격의 딜레마

농산물 가격은 대략 2년을 주기로 요동친다. 가격이 폭등하면 도
시 소비자들은 비싸다고 아우성, 폭락하면 농민들은 비료 값도 건지
지 못한다면서 아우성이다. 농민들은 가격이 폭등해도 그리 큰 재미
를 보지 못한다. 중간 상인들의 농간 때문이다. 왜 이런 일이 반복
될까?

농산물의 성격상 수요곡선이 비탄력적이고 공급도 시차를 두고
적응하는 시장이기 때문이다. 쌀값이 내린다고 해서 한 끼에 밥을
두 그릇 먹지 않으며, 비싸다 해도 밥을 먹지 않고 살 수는 없다. 물
론 아주 비쌀 경우에는 라면이나 빵 등 다른 대체제의 소비가 어느
정도 늘어날 것이나 다른 상품에 비해서는 훨씬 비탄력적이다.

공급 측면도 가격이 오른다고 해서 즉시 생산량을 늘릴 수 없다.

파종을 하고 수확할 때까지 시간이 걸리기 때문이다. 그래서 농산물의 수급조절 과정을 그래프로 그리면 거미집 모양으로 나타난다 해서 '거미집 이론'으로 부른다. 이러한 특성 때문에 농산물은 공급이 조금만 넘치거나 모자라도 가격이 큰 폭으로 등락을 거듭하게 된다.

더욱이 농산물의 공급은 생산자인 농민들의 의지만으로 되지 않는다. 기후라는 변수가 있다. 집중호우나 한발 등으로 특정 농작물이 피해를 입으면 공급부족으로 가격이 폭등한다.

농산물 가격이 안정되지 못하는 데는 다분히 심리적인 게임이론도 작용한다. 마늘가격이 폭등했다고 가정해보자. 이듬해에는 농민들이 대대적으로 마늘재배에 나선다. 그러면 공급과잉으로 가격이 폭락한다. 일단 마늘가격이 폭락하면 정부에서는 마늘재배 면적을 줄이라고 농민들을 설득한다. 그러면 농민들은 이렇게 생각한다.

'다른 농가 모두가 마늘 파종을 줄일 때 나 혼자서만 파종을 늘린다면 큰 수익을 올릴 수 있을 것이다.'

모든 농가들이 거의 비슷한 생각을 하게 되고, 결국 마늘은 2년 연속 가격이 폭락한다. 농산물 가격이 대략 2, 3년을 단위로 등락을 거듭하는 이유가 여기에 있다. 물론 여기에 기후조건이 가세하면 주기는 달라질 수 있다.

이를 해결할 수 있는 방법은 완전한 정보를 농민들에게 주는 것이다. 이렇게 하자는 것이다. '우리나라의 마늘수요는 총 얼마이며, 내년에 수입될 물량은 어느 정도, 현재까지 파종한 면적은 적정량의 몇 퍼센트이다' 하는 식으로 농민들에게 실시간 정보를 제공해준다.

정보가 없는 농민들로서는 위험부담을 줄이기 위해 보통 남이 하는 대로 따라서 하는 경향이 있다. 그것이 오히려 위험부담을 높이는 방법이지만 심리적으로는 그게 안심이 된다.

우리나라 농산물시장은 가격이 올라도 농민들은 그에 상응하는 수익을 올리지 못하는 구조적인 문제점을 지니고 있다. 농촌 현지에서는 배추 한 포기에 300원씩 출하하지만 도시의 농민들은 한 포기에 2,000원에 사서 먹어야 하는 구조적인 문제가 도사리고 있다.

그럼 도시의 배추가격이 3,000원이 되면 1,000원이 농민들에게 돌아갈까? 천만에, 농민들에게는 기껏 200원 정도가 돌아가 500원에 출하한다. 나머지 차액은 모두 중간 상인의 몫이다.

여기서 시장의 원리가 제대로 적용되지 않는 이유는 무엇일까? 농민들이나 중간 상인 모두 다수이기 때문에 쌍방 경쟁이 성립되어 시장 원리가 적용될 것 같지만 그렇지 못하다. 이들의 거래에 있어서는 정보와 자본을 가진 중간 상인이 절대적으로 유리하다.

농민들은 농산물 수확철이 다가오면 올해는 제값을 받고 팔자, 가격 덤핑이나 밭떼기를 하지 말자고 무언의 약속을 한다. 그러나 출하가 시작되면 남보다 조금 싼 값에라도 전량을 빨리 출하하고 싶어 한다. 농산물은 특성상 제철을 넘기면 가격이 절반으로 떨어지는 치명적인 약점이 있고 농민들은 내년 농사를 위해 목돈이 필요하다. 눈치 빠른 중간 상인은 그 약점을 알기 때문에 가격을 후려쳐 내린다. 결국 농민들은 매년 불리한 계약만 반복하는 것이다.

미국의 캘리포니아 오렌지 생산자 협동조합이 이를 해결할 수 있는 모델로 보인다. 태평양 연안의 햇볕이 좋은 캘리포니아는 미국에서도 오렌지 생산에 가장 적합한 지역이다. 최고 품질의 오렌지를 생산하는 곳이기도 하다.

예전의 캘리포니아 농민들이 돈을 벌지 못하기는 우리나라 농촌과 사정이 흡사했다. 오렌지 가격이 오르면 너도나도 오렌지 생산에 뛰어들어 기어이 가격을 폭락시키고 생산량이 많지 않아도 농민들은 남보다 저렴한 가격으로라도 수확한 오렌지 전량을 빨리 처분하려고 했다. 이것이 다시 가격을 떨어뜨린다. 우리나라로 치면 중간 상인들의 밭떼기 매수와 이에 부응하는 농민들 간의 경쟁 때문이다.

이를 해결한 것이 조합 설립과 농산물의 '브랜드' 전략이었다. 그 과정을 잠깐 살펴보자.

우선 조합은 농민들이 스스로 출자하여 만들지만 조합의 운영은 중립의 제3자에게 맡겼다. 일종의 마케팅 회사 같은 형태일 것이다. 농민들은 수확한 오렌지 전량의 판매를 조합에 위탁한다. 그러면 조합은 농민들에게 거둔 오렌지를 엄격한 품질 심사를 거쳐 A, B, C로 등급을 매기고 A, B등급에 한해 '썬키스트(Sunkist)'라는 브랜드를 부착하고 대외 판매 창구를 단일화시켰다. 그러면 C등급은? 브랜드 없이 벌크로 팔아치운다.

판매 창구가 단일화되면 자연히 가격은 올라간다. 그러면 농민들은 당연히 유리하겠지만 구매자들에게도 유익한 시스템이 된다. 왜냐하면 구매자들의 입장에서는 좀 더 높은 가격을 주고서라도 조합에서 품질을 보증하여 확실하게 믿을 수 있는 상품을 확보할 수 있기 때문이다.

한해의 결산이 끝나고 농민들은 자신이 위탁한 수량과 등급에 따라 수익금을 나눠 가지면 계산이 모두 끝난다. 대풍년이 들어 가격이 폭락할 조짐이 보이면 조합에서는 출하를 조절하여 이 문제를 해결한다. 그러자 썬키스트 상표를 부착한 상품은 가격에 비해 품질이 좋다는 믿음이 소비자에게 생긴 것이다.

이것이 캘리포니아 오렌지 썬키스트를 세계적인 상품으로 만든 마케팅의 성공사례다. 썬키스트라는 브랜드 네임도 기막히다. 브랜드의 의미는 이렇듯 보일 듯 말 듯 해야 한다. 그게 좋은 브랜드다. 썬키스트의 의미는? 'Sun Kissed', 즉 '태양의 입맞춤'이다. 캘리포니아 지방의 강렬한 태양이 빚은 오렌지라는 해석이 가능하다.

일본의 농민들도 이와 비슷한 장치를 만들어 농산물의 가격 딜레마를 해결해나가고 있다. 엄격한 품질관리와 판매 창구의 단일화, 그리고 브랜딩 전략이다.

우리나라 농산물시장의 딜레마를 해결할 방법은 지금으로서는 이것밖에 없어 보인다. 농정을 담당하는 정책 당사자들이 좀 더 연구해주었으면 하고 바라는 부분이다.

웃기는 양곡관리법

1950년대에 제정된 양곡관리법이 있다. 제정 당시에는 쌀, 보리 등 양곡의 수급조절을 목적으로 했다. 따라서 쌀을 수출하려면 농림부 장관의 허가를 받아야 한다. 경기도의 한 농민이 쌀시장 개방에 대응하기 위해 유기농 쌀을 생산했다. 품질 평가도 받을 겸 스위스의 한 마트에 샘플을 보냈더니, 가격과 품질 모두 일본 쌀보다 좋다며 당장 200통 수출 주문이 날아왔다. 물량으로 2,400가마, 금액으로는 7억 원 정도였다.

그런데 막상 수출을 하려니 양곡관리법 12조가 문제가 되었다. 수출을 하려면 반드시 농림부 장관의 허가를 받아야 한다는 것. 이 농민은 별 생각 없이 수출 허가를 신청했다. 그러나 다섯 달이 지나도 허가가 떨어지지 않았다. 쌀이 모자라던 시절의 법은 그렇다 치더라도, 쌀이 남아서 처리를 못하는 지금에 왜 수출 허가가 떨어지지 않은 걸까?

우선은 그 동안 쌀을 수출하겠다는 사람 자체가 없어 이 조항을 손대지 않았다. 다음으로는 우루과이 라운드 때문이다. 우리가 쌀 수출을 허가하면 쌀시장을 개방하라는 외국의 압력에 대응할 마땅한 논리가 없다는 것이다.

결국 옛날에 제정된 법률이 환경이 완전히 변한 지금도 통하고 있는 셈이 된다. 매년 20만 톤의 쌀을 수입하고 있는 우리나라, 곧 40만 톤으로 늘려야 할 우리나라가 200톤의 쌀 수출을 놓고 고민에 빠져있다는 얘기다.

어떤 식으로든 해결은 되겠지만 뒷맛이 영 개운치 않다.

13

많은 주문을 받아도 왜 망하나,
비용의 U-커브

기업의 규모가 크든 작든 경영자들은 늘 의사결정 트라이앵글을 머릿속에 그리고 있다. 어떤 의사결정을 할 때 비용(cost)과 가격(price)과 가치(value)를 비교한다는 의미다.

비용이란 재화와 용역을 생산하기 위해 투입한 원재료 비용과 상품을 만들고 판매하기 위해 고용한 사람들의 인건비를 의미하며, 가격이란 재화와 용역을 구입하는 사람이 지불하는 돈이고, 가치란 그 재화나 용역을 구입한 사람이 얻을 수 있는 편익이다.

기업의 순환과정에서 이 세 가지 요소는 다음과 같은 요건을 갖추지 않으면 안 된다.

가치 〉 가격 〉 비용

기업은 가격과 비용의 차이만큼 이익을 얻으며, 소비자는 가치와 가격 차이만큼 편익을 얻는 것이다. 나무를 구입하여 탁자를 만든다면 훨씬 더 가치가 높아진다. 여기에서 높아진 가치가 부가가치다.

그러나 이런 물리적인 형태 변형은 그다지 높은 부가가치를 창출하지 못한다. 지식이나 소프트웨어, 브랜드처럼 보이지 않는 요소의 부가가치가 훨씬 더 높다. 앞으로 지식, 소프트웨어, 브랜드 그리고 인터넷 시대의 개념인 네트워크 같은 요소들이 21세기 경영에서 훨씬 더 중요한 요소로 각광을 받을 것이다. 경영자는 늘 자신들이 제공하는 상품과 서비스의 부가가치를 높이는 일을 조금도 게을리 해서는 안 된다.

"어떤 기업이 큰 성공을 거두었다면 거기에는 용기 있는 결정권자가 반드시 있을 것이다."

피터 드러커의 말이다. 코카콜라의 사례를 보자. 고이주에타가 코카콜라의 최고 경영자로 선임된 것은 1980년이었다. 2년 후인 1982년, 그는 기존의 콜라에서 당분과 칼로리를 뺀 신제품 다이어트 콜라에 막대한 투자를 하기로 결정했다. 이에 대해 그의 선임자들이나 법률고문 모두가 반대했다.

그러나 이 결정은 1980년대의 가장 성공적인 상품이 되었으며, 코카콜라의 주식가치는 그가 취임하던 해에 40억 달러였던 것이 1994년에는 540억 달러로 높아졌다.

한계비용 체감의 법칙에 따르면, 생산량이 늘어날수록 최종 생산물의 단가는 낮아진다. 그러나 이것도 기존의 시설이 커버할 수 있는 정도를 넘어서는 순간 비용은 급격히 증가하여 이른바 U-커브를 그리게 된다. 이 U-커브를 잘못 관리하면 기업의 생존 자체가 위협받는 경우가 발생할 수 있다.

소니의 사례를 보자. 1955년 소니 창업자 아키오 모리타는 조그만 트랜지스터 라디오 시제품 한 대를 들고 미국으로 건너갔다. 당시 미국에는 라디오 방송국이 20여 개가 있었지만 아직 트랜지스터 라디오는 존재하지 않았다. 트랜지스터 기술 자체는 몇 년 전 미국의 과학자 쇼클리와 존 바딘이 발명한 것이지만, 이를 상업적인 제품으로 시도한 것은 소니가 최초였다. 일본의 방식은 대부분 그랬다. 미국에서 개발된 원천 기술을 응용해 작고 간편하면서도 앙증맞은 상품으로 만들어 미국시장에서 돈을 벌었다.

모리타가 찾아간 곳은 시계, 가전 등을 만드는 블로바 사였다. 트랜지스터 시제품을 본 블로바 측에서는 흔쾌히 구매의사를 표시하면서 조건을 하나 달았다. 블로바 상표를 달아달라는 OEM 조건이었다. 그러자 모리타는 거절했다.

"50년 이내에 우리가 더 유명해질 거요!"

그는 또 다른 회사를 찾아갔다. 10만 대를 주문하겠다는 의사였다. 하지만 모리타는 거절했다. 당시 소니가 생산할 수 있는 단위는 월 5,000대 수준, 1만 대를 넘으면 시설을 확장해야 하고 가격도 올라가게 된다. 3만 대, 5만 대를 주문 받으면 가격은 더욱 올라간다. 5만 대를 주문받을 경우의 가격은 지금의 5,000대 주문보다 단가가 비싸진다. 비용이 가파른 U-커브를 그리게 된다.

이는 선택의 문제다. 이 주문을 받을 경우 기업의 획기적인 도약이 가능할 수도 있으나, 그 이후의 물량을 확보하지 못한다면 기업은 쓰러지고 만다. 그러자 미국의 구매담당자는 경제학 책을 펴 보이면서 처음 듣는 얘기라고 말했다. 여러 상황을 종합해서 1만 대로 계약을 맺었다. 초기에는 적게 파는 것이 훨씬 더 유리하다.

알려지지 않은 이야기 한 가지만 더 해보자. 10여 년 전 지리산 녹차산업이 활발히 전개되던 때였다. 지리산 녹차산업은 대부분 영세가공 형태였다. 어느 해 추석을 맞아 A기업 임원이 찾아와 근로자들의 추석 선물로 녹차를 검토하고 있으니 3억 원 정도의 물량을 준비할 수 있겠느냐는 의사를 타진해왔다. 당연히 가능하다고 대답했다. 물론 시설은 턱없이 부족한 상태였다.

마을의 모든 인력을 총동원하고, 시설을 확장하고, 기계를 도입했다. 그러나 마지막 순간 녹차 선물은 A기업 노조의 반대로 무산되었다. 이 녹차회사는 그날로 문을 닫고 10여 년 동안 후유증에 시달리는 처지가 되었다. 이런 일은 소규모 기업이 성장해가는 동안에 흔히 나타날 수 있는 함정이다.

앞서 소니의 경우와 반대되는 사례도 있다. 미국 GM의 자회사인 사지노 스티어링 사는 미 육군으로부터 기관총 시제품 생산을 주문받았다. 물량은 281개였다. 거의 수작업으로 만들어야 해서 일손이 부족했다. 스티어링 사는 기관총 만드는 작업 대신 공장을 짓기 시작했다. 대규모 공장을 지어놓고는 납기 마감 직전에 기관총 생산에 들어갔다.

이 회사에서 만든 기관총은 281개가 아니라 10배가 넘는 2만 8,728개였다. 물론 개당 원가는 상상할 수 없을 만큼 줄어들었다. 이것이 미 육군에 납품되면서 큰 이익을 올렸음은 말할 것도 없다.

이 2가지 사례에서 무엇을 배울 수 있는가? 비용은 물량이 많으면 많을수록 장기적으로는 분명히 비용이 줄어든다. 그러나 단기적으로는 전혀 그렇지 않을 수도 있다. 소니가 10만 대 주문을 거절한 것을 두고 후일의 학자들은 참으로 적절한 의사결정이었다고 입을 모으고 있다. 모리타가 비용 곡선의 본질을 훤히 꿰뚫고 있었다는 의미로 해석된다.

소니의 경우 후속 주문을 기대할 수 있는 처지가 되지 못했지만 스티어링 사의 경우에는 시제품만 합격하면 납품이 거의 확실한 상황이었기 때문에 모험 아닌 모험을 할 수 있었던 것이다. 공장부터 지어 시제품의 품질을 확실하게 입증시킨 다음에 즉시 대량 납품을 할 수 있어 획기적으로 원가를 줄일 수 있었다. 물론 두 경우 모두 옳은 결정으로 평가되고 있다.

14 자동차보다 자동차 등록 허가증이 더 비싼 나라

싱가포르는 깨끗하고 질서가 엄격한 나라다. 술, 담배, 자동차에 대해서는 더욱 엄격하다. 담배는 우리 돈으로 5,000원이 넘을 정도로 비싼데다 담뱃갑에는 말기 폐암환자의 썩어가는 폐 사진을 의무적으로 부착해놓고 있다. 담배를 피우고 싶은 마음이 사라질 정도로 섬뜩하다.

애주가라면 서운할 말이지만 술집도 거의 없다. 음식점에서 술을 곁들일 수는 있지만, 우리나라처럼 왁자지껄 마시는 곳은 여간해서는 찾아보기 힘들다. 자동차에 대해서도 필요악쯤으로 보는 것 같다. 자동차 공해가 깨끗한 나라의 이미지와 상반되기 때문이다.

이 나라에서는 자동차를 마음대로 구입할 수 없다. 정부의 판단에 따라 해마다 필요한 자동차의 수를 제한한다. 도시 전체의 교통량과

대기오염의 정도 등을 고려해 '1년에 1만 대' 하는 식으로 제한한다.

자동차를 구입하려는 사람은 입찰을 통해 자동차 등록 허가증을 먼저 구입해야 한다. 입찰 방식이므로 해마다 자동차 허용대수에 따라 가격이 천차만별이다. 이 가격이 차 값과 맞먹을 정도다. 소나타 같은 중형 자동차 가격이 5,000만 원 정도, 벤츠나 BMW 등은 2억 원이 넘는다. 자동차 등록 허가증은 유효기간이 10년인데, 이 기간이 지나면 다시 구입해야 자동차를 운전할 수 있다.

재미있는 것은 중고 자동차 가격이다. 중고 자동차는 자동차의 상태에 따라 결정되는 것이 아니고 남은 등록 유효기간이 얼마냐 하는 게 더 중요하게 작용한다. 주말자동차제라는 것도 있다. 자동차를 구입할 때부터 '주말에만 운행하겠다' 라는 약속이다. 이 자동차는 가격이 70퍼센트 정도로 저렴하다. 만약 이를 어기면 상당한 벌금을 물어야 한다.

통행혼잡을 줄이기 위해 낮 시간 동안 도심으로 진입하는 자동차에 2,000원 정도의 도심진입료를 물린다. 별도로 돈을 내는 게 아니고 자동차가 통과하면 센서가 자동으로 인식해서 처리한다.

자동차 사용을 억제하기 위해 휘발유 가격도 엄청 비싸다. 세금 때문이다. 그래서 얌체족들은 국경을 넘어 말레이시아로 가서 기름을 넣기도 한다. 그러나 요즘은 이것마저 통제되고 있다. 싱가포르와 말레이시아 국경에는 바다가 가로놓여 있는데, 말이 바다일 뿐 한강보다 폭이 조금 넓은 바다가 다리로 연결되어 있다. 쉽게 국경을 넘을 수 있다.

국경에는 검문소가 있지만 외국인들도 비자 없이 오갈 수 있는 곳이다. 원래 두 나라는 한 나라였다가 1960년대에 분리되었다. 하지만 싱가포르에서 자동차를 타고 말레이시아로 들어가는 사람들에게는 까다로운 검문이 기다리고 있다. 신분증이나 여행 목적을 체크하는 게 아니다. 바로 자동차의 유량계를 체크하는 것이다. 국경을 통과하려면 기름을 70퍼센트 이상 채워야 한다. 그렇지 않으면 벌금을 물게 된다. 자동차를 타고 말레이시아로 가서 주유하는 것을 막기 위해서다.

싱가포르는 면적이 서울 정도고 인구가 400만 정도인데, 자동차 대수는 공공용을 합쳐서 73만 대 정도로 한적하다. 서울의 자동차 등록 대수가 287만 대, 서울을 드나드는 수도권 자동차를 합치면 거의 500만 대 정도니 싱가포르의 교통상황을 짐작할 수 있을 것이다.

이런 규제들이 개인주의가 만연한 서구의 시각으로 보면 독재라고 불릴 만하지만 공공의 복리를 우선시하는 국가의 정책에 대해 국민들은 별로 불만이 없어 보인다.

국가 전체로 보면 환경은 귀한 자원이다. 우리나라도 이를 유지 관리하기 위한 공공 마케팅에 좀 더 신경을 써야 할 시점으로 보인다. 그것이 장기적으로는 결국 국민의 삶의 질을 높이는 것이기 때문이다.

15

7전 8기의 인생, KFC 할아버지

우리나라 거리에서 가장 많이 볼 수 있는 미국인 상(像)은 누구일
까? KFC의 창업자인 커넬 할랜드 샌더스이다. 매장 입구에 서 있는
할아버지 인형의 모델이다. 이 인형은 KFC 모든 매장에 설치되어
있다. 커넬 할랜드 샌더스의 7전 8기 드라마틱한 인생에서 배울 점
이 많다.

그의 이름은 원래 할랜드 샌더스. 여섯 살이 되던 해에 아버지를
잃고, 두 동생을 돌보기 위해 열 살 때부터 남의 농장에서 일했다.
열두 살이 되던 해 어머니가 재가를 하자 그는 다니던 초등학교도
중퇴해야 했다. 훗날 청년이 된 그는 보험설계사, 주유소 경영 등으
로 일어섰지만 대공황과 함께 모든 것을 잃고 만다.

그러나 굴하지 않고 다시 주유소 모퉁이 작은 공간을 빌려 여행자

들에게 식사를 제공하기 시작했다. 테이블 1개에 의자 6개로 시작한 이 식당은 입소문을 타고 알려져 켄터키 주지사에게 커널이라는 칭호를 받게 되었다. 명예 대령 칭호다. 이후 그는 커널 샌더스로 불리게 된다.

그는 그때 번 돈으로 모텔을 지었지만 화재로 전부 날려버렸다. 설상가상으로 아들과 아내까지 잃으면서 엄청난 실의에 빠졌다. 예순 살 때 정신병원에 입원한 그는 결국 자살을 결심했다. 죽을 방법을 찾아 밤거리를 배회했다. 그러다가 귓가에 들리는 찬송가 소리를 따라 간 곳이 교회였다. 한 부인이 교회에서 혼자 찬송가를 부르고 있었다. 거기에서 그는 찬송가를 함께 부르며 기도했다. 그리고 다시 재기에 나섰다.

예순다섯의 나이에 사회보장기금 105달러를 쥐고 자신의 요리 비법인 닭튀김을 전수하기로 결심했다. 승용차에 압력밥솥을 싣고 전국을 다니면서 조리법을 팔려고 노력했지만 1,000번 넘게 거절당했다. 하지만 마침내 자신의 조리법을 가지고 프랜차이즈 사업을 벌이게 된다. 전 세계 80개국으로 퍼져나간 KFC가 탄생한 순간이다.

좌절하지 않고 끊임없이 도전하는 사람에게 나이는 숫자에 불과하다.

텔레토비를 제작한 영국의 앤 우드도 예순이 넘은 나이에 성공했다. 마찬가지로 예순이 넘어서 글쓰기를 시작해 결국 퓰리처상까지 받은 프랭크 맥코트, 제대했다가 61세에 다시 현역으로 복귀해 예순아홉의 나이로 한국전을 지휘한 맥아더, 일흔한 살에 시작해 오늘의 샤넬을 이뤄낸 코코 샤넬, 더욱이 정신분석학자 칼 융은 아흔 살에 글을 쓰기 시작한 사람이었다.

꿈과 희망만 갖고 있다면 언젠가는 이루게 되는 법이다.

16 독점 상품을 왜 광고할까?

세상에서 가장 빛나는 밤거리가 어디일까? 뉴욕 맨해튼 47번가 5번과 6번 애비뉴 사이라고 한다. 세계에서 다이아몬드가 가장 많이 거래되는 곳이기 때문이다. 소형 부스 규모의 매장이 2,600개나 들어서 있다.

다이아몬드는 지난 100여 년 동안 영국의 드비어스 사가 독점적으로 유통시켰다. 개별 공급자들의 덤핑으로 가격하락을 막기 위해 결성된 일종의 공급자 카르텔이었던 셈이다. 드비어스는 아프리카 다이아몬드를 소유하고 있는 기업이지만 러시아의 알스타와 제휴관계를 맺어 사실상 독점적 지위를 누렸다.

그랬던 것이 21세기 벽두부터 깨지고 각개약진이 시작된다. 20년 전만해도 80퍼센트였던 드비어스의 시장점유율이 65퍼센트 정도로 낮아졌다. 그렇다고는 하나 여전히 준독점이다.

‘Diamond lasts forever(다이아몬드는 영원하다)’.

이는 드비어스가 지난 수십 년 동안 광고한 문구다. 그런데 굳이 독점시장에서도 광고가 필요할까? 다이아몬드를 찾는 사람은 영원히 끊이지 않을 텐데 말이다.

독점시장의 마케팅은 이렇게 이뤄진다. 일반적인 공급곡선에서 수요가 늘어나면 가격이 오르고, 가격이 오르면 공급도 늘어나 다시 가격을 내리는 과정을 통해 균형을 이루게 된다. 그러나 독점시장에서는 가격과 물량을 자신들에게 가장 유리한 조건으로 조절만 하면 된다. 즉, 가격이 내리면 물량을 줄이고, 가격이 오르면 물량을 늘리는 방법이다.

하지만 가장 바람직한 것은 물량을 늘려도 수요가 늘어나 가격이 내려가지 않는 경우다. 비싼 가격에 더 많은 양을 팔 수 있기 때문이다. 그래서 독점시장에서도 광고가 필요한 것이다. 그러나 이 광고는 다이아몬드 자체의 수요를 늘리려는 것보다는 다이아몬드의 대체품인 루비나 사파이어 등 다른 보석으로 수요가 옮겨가는 것을 막기 위한 데 목적이 있었다.

다이아몬드 이야기가 나온 김에 몇 가지 더. 다이아몬드를 고를 때는 4C를 보아야 한다. 4C는 Caret(무게), Color(색깔), Cut(절단), Clarity(선명도)를 뜻한다. 이 4가지가 다이아몬드의 생명이다.

캐럿은 무게를 말하는데, 무거울수록 가속적으로 가격이 오른다. 색깔은 물론 투명해야 하지만 약간 푸른색을 띠는 것이 최상품이다.

절단은 다이아몬드를 어떻게 자르느냐 하는 것인데, 빛이 들어가 다이아몬드를 한 바퀴 돌아 나올 수 있는 각도가 가장 좋다.

보통 58면 컷이 일반적이지만, 근래에는 66면 컷 특허를 출원한 기업이 나타났다. 뉴욕의 레오샤크터라는 회사다. 66면 컷이 어떤 바람을 몰고 올지는 지켜볼 일이다.

선명도는 내부에 흠집이 있느냐 없느냐 하는 것이다. 당연히 흠집이 전혀 없는 것을 최고로 친다.

재미있는 광고 이야기

광고는 자본주의를 꽃피운 핵심적인 요소 중 하나다. 그런 광고도 매를 맞는다. 가끔 이런 말을 하는 단체도 많다.

"비싼 돈 들여서 광고하느라 상품 가격 올리지 말고, 광고비만큼 상품 가격을 낮추는 게 진정으로 소비자를 위하는 것이다!"

정말 그럴듯한 말이다. 하지만 광고가 없다면 소비자는 무엇으로 상품 정보를 얻고 어떤 기준으로 판단할 것인가.

광고를 한다고 해서 상품 가격이 오르는 것만은 아니다.

1972년 미국의 경제학자 베넘은 '광고를 하는 주와 하지 않는 주의 안경 가격은 얼마나 차이가 날까?'라는 문제를 바탕으로 광고에 대해 아주 재미있는 결과를 발표했다. 미국에서는 안경과 검안 광고를 허용하는 주와 금지하는 주가 있다. 허용하는 주에서는 안경광고가 신문, 잡지, 텔레비전에 나온다.

아주 예상 밖의 결과가 나왔다. 광고를 허용하는 주의 안경 가격은 평균 26달러지만, 금지하는 주의 가격은 평균 33달러였다. 왜 이런 현상이 나타났을까?

광고가 허용되자 안경 회사들 간에 치열한 경쟁이 일어나서 가격이 더욱 낮아진 것이다.

아마 역사상 가장 실패한 광고사례는 코카콜라사의 '뉴코크'일 것이다. 지금까지 팔린 코카콜라를 한 줄로 세우면 지구와 달 사이를 1,000번 이상 왕복한다고 한다.

코카콜라의 아성에 펩시콜라가 도전장을 던졌다. 펩시콜라는 젊은이들의 우상이었던 마돈나와 마이클 잭슨을 앞세워 '젊은' 이미지를 확대해나가면서 다른 한 편으로 코카콜라를 '늙은' 콜라로 몰아붙였다.

위기감을 느낀 코카콜라는 펩시콜라보다 훨씬 더 맛있는 뉴코크를 만들었다. 시장조사 역사상 가장 많은 샘플인 20만 명을 대상으로 맛을 테스트했다. 분명 펩시콜라보다 우위였다. 자신을 얻은 코카콜라는 출시와 동시에 '새로워졌습니다!'라며 대대적인 광고를 시작했다. 코카콜라 탄생 100주년 기념행사를 겸한 광고 캠페인이었다.

그러자 미국 전역에서 난리가 났다. 코카콜라가 태어난 이후 지금까지 광고해온 내용이 '오직 그것뿐!'이었는데, '새로워졌다'는 게 대체 무슨 말이냐는 항의였다. 이를 반영하듯 뉴코크의 판매는 거의 일어나지 않았다.

코카콜라는 하는 수 없이 이전의 코카콜라를 다시 포장하여 시장에 낼 수밖에 없었다. 코카콜라를 그대로 쓰기에는 쑥스러워 '코카콜라 클래식'으로 살짝 이름을 바꾸고 다시 엄청난 광고비를 투입해서야 옛 지위를 비슷하게 회복했다. 그러나 펩시콜라에 서서히 밀리는 격이 되고 말았다.

쌀이 남아도는 나라에 왜 굶는 사람이 있을까?

최근 서울 거리에 '주먹밥 콘서트'라는 이름의 자선공연이 등장했다. 주로 점심시간에 샐러리맨들이 많은 도심 소공원 같은 곳에서 공연한다. 청계천변 한국관광공사 앞에는 매주 수요일 점심시간을 이용하여 공연이 펼쳐진다.

오늘 점심시간은 공연을 보면서 주먹밥으로 점심을 때우고 대신 점심 값을 결식계층을 위해 돕자는 취지의 행사다. 주먹밥, 참으로 배고픈 시절의 추억이 깃들어 있는 음식이다.

이 행사를 기획한 곳은 성공회 푸드뱅크 측이다. 점심시간마다 '무얼 먹을까?' 하고 고민하는 직장인들에게 고민도 해결해주고, 공연을 통해 업무 스트레스도 풀어주고, 다른 한 편으로는 결식계층도 도와주자는 취지이다. 물론 이 공연에 참여하는 연예인들은 모두 자원봉사다.

취지는 훌륭하다. 하지 않는 것보다는 100배 낫다. 하지만 그것으로 굶는 문제를 얼마나 해결할 수 있을지는 의문이다. 저녁시간에 서울역 지하도를 지나다 보면 노숙자들이 종교단체에서 제공하는 무료급식을 먹기 위해 길게 줄 서 있는 광경을 볼 수 있다.

우리나라에서 밥을 굶는 사람의 숫자는 60만 명이나 된다. 국군보다 많은 숫자다. 요즘도 신문에 결식아동, 결식계층에 관한 기사가 심심찮게 실리고 있다.

한 쪽에서는 벼 수확기가 되면 쌀이 남아돌아 보관비용만도 수천억 원에 이른다는 기사가 나온다. 쌀이 남아도는 나라에서 밥을 굶는 사람이 있다는 사실을 어떻게 해석해야 할까? 분명 시스템에 문제가 있는 것이다. 보관비용만 수천억 원에 이른다면 그 비용 일부를 떼어내어 이들의 먹는 문제를 해결할 수는 없을까?

우리나라의 쌀 생산량은 450만 톤 전후, 매년 100만 톤 정도가 남아돈다. 여기에 비해 쌀 소비량은 점점 줄어들고 있다. 2000년만 해도 1일당 쌀 소비량이 연간 90킬로그램 정도이던 것이 2001년에는 88.9, 2002년에는 87, 2003년에는 83.2, 2004년에는 82, 2005년 80.7, 그리고 2006년에는 80킬로그램 저지선마저 무너져 78.8킬로그램을 기록했다.

쌀이 주식이면서 우리보다 인구가 많은 일본이 61.5킬로그램 (2004년)인 것을 보면 앞으로 우리의 쌀 소비량도 더 줄어들 것으로 전망된다. 이렇게 남아도는 쌀을 보관하는 데만 한해에 3,000억 원 정도의 돈이 들어가야 한다.

변수가 하나 더 있다. 한·미 FTA에서 쌀이 제외되었다 하더라도 관세유예 조치로 인해 매년 2만 톤 이상을 수입해야 하며, 그 수량도 점차 늘려가야 한다. 그러면 쌀 재고량은 더욱 늘어난다.

우리나라뿐 아니라 전 세계적인 문제다. 지금 세계의 곡물수확량은 세계 인구 전체를 먹여 살릴 수 있을 정도다. 곡물을 가장 많이 수출하는 나라 브라질에서 밥 굶는 사람들이 가장 많다는 것은 또 어떻게 해석해야 할까?

미국 등 일부 곡물 과잉생산 국가에서 대서양에 쏟아버리는 곡물이면 아프리카, 아시아의 굶주림을 상당 부분 해결할 수 있지만 세계의 곡물을 주무르는 자본들이 반대해서 마음대로 할 수가 없다. 이 자본이 추구하는 것은 당연히 이윤인데, 이들의 이윤을 보장하려면 늘 부족 사태가 일어나야 하기 때문이다.

다시 우리나라 문제로 돌아가서, 정부가 이들 결식계층에 남아도는 쌀을 무료로 나눠주면 해결될까? 그것도 방법이 될 수 없다. 쌀만으로 해결되지 않기 때문이다. 잠자리도 없는 사람들이 어디서 무슨 수단으로 밥을 지어 먹는단 말인가!

일부 종교단체나 자선단체들에게 쌀을 지원해주고 대신 무료로 급식을 해결해주라고 하면 될까? 이 역시 안 된다. 점심 한 끼 정도는 몰라도 세 끼니를 챙겨주기란 현실적으로 어려운 일이다.

그럼 정부에서 쌀과 돈을 대어주고 이들에게 먹는 일을 해결해줄 기업을 설립하면 어떨까? 하지만 이것도 불가능하다. 어느 한 곳에 모여 있다면 몰라도 전국적으로 흩어져 있는 이들을 어떻게 먹일까? 배송비용이 더 큰 문제다. 점심 한 끼 챙겨주는 데도 엄청난 비용이 들어간다.

경제학의 핵심은 먹고사는 문제의 해결인데, 쌀이 남아돌면서도 그것 하나 해결하지 못하는 것이 참으로 아이러니컬하다.

18 항공업은 공간을 파는 장사

좁은 3등석 비행기 좌석에 오래 앉아 있으면 다리 정맥의 흐름이 나빠지고 혈액 덩어리가 쌓이게 된다. 이것을 혈전이라고 부른다. 그러다가 다리를 움직이면 혈전이 심장을 거쳐 폐동맥으로 흐르는데, 자칫하면 폐경색이 되어 치명적일 수 있다.

비행기 1등석은 좌석의 간격이 83인치, 2등석인 비즈니스 석은 50인치인데 비해 3등석인 이코노미 석은 34인치로 움직이기 힘들 정도로 좁다. 그래서 3등석 좌석에 오래 앉아 있을 때 나타나는 현상을 '이코노미 클래스 증후군' 이라고 부른다.

비행기는 공간을 파는 장사이기에 넓은 좌석에는 요금을 더 받는 것이 당연하다. 그러나 넓이에 비례하지는 않는다. 2등석은 3등석보다 1.5배 넓지만 요금은 2배이고, 1등석은 2.4배 넓지만 요금은 4배나 비싸다. 항공사로서는 1등석이나 2등석을 많이 팔수록 유리하다. 그래서 3등석은 턱없이 좁게 만드는 것이다.

기내식에서도 차이가 난다. 3등석에 저급 소고기를 준다면 1등석은 고급스럽고 부드러운 송아지 고기를 준다. 실크 넥타이나 스카프 등을 선물하기도 한다. 그렇게 해서 3등석 손님은 2등석으로, 2등석 손님은 1등석으로 유도함과 동시에, 3등석을 불편하게 만들어 1, 2등석을 이용하는 고객들의 이탈을 막기 위한 의도다.

항공요금은 좌석에 의한 차이 외에도 계절과 수요 등 여러 요인에 의해 수시로 변한다. 물론 성수기에는 비싸고 비수기에는 싸다. 요일별로도 차이가 난다. 항공사별로 다르지만 주말에는 할증요금을 받고 주중에는 할인요금을 받는다. 월, 목요일은 정상요금이다. 또한 오래 전에 예약하면 저렴하고 출발 시간이 촉박할수록 올라간다.

초기의 아메리칸 항공은 경쟁 항공사의 예약률과 링크시킨 항공요금을 적용하여 화제가 되기도 했다. 뉴욕에서 마이애미로 가는 노선을 생각해보자. 그 노선을 운항하는 다른 항공사 노선이 텅텅 비어 있으면 아메리칸 항공은 경쟁자보다 더 저렴한 가격에 항공권을 판다.

반대로 다른 항공사 예약이 모두 차면 아메리칸 항공은 아주 비싼 가격이지만 비행기 표는 구할 수 있다. 특정 목적지에 시급히 가야 할 상황이 벌어진다면 비싸기는 하지만 언제든 아메리칸 항공을 이용할 수 있다는 것이다.

유럽에서 가장 저렴한 항공사를 목표로 1995년에 출발한 이지제

트도 이런 유형에 속한다. 영국 항공사인 이지제트는 인터넷 예약제를 도입하여 인건비를 줄이고, 일찍 예약할수록 요금이 낮은 방식을 택하여 가격은 저렴하지만 대부분의 노선에서 빈 좌석으로 출발하는 경우는 거의 없다.

이지제트 요금제를 잘만 이용하면 런던-파리를 단 2파운드(우리 돈 4,000원 정도)로도 갈 수 있다. 이 성공을 바탕으로 이지제트는 지금 70여 대의 항공기를 소유하고 5,000만 파운드 이상의 매출을 올리는 기업으로 성장했다.

의류 회사들이 즐겨 사용하는 세일도 이중가격이다. 의류는 기획 단계에서부터 이중, 삼중 가격을 염두에 두고 있다. 즉, 정상 가격으로 30퍼센트, 세일로 40퍼센트, 그리고 나머지는 땡처리라는 것이다. 그렇게 될 경우가 손익 분기점이다.

만약 정상가로 판매한 수량이 전체 기획물량의 50퍼센트가 되었다면 짭짤한 수익을 올린다는 계산이다. 그게 아니어도 세일로 재고 전량을 소화할 수 있다면 그 역시 남는 장사가 된다.

동일한 상품에 다른 가격을 책정하는 경우도 있다. IBM의 대중용 저가 프린터인 '레이저라이터 E'는 실제로는 고가품인 '레이저라이트'와 동일한 제품이다. 그러면 누가 고가인 레이저라이트를 구입하겠는가?

IBM 측은 고가 고객들의 이탈을 막기 위해 '레이저라이트 E' 모델에 대해서 프린터 속도를 늦춰주는 모뎀 하나를 추가했다고 한다. 인텔의 반도체 칩에도 그런 장치가 숨어 있다.

별별 증후군 다 있네!

증후군이란 딱 부러지게 어느 한 가지 현상으로 설명할 수 없는 복합적인 증상을 말한다.

오셀로 증후군은 셰익스피어의 4대 비극 중 하나인 《오셀로(Othello)》에서 따온 말로, 자신의 연인이나 배우자가 부정을 저지르고 있다는 생각을 하게 되는 증상이다. 우리말로는 의처증 정도가 될 것이다.

상심 증후군이란 실연을 당했거나 사랑하는 사람을 잃었을 때 나타나는 현상으로 가슴에 터질 듯한 아픔을 느끼고 호흡이 곤란해지는 현상을 말한다. 우드셀라 증후군은 과거의 기억 중에서 아픈 기억, 추악한 기억은 모두 지워버리고 좋은 것만 기억하는 현상이다.

스마일 증후군은 숨겨진 우울증이라고도 한다. 직장이나 가정에서 과도한 스트레스를 받지만 다른 사람 앞에서는 화도 내지 못하고 웃어야 하는 현대인에게 많이 나타나는 증상으로, 발산되지 못한 스트레스가 쌓일 경우 심한 자책과 절망감에 빠진다고 한다. 매사에 의욕이 생기지 않으면서 식욕, 성욕이 떨어지고 두통, 불면, 복통이 발생한다.

스톡홀름 증후군이란 특이한 증상도 있다. 1973년 스톡홀름에서 4명의 무장 강도가 은행원들을 인질로 잡고 6일 동안 경찰과 대치했다. 인질들은 강도들을 무서워했으나 시간이 지날수록 정이 들어 나중에는 이들의 편에 서서 이들을 옹호하는 사건이 발생했다. 반대로, 범인들이 인질들에게 동화되어 가는 현상은 리마 증후군이라 부른다.

길거리에서 만난 별난 가게

번지 없는 주막

 인사동에 가면 기상천외한 술집이 있다. 종로 2가에서 인사동으로 가다가 승동교회를 지나 왼쪽 골목으로 접어들면 한정식집 수라가 나오고, 조금 더 가면 나오는 주막이다. 이 집에 들어서면 허름한 건물에 상호 자체가 없다. 그래서 별명이 번지 없는 주막이다.

 군데군데 비닐로 막아 겨우 비바람을 피하는 창고 같은 집이다. 하지만 안으로 들어서면 깜짝 놀란다. 막걸리 마시는 사람들로 장사진을 이룬다. 빼곡할 뿐만 아니라 테이블마다 열띤 토론의 장이 벌어지고 있다. 정말 살아있다는 느낌이 드는 주막이다.

 메뉴도 없다. 따라서 주문도 없다. 허름한 통나무 의자에 앉으면 주인이 시골 양재기 같은 그릇에다 막걸리 가득 담아 바가지 하나 띄워서 내온다. 안주도 하나밖에 없다. 임연수어 구이에다 왕소금 한줌 깔아서 내준다. 서너 명이 가도 만 원 한 장이면 얼큰히 취할 수 있는 곳이다.

오직 입소문으로만 유명해진 곳이다. 요즘 같은 디지털 시대에 가장 아날로그적인 형태로 남아 있는 주막이다. 디지털이 심화될수록 아날로그적인 분위기에 이끌리게 되는 법이다.

삼각지 레미제라블

삼각지 전철역 2번 출구 뒤편 허름한 골목에 할매국수집이 있다. 정확한 상호는 '옛집'이다. 가격도 지난 10여 년 동안 올리지 않아서 지금도 국수 한 그릇 가격이 2,000원이다. 국수를 만드는 방법도 예나 지금이나 똑같다. 연탄불에 멸치국물을 우려내 말아주는데 맛이 기막히다. 무제한 리필도 된다.

우거지탕도 2,000원이다. 분명 손해지만 가난한 사람들과 배고픈 사람들을 위해 지금도 옛날 가격을 유지하고 있다. 계산도 없다. 그냥 돈 그릇에다 내고 거슬러 가면 된다.

이 집이 전설이 된 이유는 15년 전으로 거슬러 올라간다. 한 남자가 사기를 당해 전 재산을 날리고 말았다. 그러자 부인도 집을 나가

버려 한 순간 집도 절도 없는 신세가 되고 만다. 하루아침에 거지가 된 그는 막노동을 했지만 쉬는 날이 태반, 굶는 날이 더 많았다.

며칠을 굶고 나자 보이는 게 하나도 없었다. 용기를 내어 식당을 기웃거리며 밥을 좀 달라고 했지만 아무도 거들떠보지 않았다. 마지막이다 생각하면서 찾은 곳이 바로 할매국수집이었다. 국수가 나오자 그는 게눈 감추듯이 한 그릇을 후딱 비워버렸다. 그러자 할머니는 리필해주려고 국수 그릇을 가져갔다. 두 그릇을 다 비우고 나자 그는 할머니가 잠시 부엌으로 간 사이 줄행랑을 쳤다. 그러자 할머니가 문밖으로 따라 나오며 소리쳤다.

"이 양반아 천천히 가! 그러다가 넘어져 다치기라도 하면 어쩌려고!"

그는 달리면서 생각했다.

'아, 세상은 아직은 살 만한 곳이구나!'

할머니의 이 한 마디가 그를 바꿔놓았다. 이후 그는 열심히 일해서 작은 기업을 일으킬 정도로 성공했다. 그래서 이 할매국수집을 장발장 국수집이라고도 부른다.

수상한 만두 가게

서울 정독도서관 앞에 수상한 만두집이 있다. '천진포자'라는 이름의 정통 중국식 만두집이다. 안을 들여다보면 오래된 책걸상과 수묵화, 서화가 걸려 있어 골동품 가게처럼 보인다. 실내에는 중국인 아주머니 두 사람이 만두를 빚는다. 사람이 들어가도 인사가 없다. 한국말도 전혀 못한다. 손님은 벽에 걸린 만두 사진을 보고 자신이 먹고 싶은 것을 손가락으로 가리켜 주문한다.

이 만두집은 소격동에서 한국과 중국의 고미술품을 취급하는 화랑 주인이 운영하는 곳이다. 중국을 자주 오가면서 중국 만두의 맛에 푹 빠진 사람이다. 그 맛을 못 잊어 한국에 정통 중국식 만두집을 냈다고 한다.

효모나 누룩을 발효시킨 반죽에다 고기, 야채, 새우, 해삼, 버섯 등으로 만두소를 만든다. 아주 맛있다. 중국식 만두라지만 중국 중에서도 톈진이 원류다. 만두집에 있는 책걸상도 알고 보면 중국 청나라 때의 골동품이다. 밖에는 만두집이라는 표시가 있지만 안에는 골동품만 가득 찬 수상한 곳이다.

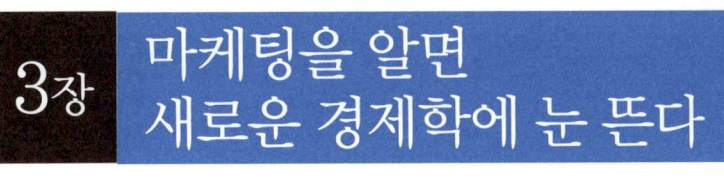

3장 마케팅을 알면 새로운 경제학에 눈 뜬다

01 나는야 색깔 있는 브랜드

21세기에는 물리적인 상품, 눈에 보이지 않는 무형의 상품, 서비스뿐만 아니라 사람에게까지 브랜드가 필요하다. 이제는 '나'를 명품처럼 가꿔야만 대우를 받을 수 있다.

브랜드가 필요한 이유는 2가지다. 첫 번째 이유는 나와 남을 구별하기 위해서다. 즉, 상대방의 선택을 용이하게 해주기 위한 장치이다. 브랜드가 없는 세상을 상상해보자.

슈퍼마켓에 초콜릿을 사러 갔다. 지난번에 맛있게 먹었던 새콤달콤한 맛의 초콜릿을 찾고 있는데, 브랜드가 없다면 많은 초콜릿 중에서 내가 원하는 초콜릿을 찾기가 쉽지 않다. 그러나 브랜드가 있으면 무척 간단해진다.

두 번째 이유는 나를 좀 더 알리고 나의 가치를 높이기 위해서다.

나의 강점 중 가장 경쟁력 있는 강점으로 나를 자리매김, 즉 포지셔 닝해서 나의 색깔을 좀 더 분명히 하는 것이다.

강점이 없는 것보다 많은 게 좋지만 너무 많으면 색깔이 없어진 다. 다 잘할 수 없으므로 가장 잘하는 하나에 집중하는 것이 효과적 이다. 별다른 강점이 없는 사람은 자신의 나아갈 방향을 설정하라.

이미지나 사고, 느낌은 언어를 매개로 형성된다. 어린아이들이 어 릴 적 기억을 하지 못하는 이유는 기억의 거점이 되는 언어가 없기 때문이다. 좀 더 적극적으로 나를 알리고 나의 가치를 높이기 위해 서는 나의 이미지가 깃들 수 있는 거점, 즉 브랜드가 필요한 것이다.

'나는 누구이며 어떤 존재인가?'

그것을 한마디로 표현할 수 있는 단어가 브랜드다.

브랜드가 갖춰야 할 조건들

초콜릿 이야기로 돌아가서, 내가 특정 브랜드의 초콜릿을 망설임 없이 선택할 수 있는 이유는 무엇일까? 그것은 과거의 만족스러웠 던 기억과 지금도 그럴 거라는 믿음이 있기 때문이다.

내가 하나의 브랜드가 되기 위해서도 확실한 나의 정체성과 지금 도 그러하다는 믿음을 사람들에게 줘야 한다. 그래서 브랜드는 다음 과 같은 특성을 지녀야 한다.

- 나만의 독특한 맛(taste)과 가치(value)
- 변하지 않는 일관성(consistency)

정체성(identity)이란 '당신은 어떤 특성을 가진 사람인가?'라는 물음에 대한 대답이다. 그것은 다른 사람들에게 나를 나타내 보이고 싶은 관점이다. 초콜릿에 비유하자면 '나는 어떤 맛인가?'라는 문제이다.

정체성은 이것도 되고 저것도 되는 것이 아니다. 단 하나여야 한다. 여러 가지 특성을 갖추면 더 좋을 것 같지만 오히려 정체성이 흐려지게 된다. 지나치게 재주가 많으면 대부분 한 분야를 확실하게 책임지는 경우가 드물다. 이런 이유 때문에 전공과 직업이 점점 세분화되고 있는 것이다. 어느 하나에 분명하게 초점을 맞추는 것이 좀 더 현실적이라는 말이다.

정체성은 자신만이 '상큼하다'고 주장해서는 안 된다. 남들이 그렇게 인정해줘야 가치가 있는 것이다. 만일 자신의 주장과 다른 사람들의 관점 사이에 간격이 있다면 그 간격을 메우려는 노력이 나를 브랜드로 키우는 과정이라고 생각하자. '앞으로 3년 후, 5년 후의 나는 다른 사람들에게 어떤 사람으로 비춰지고 싶은가'를 먼저 설정하고 그렇게 되려고 노력하라는 것이다.

미국의 사회심리학자 조지 미드는 사람에게 두 가지의 자아(自我)가 있다고 한다. 바로 'I'와 'Me'다. I는 사회적인 규범에 얽매이지 않는 충동적인 자아를, Me는 사회규범 속의 자아라는 것이다. 여기서 나라는 브랜드는 내가 주장하는 I가 아니라 다른 사람들이 평가하는 Me로서의 자아를 말한다.

내 이름을 걸고 약속하겠다

인류 최초의 브랜드로 인식된 것은 대장간을 의미하는 영어 단어 'Smith'일 것이다. 옛날에 스미스(Smith)라는 이름의 대장장이가 있었다. 그는 뛰어난 장인(匠人)이었다. 완벽을 추구하는 대장장이라 만든 물건이 조금만 마음에 들지 않아도 녹여서 다시 만들었다. 그가 만든 연장과 도구는 모두가 진가를 인정하는 소위 명품이었다.

그러나 전문지식이 없는 일반인들은 그가 만든 도구와 다른 사람이 만든 도구를 잘 구별하지 못했다. 그는 그 점이 늘 불만이었다. 고민 끝에 자신이 만든 연장과 도구에 자신의 이름 'Smith'를 새겨 넣었다. 그러자 도구 선택에 어려움을 겪던 일반인들은 선택이 훨씬 용이해졌다. 'Smith'라는 글자만 확인하면 되기 때문이다.

스미스가 얼마나 유명한 명장이었던지 그의 이름은 '대장장이'라는 의미의 일반명사가 되어 사전에 오르는 영광을 안았다. 사전뿐 아니라 영어권 속담에도 그의 이름이 나온다.

"I'll do it, or my name is not Smith!"

그대로 직역하자면 '내가 하겠다. 약속을 지키지 못한다면 나는 스미스가 아니다'로, 무언가를 약속할 때 '내 이름을 걸겠다'는 의미를 갖는다.

이 정도면 스미스가 어느 정도 고집스러운 장인이었는지 짐작할 수 있다. 브랜드의 영향으로 'Smith=믿을 수 있는 품질'의 동의어가 되었다.

브랜드는 이처럼 확실한 정체성을 가져야 한다. 정체성이 확실한 브랜드는 비록 사물이지만 사람과 같은 격(格)을 갖게 된다.

일관성과 예측 가능성

원칙적으로 브랜드의 정체성은 변하지 않아야 한다. 사람들이 내게 기대하는 가치는 불변이어야 한다는 의미이다. 그래야 언제든 나를 믿고 선택할 수 있기 때문이다.

또한 사람들이 나의 생각과 행동을 예측할 수 있어야 한다. 정치인 등의 유명인을 생각해보자. 어떤 상황이 발생했다면 그가 할 수 있는 말이나 행동은 우리의 예측권 내에 있어야 한다. 말과 행동에 일관성이 없고 예측할 수 없는 행동을 한다면 신뢰를 잃게 된다.

그러나 브랜드의 정체성이 고집불통이어서는 변화에 적응하지 못한다는 단점도 있다. 때로는 변할 필요도 있다. 대신 서서히, 아주 천천히 진행되어야 한다.

스토리를 만들자

성공한 사람이든 명품이든 우리가 그들에게 감동하는 것은 그들에게 '감동적인 이야기'가 있기 때문이다. 역경을 딛고 일어선 성공담이, 명품의 고집스러움과 철학이 우리를 감동하게 한다. 이제는 개인도 상품도 감동적인 스토리를 가져야만 명품으로 태어날 수 있다. 몇 가지 사례를 보자.

세계 최고의 명품 구두를 만드는 페레가모는 젊었을 때 가난해서 여동생이 세례식 때 신을 구두가 없었다. 이를 안타깝게 여긴 페레가모는 며칠 밤을 새우며 수작업으로 여동생이 신을 하얀 구두를 만들었다. 이것을 본 모든 사람들이 그의 뛰어난 솜씨와 아름다운 마음씨에 감동했다. 이것이 세계 최고의 명품 구두를 만드는 페레가모의 스토리가 되었다.

어려서 어머니가 죽고 고아원과 수도원을 전전하면서 자란 소녀 코코 샤넬이 자신의 발산하지 못한 자유에 대한 꿈을 디자인으로 발산한 것이 오늘의 샤넬이다. 그래서 샤넬의 명품들을 보면 푸른 하늘 아래 자유를 갈망하는 몸짓을 보게 되는 것이다. 진정한 명품이 되려면 이런 스토리를 만들어가야 한다.

선택의 폭이 넓으면 선택을 잘할 수 있을까?

대기업 인사담당 임원들은 요즘의 취업난을 두고 '선택의 폭이 너무 넓어서' 선택을 하지 못하겠다고 불평한다. 100명 정도 채용계획을 발표하면 100배, 200배 이상 지원자가 몰린다고 한다.

경제학에서도 선택의 폭이 넓으면 선택하는 사람들의 만족도는 낮아질 거라는 전제가 있다. 얼핏 생각하기에 지원자가 많으면 우수 인력을 쉽게 뽑을 수 있을 것 같지만 오히려 그렇지 않다는 말이다. 이는 상품의 경우에도 마찬가지다.

미국에서 있었던 실험이다. 슈퍼마켓에 6종류의 잼을 진열해놓고 1달러 할인권을 준 뒤 시식을 해보게 했다. 그리고 24종류의 잼을 진열해놓고 같은 실험을 했다. 242명 중 40퍼센트가 6종류의 잼 코너를 방문하였으며, 60퍼센트가 24종류의 잼 코너를 방문했다.

처음에는 샘플이 많은 쪽으로 몰렸다. 그러나 실제로 구입한 사람은 6종류의 잼 코너에서는 30퍼센트에 이르지만 24종류의 잼 코너에서는 3퍼센트밖에 구입하지 않았다.

다양한 선택은 매력을 느끼지만 너무 많아서 오히려 선택을 방해한 것이다. 6종류의 초콜릿과 30종류의 초콜릿으로 동일한 실험을 했는데, 6종류의 초콜릿 코너에서는 47퍼센트가 하나를 고른 반면 30종류인 코너에서는 12퍼센트만이 하나를 골랐다.

지나치게 많은 대안이 꼭 좋다고만 할 수는 없다.

02

명품과 명품 아닌 것의 차이?

    명품과 명품 아닌 것의 차이는 무엇인가? 이것은 소비자들이 추구하는 가치를 갖고 있느냐 없느냐, 그 가치를 보증하기 위한 철학이 있느냐 없느냐 하는 문제이다.

    가치는 마케팅적으로 이야기하자면 컨셉트(concept)의 문제다. 컨셉트는 그 상품이 지향하는 바가 무엇인가 하는 것이다. A 브랜드는 기능적으로 접근하여 '칼로리가 없는 차(茶)' 라는 컨셉트를, B 브랜드는 사용 후의 느낌으로 접근하여 '개운함' 이라는 컨셉트를 지향하고 있다.

    '지하 150미터의 맑은 물' 로 만들었다는 하이트 맥주는 상징적으로도 볼 수 있다. 실제로 지하 150미터에서 끌어 올렸느냐 아니냐가 중요한 게 아니라, 그만큼 깨끗한 물로 만들었다는 상징의 의미가 강하다. 이런 상징적인 이미지는 대부분의 경우 먼저 차지하는 쪽의 몫이 된다. 후발 주자가 나타나 '지하 200미터'를 주장해봤자 더 맑은 물이라는 느낌을 주는 것이 아니라 아류라는 이미지를 준다.

다음으로 그 컨셉트를 실천하기 위한 구체적인 철학과 원칙이 있느냐 없느냐의 문제로 넘어간다. 도미노 피자는 갓 구워낸 따끈따끈한 피자를 30분 이내에 배달해 준다고 약속한다. 이 컨셉트는 30분이라는 단어로 확실하게 뒷받침하고 있다.

싱싱한 야채를 파는 총각네 야채 가게의 하루 지난 상품은 판매하지 않는다는 원칙이 여기에 해당된다.

이처럼 하나의 상품이나 서비스는 분명한 컨셉트와 이를 보증할 수 있는 철학과 원칙이 있어야 한다. 이것이 누적되면 사람들 사이에서 하나의 이미지가 형성되게 된다.

사람도 마찬가지다. 내가 지향하는 바가 무엇이며, 그것을 위해 어떤 철학과 원칙을 갖고 있는가 하는 것이 명품의 조건이 된다.

명품의 조건

요즘처럼 빠르게 변하고 있는 디지털 시대에서는 대학에서 배운 옛날 지식으로는 살아남지 못한다. 확실한 전문분야가 있어야 하고 외국어도 하나 이상은 완벽하게 구사해야 한다. 제2의 전공도 개척

해야 한다. 또한 외모에도 신경을 써야 한다. 이제는 외모도 경쟁력인 시대이기 때문이다.

〈확실한 전문분야〉

확실한 자신의 전문분야를 바탕으로 프로가 되어야 한다. 앞으로 확실한 자신의 전문분야가 없으면 입지는 점점 더 좁아진다. 한·미 FTA가 발효되면 더욱 그렇게 된다. 그러기 위해 자신에게는 가혹하리만치 철저해야 한다. 이것이 프로의 세계다.

〈외국어〉

한·미 FTA를 통해 외국어의 중요성은 더욱 높아지고 있다. 21세기에는 외국어 하나 정도 능통하지 못하면 명품 자격이 없다. 토익이 문제가 아니다. 토익 950점을 맞아도 제대로 영어를 구사하지 못한다. 우리나라 사람들의 영어실력은 토익을 목표로 했기 때문에 토익밖에 못한다. 어떻게 해야 외국어의 대표격인 영어를 잘할 수 있을까?

그러기 위해서는 우선 발음부터 고쳐야 한다. 발음이 되지 않으니까 말에 자신이 없어지고, 자신이 없다 보니 입이 떨어지지 않는 것이다. 발음은 하루 30분씩 영어책을 소리 내어 읽으면 고쳐진다. 반드시 소리를 내어 읽어야 한다. 아침 시간도 좋고, 퇴근 후 저녁 시간도 좋다. 더도 말고 덜도 말고 딱 30분이다. 하루 30분씩만 투자해도 1, 2년이면 유창한 영어를 구사할 수 있다.

교재는 쉬운 것으로 골라야 한다. 한 페이지에 모르는 단어 서너 개 이내인 책이 쉽다고 할 수 있다. 5개 이상이 나오면 안 된다. 중학교 교과서도 좋다. 그것을 소리 내어 읽는 것을 부끄러워해서는 안 된다.

발음을 교정하기 위해서는 바둑돌을 사용하면 효과적이다. 바둑돌 두 개를 깨끗이 씻은 다음에 잇몸과 뺨 사이에 삽입한다. 어릴 적에 사탕을 먹던 그 모습이다. 그러면 뺨이 약간 도톰해진다. 조금 귀찮지만 그것을 끼고서 3개월만 읽으면 완전히 본토 발음으로 바뀐다. 그러면 말하기에 자신이 생긴다.

다음으로 구체적인 목표를 정한다. 목표가 막연하면 결과는 나오지 않는다. 외국인을 데리고 인사동이나 고궁을 돌면서 구석구석 설명해줄 수 있는 정도를 목표로 잡는다. 여기에 필요한 문장은 200~300개를 넘지 않는다. 먼저 고궁이나 인사동을 설명해줄 문장을 한글로 작성한다. 그리고 영어로 바꾼다. 다른 사람의 도움을 받아도 좋다. 다음은 영문을 갖고 인사동을 돌면서 눈에 보이는 모든 것을 하나하나 설명해보는 거다. 석 달만 연습하면 인사동을 완벽하게 소개해줄 수 있는 수준이 된다.

〈제2의 전공〉

제2의 전공도 하나 만드는 게 좋다. 요즘처럼 하루가 다르게 발전하는 사회에서 10년 전에 배운 지식으로는 더 이상 살아남기 힘들다. 자신의 전공은 물론 제2의 전공도 하나 더 개발해야 한다.

현대는 통합의 시대이다. 세분화된 어느 한 분야의 실력으로는 행세를 하지 못한다. 유능한 사람은 'T자형 인간'이라고 하지 않는가. 좌도 볼 줄 알고 우도 볼 줄 아는 인간을 말한다. 전문가라고 해서 별 것 아니다. 해당 분야의 전문서적 20권만 읽으면 누구나 다 그 분야의 전문가가 될 수 있다.

〈외모〉

외모도 경쟁력이다. 여성뿐 아니라 남자도 마찬가지다. 흔히 "내면이 중요하지 외모가 뭐 그리 중요하냐"고 말한다. 하지만 그렇게 말하면서도 사람을 판단하는 가장 중요한 요소는 첫인상이다.

탤런트처럼 꾸미라는 말이 아니다. 자신이 추구하는 이미지를 외모에서 풍길 수 있을 정도로만 가꾸라는 것이다. 자신에 대한 투자를 아끼지 말아야 한다.

한 헤드헌팅 회사에서 성인 남성 대상으로 설문조사를 한 결과, 24.3퍼센트가 외모 관리를 받은 경험이 있다고 응답했으며, 받아보고 싶다는 응답도 80.2퍼센트나 되었다. 가장 받고 싶은 분야는 '옷차림, 매너, 표정관리'였으며 이유는 '자신감 회복을 위해서'였다.

외모가 고급스러울 수도 있고 현대적이고 세련된 느낌일 수도 있다. 고전적인 느낌일 수도 있다. 그것이 좋은 느낌으로 다가와야 한다. 또한 하나의 이미지가 형성되기 위해서는 오랫동안 말과 행동에 일관성이 있어야 한다.

03 명품이 세일을 하지 않는 이유

명품이 세일을 하지 않는 이유는 무엇일까? 사람들은 막연히 이미지 관리를 위해서라고 한다. 그 말도 틀리지는 않지만 세일을 하지 않는 이유는 최상류 계층인 1퍼센트 혹은 5퍼센트의 단골고객을 보호하기 위해서다. 세일을 하면 10퍼센트, 20퍼센트의 계층도 명품을 갖기 때문에 기존의 단골들이 외면하게 된다.

한 번의 세일로 많은 매출을 올릴 수는 있겠지만 그보다 세일 없이 최상류 계층의 단골을 확보하는 것이 장기적으로는 이익이라고 판단하기 때문이다. 명품은 가질 수 있는 사람의 숫자보다 갖고 싶어 하는 사람의 숫자가 훨씬 많아야 명품 대접을 받는다.

가격은 요술쟁이

수요가 많아지면 가격은 오르고 수요가 적어지면 가격은 내려간다. 반대로, 가격이 오르면 수요는 내려가고 가격이 내리면 수요가 올라간다. 이것이 경제학에서 말하는 수요곡선과 가격곡선 이론이다. 두 곡선은 서로 반대방향으로 이동하기 때문에 두 곡선이 만나는 점에서 가격이 형성되고 거래가 이뤄진다.

그러나 이 이론은 마케팅을 하는 사람이 보면 지나치게 순진하다. 가격이 비쌀수록 잘 팔리는 현상을 우리 주변에서 흔히 볼 수 있다. 특히 우리나라에서는 비쌀수록, 아니 비싸야만 팔리는 경우가 많다.

실제로 우리나라에 진출한 명품 브랜드들은 가격이 비싸지 않으면 팔리지 않는다. 일본을 포함한 아시아권 중에서도 명품 가격이 가장 비싼 나라가 우리나라다. 이러한 가격 전략에는 프리미엄 전략과 스키밍 전략, 시장침투 전략 등이 있다.

〈프리미엄 전략〉

프리미엄 전략(premium strategy)은 명품이나 희귀 상품의 가격을 아주 비싸게 책정하는 방식이다. 아무리 명품이라 해도 가격을 내려서 더 많이 파는 게 이득이 아닐까? 전혀 아니다. 만약 이들 명품의 가격을 내려 많은 사람들이 구입할 정도가 되면 핵심 고객인 상류층은 이를 외면한다.

향수나 보석 등은 '비싸야 팔리는' 전형적인 상품이다. 우리에게 익숙한 위스키 시바스 리갈을 보자. 시바스 리갈이 처음 시장에 나올 때는 저가의 술이었다. 판매가 여의치 않자 가격을 올려 대중적인 위스키와 차별화시켰다. 그랬더니 매출이 오르기 시작해 지금의 궤도에 올랐다.

위장약으로 유명한 글락소 사도 가격 전략을 잘 써서 성공한 사례로 꼽힌다. 글락소 사에서 만든 위장약 브랜드는 '잔탁'이다. 이 약이 미국시장에 처음 진출한 때는 1983년이었다. 유럽에서는 이미 시장 점유율 35퍼센트를 기록한 유명 약품이었다.

잔탁의 품질 자체는 상당히 호의적이었지만 미국에 진출할 당시 시장에는 타가메트라는 경쟁제품이 시장 점유율 1위를 차지하고 있었다. 글락소 경영진은 프리미엄 전략을 택했다. 시장 점유율 1위인 타가메트보다 50퍼센트나 비싼 가격으로 시장에 내놓았다. 그러자 한 달 만에 9퍼센트, 1년 만에 24퍼센트, 4년 만에 시장 점유율 1위로 올라섰다. 지금 잔탁은 글락소 사의 매출과 이익의 절반을 차지할 정도로 핵심 제품으로 자리잡았다.

명품은 가격이 싸서 아무나 가질 수 있으면 최상층 소비자들은 외면해버린다. 고가는 일반인들의 접근을 막아주는 보호막 역할을 한다. 그래서 명품은 명품다워야 한다.

어느 보석상의 이야기가 있다. 장사가 여의치 않았던 보석상 주인은 휴가를 떠나면서 종업원에게 메모를 남겼다.

'이 가게의 보석을 모두 1/2 가격에 팔아치워라!'

그러나 주인이 남긴 메모의 숫자 1/2을 2자로 잘못 읽은 종업원은 보석가격을 2배로 올렸다. 그러자 보석이 불티나게 팔리는 것이 아닌가. 휴가에서 돌아온 주인은 종업원이 2배 가격으로 올려서 다 판 것을 보고 무릎을 쳤다.

"그래, 보석은 보석답게 팔아야 하는 거야!"

이처럼 사람들이 명품에 매달리는 모습을 베블런 효과(veblen effect, 가격이 오르는 데도 일부 계층의 과시욕이나 허영심 등으로 수요가 줄어들지 않는 현상), 스놉 효과(snob effect, 특정 상품에 대한 소비가 증가하면 그에 대한 수요가 줄어드는 소비 현상)라고 한다.

프랑스의 문화이론가 장 보드리아르는 명품을 자신의 아이덴티티를 나타내는 수단으로 보았다.

계급과 신분이 엄격했던 시절에는 나 자신이 곧 신분이었지만 신분과 계급이 사라지고 시민사회가 형성되면서 부(富)가 새로운 신분의 상징이 되었다. 이 새로운 신분을 나타낼 수 있는 방법의 하나가 바로 명품 추구라는 것이다. 다른 사람이 갖지 못한 고가의 보석과 액세서리, 핸드백을 들고 다닐 때 느끼는 현시욕(顯示慾), 그것이 명품을 추구하는 1차적인 이유다.

미국에서 남북전쟁이 일어나기 전까지는 흑인 노예들이 소나 말처럼 시장에서 자유롭게 거래되었다. 그러나 거래가격은 흑인 노예들이 가진 노동력을 훨씬 웃돌았다. 가격에 거품이 잔뜩 끼었던 걸로 보인다. 당시 부자의 권위는 보유하고 있는 토지 면적과 노예의 수로 결정되었기 때문에 현시욕이 거품을 만든 것이다.

명품을 추구하는 또 다른 이유는 다분히 심리적인 만족감이다. 남들이 보든 말든 나 혼자만이 느낄 수 있는 '뿌듯함'을 즐기려는 것이다. 그렇지 않고서야 사람들의 눈에 띄지 않는 속옷까지 명품을 추구하는 것을 달리 어떻게 설명할 수 있겠는가.

자기 현시욕과 심리적인 뿌듯함, 그것이 명품을 추구하는 근본적인 이유다.

〈스키밍 전략〉

스키밍 전략(skimming strategy)은 프리미엄 전략과는 달리 고급 이미지를 심기 위해 초기부터 고가 전략을 사용하는 방식이다. 가격이 비싸면 일단은 '고급' 이미지를 띄게 된다. 그래서 일반 사람들의 뇌리에 고급으로 포지셔닝한 다음 서서히 가격을 낮춰 시장을 확산하려는 전략이다.

소비자 구조의 최상위층에는 3~5퍼센트에 해당하는 스키밍층이 있다. 이들은 신제품이 나오면 가격에 구애받지 않고 무조건 구입한다. 기업은 고가로 이들에게 파고 든 다음 서서히 가격을 낮춰 확산시키는 것이다. 일단 이 계층이 수용해야 '고급' 이미지를 심을 수 있다. 이것은 대개 초기 시장에서 많이 사용하는 전략이다.

시장에 진입한 다음 가격을 조금 낮춰 15퍼센트 정도로 추정되는 혁신층(innovator)으로 확산시키고, 다시 가격을 조금 낮춰 40퍼센트 정도로 추정되는 추종층(follower)을 공략하는 방법이다.

풀무원의 라면 브랜드 '생면'이 있다. 당시 거의 포화상태인 라면 시장에 진입할 때 기존의 튀긴 라면과 차별하기 위해 생면이라는 새로운 개념을 도입하고 가격을 2배 이상 올렸다. 이것이 풀무원이라는 신선한 이미지와 어울려 시장 진입에 성공했다. 가전제품들도 초기에는 저가 전략으로 해외시장에 진출하나 기술력에 자신이 생기면 스키밍 전략을 사용하고 있다.

〈시장침투 전략〉

시장침투 전략(market penetration strategy)은 처음에는 저가로 시장에 진입한 다음 가격을 서서히 올려 장기적으로 수익을 추구하는 방식이다. 그렇다고 싸구려로 보여서는 안 된다. 경쟁자에 비해 전혀 손색이 없는 제품이지만 소비자들의 브랜드 인지도가 너무 낮을 때 시도해볼 만하다.

도요타 자동차의 미국 진출 사례가 그렇다. 도요타는 처음 크라운과 코로나로 미국시장에 진출했으나 참담한 실패를 맛보았다. 그 후 '렉서스'라는 브랜드로 미국에 진출할 때 시장침투 전략을 사용했다. 도요타는 두 번의 실패가 있었기에 렉서스가 미국시장에 진출할 때는 도요타라는 이름을 전혀 사용하지 않았다.

렉서스 LS 400 모델은 당시 미국시장에서 잘 팔리던 5만 달러 상당의 벤츠나 BMW와 동급이었지만 파격적인 가격 3만 5,000달러에 내놓았다. 차는 순식간에 6,000대가 팔려나갔다. 이듬해에는 6만 3,000대가 팔려 미국시장에 성공적으로 정착하게 된다. 2002년에는 23만 대가 팔려 벤츠, BMW를 제치고 1위를 차지했다. 가격은 6년에 걸쳐 5만 달러로 인상했다. 전형적인 시장침투 전략이다.

된장녀는 우리나라만의 일이 아니다

베블렌 효과는 미국의 사회평론가 베블렌이 자신의 책《유한계급론》에서 지각없는 상류층 소비자들을 비난하며 사용한 용어다. 자신의 부(富)를 과시하기 위한 상류층의 소비행태를 나타내는데, 가격이 비쌀수록 소비가 늘어나는 현상을 말한다. 가격이 떨어지면 오히려 구매를 회피한다. 우리나라의 명품 가격이 다른 나라에 비해 훨씬 비싼 이유도 우리나라 소비자, 특히 여성들 사이에 이 베블렌 효과가 만연하기 때문이라고 한다. '된장녀' 라는 말도 그래서 생긴 것이다. 된장녀란 'X인지 된장인지' 구별하지 못하고 가격만 비싸다면 무조건 달려드는 허영심 가득한 여성을 지칭하는 비속어다. 이들은 가격이 비싸서 일반 소비자들이 쉽게 접근할 수 없는 상품이어야 지갑을 연다.

말이 나온 김에 몇 가지 관련된 용어들을 정리해보자. 스놉 효과라는 것도 있다. 스놉(snob)은 속물이라는 의미로, 다수의 소비자가 구매하는 상품을 꺼리고 남과 다른 나만의 개성을 추구하면서 값비싼 의상을 즐겨 입는 과시적인 행동을 하는 사람을 말한다.

이와 상반된 개념으로 밴드웨건 효과(bandwagon effect)가 있다. 이는 자신의 철학이나 개성 없이 남을 모방하는 소비행태를 가리킨다.

이 밖에 퍼펙셔니스트 효과와 헤도니스트 효과는 고가의 명품을 추구하는 점에서 같으나 퍼팩셔니스트는 상품의 품질에 무게를 두는 반면 헤도니스트는 감성적 요소에 무게를 두고 있다.

04 브랜드가 해야 할 일과
해서는 안 되는 일

브랜드 이미지는 대개 하나의 철학이나 원칙에 의해 결정되는 경우가 많다. 사람에 비유해보자.

독립 운동가였던 신채호 선생은 일제에 나라를 빼앗겼을 때 민족의 역사마저 빼앗길 수 없다며 역사연구에 전념한 인물이었다. 선생은 일본에 나라를 빼앗긴 것도 분해 죽겠는데, 세수하면서까지 고개를 숙일 수 없다며 세수를 할 때도 고개를 숙이지 않았다고 한다. 이 일화 한토막만으로도 선생의 기개를 짐작하고도 남는다.

분명한 색깔을 갖기 위해서는 할 수 있는 일과 할 수 없는 일이 분명해야 한다. 특히 해서는 안 되는 일이 분명할수록 개성이 강해진다.

롤스로이스 자동차의 철학을 보자. 롤스로이스는 세계 누구나 인정하는 최고급 자동차 브랜드다. 전 세계의 왕족이나 부호들이라면 누구나 갖고 싶어 하는 자동차이다. 어떻게 그런 명품이 되었을까? 남들이 갖지 못한 나만의 고집스러움, 즉 철학이 있기 때문이다.

롤스로이스는 철저하게 주문생산으로 제작되고 숙련된 최고 기술자들의 수작업으로만 제작된다. 그래서 차 한 대가 만들어질 때마다 자동차 제작과정을 기록한 한 권의 책이 따라 나온다. 또한 아무에게나 팔지 않는다. 이런 점 때문에 롤스로이스는 세계에서 가장 고급스러운 차로 사람들에게 각인되어 있는 것이다.

롤스로이스의 명성을 가늠할 수 있는 전설적인 이야기 하나가 전해진다. 아이젠하워가 장군 시절에 롤스로이스에게 전화를 했다.

"나, 아이젠하워요. 롤스로이스 한 대를 주문하려고 합니다만…."

"주문을 사양하겠습니다. 일개 장군이 어떻게 롤스로이스를 탄단 말입니까?"

몇 년 후에 아이젠하워 장군은 대통령이 되었다. 그러자 이번에는 롤스로이스의 사장이 축하인사를 해왔다.

"각하, 대통령이 되심을 진심으로 경하드립니다. 기념으로 롤스로이스 한 대를 선물로 드리겠습니다."

아이젠하워는 웃으면서 말했다.

"사양하겠습니다. 미국 대통령이 어떻게 영국 차를 탈 수 있겠습니까?"

롤스로이스의 명성을 말해주는 전설적인 이야기다. 그런 원칙과 철학을 가졌기에, 또 그 원칙과 철학을 일관성 있게 유지했기에 롤스로이스는 세계에서 가장 고급스러운 자동차로서의 이미지를 얻을 수 있었다. 좋은 브랜드는 이런 고집스러움이 있어야 한다.

이렇게 가정해보자. 어느 의류 브랜드에서는 다음과 같은 철학을 갖고 있다.

'하나의 디자인으로 열 벌 이상은 만들지 않는다.'

그 옷을 찾는 고객들에게 희소성이라는 가치를 부여하기 위해서다. 대량 생산을 하지 않는 대신 가격을 비싸게 받는다. 만약 그런 원칙과 철학을 지키는 브랜드라면 새로운 디자인이 나오기를 기다리는 고객들이 아마도 길게 줄 서서 기다릴 것이나.

05 나의 브랜드 가치를 10배로 키우자

　자, 이제 '나'를 명품으로 만들어보자. 지금부터 나의 브랜드 가치를 10배로 키우는 거다.

　나 자신을 상품에 비유해보자. 사람을 상품에 비유한다는 것이 어색할 수 있지만, 이제는 사람도 엄연히 상품인 시대다. 유명 연예인이나 스포츠 선수들을 보라. 그들이 한 번 옮겨 다니면 수십 억, 수백 억 원의 이적료가 붙지 않던가.

　자신의 몸값을 알아보는 방법은 간단하다. 회사원이라면 사표를 던져보면 안다. 회사에서 꼭 필요한 인재라면 무슨 수를 써서라도 말릴 것이고, 아니라면 그냥 사표가 수리된다. 경쟁 회사에서 몇 배의 연봉으로 스카우트 제의라도 있는가? 그것이 나의 가치다. 스카우트는커녕 받아주는 곳도 없다면 자기관리를 잘못한 것이다.

미래의 설계

'미래의 설계'는 '앞으로 3년, 5년, 10년 후 나는 어떤 사람이 되어 있기를 원하는가', '나의 몸값을 10배로 올리려면 어떤 조건들을 갖춘 사람이어야 하는가'를 먼저 설계하는 것이다.

이 설계는 단순 희망사항의 나열이거나 너무 장황해서도 안 된다. 원고지 한 장에 기술할 정도로 심플해야 한다. 이것이 여의치 않으면 평소 존경하는 인물이나 벤치마킹하고 싶은 인물을 선정한다. 그리고 그렇게 되기 위해 '오늘부터 무엇을 할 것인가'를 정하고 실천하는 것이다.

- 원고지 1장 정도 분량에 나의 미래상을 간결하게 기술한다.
- 벤치마킹할 인물을 선정한다.
- 심플한 행동원칙을 몇 개 정한다.

몇 년 전 보험여왕에 오른 한 주부의 이야기를 신문에서 읽은 적이 있다. 그 주부도 처음에는 '연봉 1억 원의 보험여왕' 기사가 자신과는 상관없는 남의 이야기로만 알았다고 한다. 그러다 어느 날 문득 '하루 100명의 고객을 만나고 다니면 안 될 것도 없지 않을까' 하는 생각이 들었다. 그래서 '하루 100명'에 도전하게 된다.

물론 하루에 100명의 고객을 만날 수는 없다. 100명의 리스트를 작성해놓고 중요한 10~20명은 직접 만나고 나머지는 전화나 이메

일 등의 방법으로 연락했다. 그리고 보험여왕이 된 비결을 묻는 질문에 "하루 100명씩을 만난 것밖에 없다"고 대답했다.

주식투자가 워렌 버핏은 10년 동안 투자할 종목이 아니면 10분도 쳐다보지 않는다는 장기투자 원칙 하나로 억만장자가 되었다. 그가 장기투자의 길을 택한 것은 어린 시절 첫 투자의 실패에서 배웠다고 한다.

처음 용돈을 아껴서 모은 돈으로 시티즈 서비스 주식 3주를 38달러씩에 샀는데, 이것이 27달러까지 떨어졌다. 마음을 졸이던 그는 주가가 40달러에 이르자 모두 팔아치웠다. 수수료를 제하니 5달러를 벌었다. 그런데 그 주식이 상승세를 이어가더니 마침내 200달러를 돌파하는 것이 아닌가. 이때 그는 가슴을 치면서 장기투자를 결심하게 되었다. 지금이 아니라 3년, 5년, 10년 후의 가치를 보고 투자한다는 원칙이었다.

주식투자로 돈을 번 미국의 한 투자가는 군중들과는 반대로 행동한다는 원칙 하나로 백만장자가 되었다.

홍콩 제일의 부자인 청쿵그룹의 리카싱 회장은 '잠자기 전 30분간의 독서'를 60년 동안 실천했으며, 이것이 자신을 성공으로 이끈 원동력이었다고 회고했다.

미국의 유명한 레스토랑 체인점 중에 '후터스'가 있다. 1983년 한 바닷가에서 문을 연 이 레스토랑은 지금 미국 내에만 350개가 넘는 체인점이 있다. 이들의 원칙과 철학은 아주 심플하다. 맛있는 음식과 시원한 맥주, 그리고 미인만 갖추면 장사가 된다는 지론이다. 후

터스는 가슴이 푹 파인 옷을 입은 미녀가 서빙하는 곳으로 화제를 몰고 다니는 체인점이다.

아이젠하워 대통령은 자기 전에 내일 입을 옷을 미리 꺼내놓는다는 원칙을 평생 실천했다. 내일 만날 사람은 누구이고 어떤 이야기를 나눌 것인가를 생각하면서 잠자리에 든 것이다. 이처럼 원칙은 심플하면서도 즉각 행동이 일어날 수 있는 몇 가지로 한정해야 한다.

작은 성공을 이어가라

성공도 습관이다. 성공하는 경험이 쌓여야 쉽게 성공한다. 물론 목표를 설정했다 해도 그것이 너무 추상적이거나 거창하거나 희망사항이어서는 행동이 일어나지 않는다. 큰 목표를 여러 개로 나눠 작은 성공을 쌓아가라는 말이다.

농구의 신 마이클 조던은 고교시절 정식으로 선수에 들지 못했다. 장학금을 받을 수 없었던 그는 아르바이트를 하면서 농구를 해야 했다. 그러나 최고의 농구선수가 되는 것이 목표였다. 조던은 큰 목표를 설정하고 다시 여러 개의 작은 목표로 나눴다.

- 1단계 목표 : 고교 대표선수가 된다.
- 1단계 수칙 : 하루 8시간씩 슈팅 연습을 한다.

1단계 수칙이 하루 800개씩의 슈팅 연습이라는 얘기도 있다. 어느 것이 맞는지는 별로 중요하지 않다. 작은 목표로 나눠 구체적인 행동계획을 세웠다는 점이 핵심이기 때문이다. 끊임없는 연습을 통해 기량이 발전하여 레이니 고교의 농구선수가 된 마이클 조던은 노스캐롤라이나대학을 거쳐 시카고 불스에 입단했다. 그리고 1986~93년 7년 연속 득점왕에다 정규리그 5회, 플레이오프 6회 MVP를 차지하면서 미국 농구의 전설이 되었다.

마이클 조던의 인간성을 엿보게 하는 에피소드 하나. 조던은 대학 3학년 때 시카고 불스의 지명을 받아 입단하면서 처음으로 시카고로 갔다. 비행기표는 구단 측에서 보내주어 해결되었으나 공항에 도착하니 목적지로 가는 대중 교통수단이 여의치 않았다. 버스비밖에 없었던 그는 택시를 잡고 사정을 했으나 모두 거절했다.

그때 한 택시 기사가 그를 태워주었다. 목적지에 도착한 조던은 나중에 사례라도 할 수 있게 연락처를 알려달라고 부탁했으나 택시 기사는 사례 대신 훌륭한 선수가 되라는 말을 남기고는 사라졌다.

나중에 농구스타가 된 조던은 언론과의 인터뷰에서 그 택시 기사 이야기를 했고, 방송과 기자들의 도움으로 택시 기사를 찾게 되었다. 조던은 그에게 선물 하나를 주었다. 자신의 경기를 가장 잘 볼 수 있는 위치의 좌석표였다. 그후 택시 기사를 위해 조던은 자신의 경기가 있는 날이면 그 자리를 늘 비워뒀다고 한다.

이번에는 고승덕 변호사가 실천했다는 고시 전략을 보자. 대중스타로 떠오른 분이라 잘 알겠지만 학력만 살펴봐도 화려하다. 서울법

대 수석 졸업, 사시 최연소 합격, 외무고시 차석 합격, 행정고시 수석 합격. 다른 사람은 몇 년 동안 공부해도 합격하기 어렵다는 고시를 그는 1년에 끝냈다. 그의 고시 전략은 너무나 단순 명쾌하다.

- 1년 안에 합격한다는 분명한 목표를 세운다.
- 확신을 갖기에 충분한 구체적인 전략을 세운다.
- 합격 전략 : 50권의 책을 7회 정독한다.

고시는 보통 500페이지 분량의 책 50권을 5회 정도 정독해야 합격할 수 있다고 한다. 고승덕 변호사는 좀 더 확실한 합격을 위해 7회 정독을 선택했다. 그러면 공부할 분량은 총 17만 5,000페이지(50권 ×500페이지×7회), 이를 365로 나누면 하루 500페이지를 읽어야 한다는 계산이 나온다. 고승덕 변호사는 이 전략적 계산을 행동으로 옮긴 것뿐이라고 말하고 있다.

경제원칙은 최소의 노력으로 최대의 효과를 거두는 것이다. 그러나 인생 전략은 이와 반대로 해야 한다. 즉, 최대의 노력을 하고 최소의 결과를 기대해야 한다. 만약 이를 공부에 적용한다면 고승덕 변호사는 남보다 적게 노력하고 남보다 나은 결과를 기대해야 했다. 그러나 고승덕 변호사는 남보다 더 많이 노력하고 남과 같은 결과를 목표로 했다. 그것이 확률을 훨씬 더 높게 해준 것이다. 남과 같이 해서는 남 이상 얻을 수 없다.

희소가치를 노려라

나의 자산가치를 따져보고 그것을 어떻게 하면 가장 비싼 가격으로 팔 수 있는 지를 연구해보자. 가장 좋은 방법은 희소가치를 갖는 것이다. 만약 내가 대한민국에서 몇 안 되는 희소가치를 가졌다면 나는 항상 비싼 몸값을 가질 수 있다.

그러나 그 희소가치를 가지기란 쉽지 않다. 회소가치를 갖기 위해서는 어떻게 해야 하는가?

우선 진로 자체를 사람들이 별로 찾지 않는, 잘 모르는 분야로 정하는 것이 좋다. 한 학생이 전교 1등, 수능 1등급을 받았다면 S대를 지원하는 게 당연할 것이다. 하지만 S대를 나왔다고 좋은 직장이 보장되는 것은 아니다. 그럴 때는 직장보다 희소가치가 더 있는 교수 자리를 노리는 것이 좋다. 희귀학과에 지원하면 교수 자리에 오르기는 더욱 쉬울 것이다.

다음은 취직이다. 취직을 할 때 사람의 가치가 높은 곳이 어떤 기업인지 알아본다. 설비투자의 비중이 절대적으로 높은 철강회사 등의 기업에서는 인건비 비중이 상대적으로 낮을 수밖에 없다. 반면 벤처기업이나 IT기업은 설비투자가 거의 없지만 인건비 비중이 아주 높다.

자신이 아주 뛰어난 능력을 가진 인재라고 생각하면 철강회사 등에서는 아무리 뛰어나도 경영자가 되기 전에는 생산의 한 요소로 간주되어 동료들보다 훨씬 높은 연봉을 받을 수 없지만, 벤처기업이나

IT기업에서는 자신이 가진 능력에 따라서 천문학적인 연봉을 받을
수도 있다.

때를 기다려라

다음으로는 타이밍이다. 모든 것에는 때가 있다. 그 기회를 포착
해야 성공한다. 나의 절대적인 가치가 높지 않다면 더더욱 나를 필
요로 하는 타이밍과 환경을 노려야 한다.

중국 음식 중에 마파두부라는 요리와 관련해서 몇 가지 설이 있는
데 그 중 한 가지. 옛날 중국에 어느 귀부인이 원행을 하다가 산 속
에서 길을 잃고 헤매다가 외딴집을 겨우 찾았다. 주인을 찾으니 머
리가 하얀 할머니가 나타났다.

하룻밤을 청하고 먹을 것을 좀 달라고 하자 할머니는 식은 밥에
두부와 파를 썰어 넣고 매콤하게 볶아서 줬다. 배가 고팠던 귀부인
은 세상에서 가장 맛있는 요리라고 생각했다. 나중에 귀부인은 할머
니가 만들어준 요리의 맛을 못 잊어 할머니란 의미의 '마파'를 따서
'마파두부'란 요리를 만들게 된다.

이처럼 절대적인 가치가 높지 않은 상품이라도 타이밍만 잘 맞으
면 높은 가치의 상품이 될 수 있다.

그러니 타이밍을 놓치지 않기 위해 자신의 능력을 마음껏 발휘할

수 있도록 준비를 갖추고 있어야 한다. 누구에게나 일생에 세 번의 기회는 있다고 하지 않는가.

이미지 트레이닝

마지막으로 자신이 추구하는 미래의 모습을 늘 머릿속으로 그리면서 성공할 나의 미래를 낯설지 않게 만들어야 한다. 이른바 이미지 트레이닝이다. 영어 속담에 이런 말이 있다.

'I'll be what I Mean.'

내가 암시하는 대로 될 것이라는 의미다. 사람의 미래는 결심한 대로 되는 것이 아니라 암시하는 대로, 상상하는 대로 이뤄진다. 성공을 위해 매진하는 자신의 모습을, 성공한 자신의 모습을 늘 상상하라는 것이다.

영화 「올드 보이」를 보면 오대수가 15년 동안 감금되어 있으면서 이미지 트레이닝을 통해 무술을 익히며 복수를 준비하는 과정이 나온다. 그리고 감금에서 풀려나자 화려한 복수극을 펼친다. 영화이기에 어느 정도 극적인 면은 있겠지만 사실과 별반 다르지 않다.

우리나라 양궁선수와 탁구선수들이 이미지 트레이닝을 통해 좋은 성과를 내고 있다는 것은 널리 알려진 사실이다. 촛불을 켜고 눈을 감은 다음, 자신이 경기에 임하는 모습을 상상하고 또 상상한다.

탁구선수들은 녹색 테이블을 상상하면서 다른 나라 선수와 맞붙어 경기하는 가상의 모습을 그리고 또 그린다. 상대 선수가 스매싱을 하면 이렇게 받아치고, 조금이라도 실수하면 가차 없이 가격한다. 양궁선수들은 과녁 10점에 명중시키는 자신의 모습, 과녁을 명중시킬 때의 자세, 호흡은 어떻게 하는 지를 상상한다. 이렇게 적극적인 모습, 긍정적인 모습을 계속해서 심으면 그것이 현실화된다는 원리이다.

이미지 트레이닝은 그렇게 상상한 이미지를 잠재의식에 침투시켜 사람의 내면을 변화시키는 방법이다. 인간의 뇌(腦) 구조는 의식, 무의식, 잠재의식으로 구성되어 있는데, 무의식은 의식의 10배, 잠재의식은 의식의 100배 정도의 잠재능력을 갖고 있다. 따라서 잠재의식을 변화시키면 전혀 다른 나로 태어날 수 있다고 한다.

전문가들의 견해를 빌면 이미지 트레이닝을 통해 자신의 미래를 바꿀 수 있으며 수재도 될 수 있고 미인도 될 수 있고 병도 고칠 수 있다고 한다. 화려한 나의 미래, 성공한 나의 모습을 끊임없이 그려보라는 것이다.

06 상품을 보는 2개의 눈,
프로덕트 마케팅과 브랜드 마케팅

마케팅이란 학문은 기술이 끝나는 지점에서 시작된다. 마케팅 일에 종사하는 사람들 사이에서 하는 이야기가 있다.

"기술은 유한하지만 브랜드는 영원하다!"

어느 분야든 싸움의 큰 줄기는 다음과 같이 전개된다. 처음에는 기술을 가진 쪽이 이긴다. 하나의 기술이 상품화되어 시장에 나오면 몇 년간의 시차를 두고 모방한 상품이 쏟아져 나온다. 그러다가 후발에게 추월당하거나 평준화된다.

산업사회 300년 역사상 어느 분야든 30년 넘게 정상을 지킨 기술은 없다. 그리고 기술이 평준화되면 좋은 이미지의 브랜드를 가진 쪽이 이기게 된다.

기술이 지배하던 시장에서는 앞선 기술 하나로 소비자 대부분을 만족시킬 수 있었다. 그러나 소비자는 기술이 평준화된 분야에서는 품질의 차이를 느끼지 못한다.

지금 비누, 치약, 세제 등에서 품질 차이를 느끼는 소비자는 많지 않다. 이럴 때 선택을 좌우하는 것은 상품이 가진 특성이나 특정 상품에 대한 주관적인 이미지다.

음료수의 경우 부드러운 맛을 추구하는 사람이 있는가 하면 강한 맛을 추구하는 사람도 있다. 고소한 맛이나 상큼한 맛을 추구하는 사람도 있다. 이런 분류에 맞춰 상품은 차별화의 길을 가게 된다.

브랜드가 갖는 이미지가 선택을 좌우한다. '참이슬'과 '처음처럼'에서 맛의 차이를 구별할 수 있는 사람은 많지 않지만 브랜드의 기호에 따라 판매량은 차이를 보인다. 오직 주관적인 느낌, 이미지의 차이뿐이다.

소비자는 자신에게 가장 적합한 하나의 브랜드를 마음에 새긴다. 그래서 그 상품이 가진 특성이나 이미지가 변하지 않는 한 서서히 핵심 소비자가 되어 간다. 일관된 이미지, 변하지 않는 가치를 가진 브랜드는 영원할 수 있다. 그래서 기술을 가진 자는 영원하지 않지만 좋은 브랜드를 가진 자는 영원할 수 있다.

2007년을 기준으로 볼 때 역사가 오래된 제품 중에 아이보리 비누가 129년, 코카콜라가 121년이다. 만약 이 제품들이 기술로 포지셔닝된 제품이었다면 절대로 이 오랜 기간을 버티지 못했을 것이다.

화장품시장을 보자. 1970~80년대에 광고를 가장 많이 한 기업은 태평양화학이었다. 하나의 브랜드를 만들어 몇 년 정도 광고비를 쏟아 붓다가 매출이 주춤해지면 원료, 첨가제, 향, 색깔, 이름을 바꿔 다시 광고했다. 물론 가격을 올리는 것도 잊지 않았다. 이런 식의 접근 방식을 프로덕트 마케팅(product marketing)이라고 부른다.

상품을 생명이 없는 사물로 보는 방식이다. 당시에는 어느 기업이나 마찬가지였다. 그러나 브랜드 마케팅에서는 브랜드를 생명체인 '인격'으로 대우한다.

어떤 목적을 갖고 세상에 태어난 사람과 동일시한다는 것이다. 따라서 몇 년 광고하고 이름 바꾸는 식의 접근은 허용되지 않는다. 자연사하는 경우를 제외하고는 인위적으로 브랜드를 도태시키는 일은 없다. 여기서 매출은 잘 키워놓은 브랜드의 결과물이지 목적물이 아니라는 것이다.

프로덕트 마케팅에서는 하나의 상품으로 모든 소비자를 만족시키겠다는 기획이 깔려 있다. 약 하나로 배 아픈 것도 고치고 머리 아픈 것도 고치는 만병통치약 같다고 생각하면 된다.

브랜드 마케팅의 시각에서는 브랜드를 전능한 존재보다 장점과 단점을 동시에 가진 존재로 본다. 아이의 발달과정에 꼭 필요한 영양소 하나만으로 자리매김하는 방식이다. 기술 발전이 지속적으로 이뤄지는 시장에서는 프로덕트 마케팅이 주효하지만 기술이 평준화된 시장에서는 절대적으로 브랜드 마케팅으로 접근해야 한다.

1970년대 이후 태평양화학이 광고하던 화장품 브랜드들은 하이톤, 타미나, 미보라, 리바이탈, 순정, 미로, 마몽드, 라네즈, 헤라, 설화수 등이었다. 하나의 브랜드로 3~5년 정도 유지했다면 브랜드 하나에 줄잡아 수백억 원의 광고비를 썼을 것이다.

1970년대까지는 기술의 차이가 있다고 보지만 90년대 이후부터는 별 차이가 없었을 것으로 추정된다. 그래서 태평양화학도 '라네즈' 브랜드부터 브랜드 마케팅을 지향한 것이 아닌가 생각된다.

브랜드 관리는 외국기업이 뛰어나다. 외국기업의 브랜드에는 일관된 하나의 느낌과 이미지가 살아있다. 생활에서 점점 외국 브랜드 비중이 나날이 높아지는 것도 일관된 브랜드 이미지가 소비자에게 긍정적인 영향을 주기 때문이다. 시금 생활용품이나 화장품에서 외국 브랜드의 비중이 나날이 높아지고 있는 이유도 바로 거기에 있다.

일관된 관리가 어려운 프로덕트 마케팅보다는 하나의 이미지를 오랜 기간에 걸쳐 소비자에게 인식시키는 브랜드 마케팅이 필요할 때다.

07 우연에 가까운 마케팅 통찰력, 비선형 전략 모델

지금은 사회, 환경, 개인 등이 광속(光速)으로 변하는 시대다. 기업 전략도 그렇게 변하지 않으면 살아남지 못한다.

1990년대 전후에 나타나서 한 분야에 획을 그은 마이크로 소프트, 애플, 아마존닷컴, 델 컴퓨터 등을 보자. 그때까지와는 전혀 다른 방식의 전략 꾸러미를 들고 나와 기존 기업들을 무용지물로 만들고 있다. 이런 변화 속에서는 아무리 변화의 달인이라 해도, 아무리 견고한 비즈니스 모델이라 해도 '아차' 하는 순간에 효율성을 급격히 상실할 수 있다. 이러한 변화는 거의 단속평형(斷續平衡)적이다.

미국의 한 경영연구소에서 경영자 500명을 상대로 '귀하가 속하는 산업 분야에서 지난 10년간 변화를 가장 잘 이용한 기업은 어디입니까?'라는 설문조사를 실시했다. 그랬더니 경영자 대부분이 10년

이전에는 세상에 나타나지도 않았던 신생기업을 꼽았다. 또 다른 질문을 던졌다.

'그 신생기업은 남보다 실행을 더 잘해서 성공한 것입니까? 아니면 지금까지와는 다른 게임의 법칙을 사용해서 승리한 것입니까?'

역시 경영자 대부분이 새로운 게임의 법칙을 들고 나왔기 때문이라고 대답했다. 기존 기업들이 수립한 전략 자체가 별로 쓸모없는 것이라는 이야기다. 지금까지의 기업 전략은 분모분의 분자 전략이었다. 분자인 매출을 키우거나 분모인 비용을 줄이는 방법 2가지 중 하나였다.

그러나 그러한 전략은 거의 한계에 이르렀다. 우리가 잘 알고 있던 컴팩, 노벨, 웨스팅하우스, 코닥, K마트 등의 기업들은 이제 생존이 급급한 처지로 몰리고 있다. 몇 년 전 인터넷 경매로 출발한 이베이가 미국 3위 경매업체 버터필드를 인수한 것이나 AOL이 덩치가 5배나 큰 타임워너를 인수한 것을 불과 얼마 전만 해도 상상한 사람은 거의 없었다.

이제는 리엔지니어링이나 개선, 구조조정 정도로는 해결될 일이 거의 없다. 지금까지 없었던 비선형적인 혁신 기업만이 미래의 부를 창출할 수 있다. 델 컴퓨터가 컴팩보다 5, 6배나 빠른 재고회전을 할 수 있었던 이유는 거래 비용 자체가 들지 않았기 때문이다. 인터넷으로만 모든 것을 처리할 경우 기존의 방법에 비해 1퍼센트 정도의 비용밖에 들지 않는다. 거의 무시해도 좋을 정도이다. 이에 비해 기존의 오프라인 기업들은 아무리 쥐어짜도 줄일 수 있는 한계가 정해져 있다.

비선형 전략 모델들은 통찰력일까 아니면 우연일까. 우연에 가까운 통찰력이다.

이베이 창업자 피에르의 약혼녀는 광적인 수집가였다. 피에르는 약혼자의 마음을 사기 위해 약혼자가 수집하는 자잘한 물건들을 사고팔 수 있는 인터넷 공동체 같은 개념을 생각했다.

보통 인터넷 판매 사이트라면 판매자와 구매자의 구분이 확연히 존재하지만 이베이에는 구분이 존재하지 않는다. 모두가 호기심 어린 눈으로 이베이에 들어와 다른 사람들이 내놓는 기상천외한 물건을 구경하기도 하고 구입하기도 한다. 그러다 자신이 더 이상 필요로 하지 않는 물건을 올리기도 한다.

이베이는 하루 200만 명 이상이 접속하는 인터넷 황제 기업이 되었다. 물건을 사고파는 장소라기보다는 호기심 어린 사람들의 시골 장터 같은 곳으로 보면 될 것이다. 그런 통찰력은 우연에 가까워 보이지만 열망과 호기심이 적절하게 결합되어 나타나는 통찰력의 결과였다.

여성들이라면 이런 경험이 한두 번씩 있을 것이다. 향수나 립스틱 하나를 구입하려고 백화점에 들어간다. 휘황찬란한 조명 아래 여러 브랜드의 화장품이 마련되어 있는 코너마다 인형처럼 아름답게 화장을 한 점원들이 고객을 부르고 있다. 일단 한 코너로 들어서면 점원이 좀처럼 빠져나오지 못하게 만든다. 때로는 자신이 원하던 것과 상당히 다른 상품을 구입하고 만다. 봄철을 맞아 산뜻한 살굿빛 립스틱 하나를 산다는 것이 '유행'이라는 여직원의 설득에 그만 분홍색 립스틱을 사고 만 것이다.

우리나라뿐만 아니라 외국에서도 화장품 쇼핑은 번거로운 것 같다. 여러 브랜드의 상품을 비교하기가 어렵게 병렬로 진열되어 있기 때문이다.

이를 파괴한 기업이 세포라 화장품이다. 1969년 프랑스에서 작은 화장품 매장으로 출발한 세포라는 지금 프랑스, 이탈리아, 스페인, 미국 등 세계 14개국 이상의 나라에서 500개가 넘는 매장을 운영하고 있다. 미국에서만 90개가 넘는 매장을 갖고 있는 화장품 유통업체로서 세계적으로 유명한 화장품 브랜드 250여 개, 1만 가지가 넘는 아이템을 확보하고 있다. 세포라가 이처럼 빠르게 성장한 요인은 기존의 고루한 방식을 파괴한 방법이 소비자에게 큰 환영을 받았기 때문이다.

세포라 화장품 매장에 들어서면 마치 화장품 슈퍼마켓 같다. 직원이 따라붙지 않아 강요된 쇼핑을 하지 않아도 된다. 마음에 들 때까지 충분히 고를 수 있다. 세포라 화장품 매장의 가장 큰 장점은 브랜드별이 아니라 아이템별로 진열되어 있다는 것이다. 기존의 매장에서는 A브랜드의 향수와 B브랜드의 향수는 서로 멀리 떨어져 진열되어 있어서 비교가 어려웠지만 세포라에서는 알파벳순으로 진열되어 있어 비교가 가능하다. 립스틱은 색깔순으로 진열되어 있다. 엷은 색부터 점차 진한 색으로 진열되어 있어 가장 마음에 드는 것을 선택할 수 있다.

물론 브랜드는 무시된다. 기존의 매장에서는 A브랜드의 립스틱과 B브랜드의 립스틱 색깔을 비교하려면 이 코너에서 모퉁이를 돌아 다른 코너로 가야 했지만 여기서는 그럴 필요가 없다.

직원의 간섭이 전혀 없이 샘플도 마음대로 사용해볼 수 있는 등 쇼핑을 자유롭게 한 것이 소비자의 구매력을 자극하였다.

디자인은 상품의 영혼

기술에서 현격한 차이가 나는 상품은 기술이 앞선 쪽이 이긴다. 그러나 우리가 일상에서 접하는 상품의 90퍼센트는 기술이나 기능에서 별 차이가 없다. 이때 소비자의 선택을 좌우하는 요소는 가격과 브랜드 그리고 디자인이다. 사실 브랜드와 디자인은 동전의 앞뒤와 같다. 두 가지 요소가 합쳐져서 하나의 이미지를 만들어내기 때문이다.

최종 소비재뿐만 아니라 산업재인 기계, 전자 분야도 디자인의 중요성이 점증되고 있다. 세계 최대 규모의 산업 박람회인 '메세'에서는 매년 디자인 관련 세미나가 빠지지 않는다. 21세기의 경쟁은 디자인과 브랜드에서 승부가 날 것이다.

디자인은 단순히 외형이 아니다. 역사와 철학과 무언의 메시지가 들어있다. 유럽의 유명한 디자인 학교에서는 디자인부터 가르치지 않고 역사, 문화, 미술부터 가르친다. 그 다음에 디자인을 가르친다. 그만큼 디자인이 나아가야 할 방향을 암시하는 대목이기도 하다.

렉서스는 디자인으로 세계의 명차 반열에 오른 자동차다. 도요타가 이 자동차 디자인에 얼마나 공을 들였는지 말해주는 이야기가 하나 있다.

도요타는 렉서스의 디자이너들에게 1년 동안 세계여행을 다녀오도록 지시했다. 그것도 최고급 생활을 마음껏 즐기면서. 그렇게 하여 탄생한 것이 조용한 엔진과 안락한 의자, 편안한 계기판을 지닌 렉서스이다.

남의 디자인을 응용하거나 카피하는 디자인 교육으로는 21세기 변화의 파고를 헤쳐나갈 수 없다.

우리나라는 역사와 문화 등의 컨텐츠가 세계 어느 나라보다 풍부한 국가다. 그 역사와 문화의 심층에서부터 우러나오는 동양적인 신비감, 그것이 우리나라 디자인이 지향해야 할 방향이다.

디자인 하나가 고사위기의 기업을 살려내는 일은 드문 일도 아니다. 애플이 좋은 사례이다.

애플 창업자 스티브 잡스의 파란만장한 삶의 역정은 잘 알려져 있다. 미혼모의 아들로 태어나 대학 1학기 중퇴가 학력의 전부다. 21세의 나이에 1,300달러를 들고 위즈니악과 함께 창고에서 창업해 세계 최초의 개인용 컴퓨터 애플 II를 만들었다. 그리고 1984년에 개발한 매킨토시는 당시 마우스, 윈도우, 그래픽 유저 인터페이스 등 획기적인 기술이 망라된 제품이었다. 그러나 기술의 독점만을 고집하다가 마이크로 소프트와 IBM의 공동전선에 밀려나기 시작했고 결국 1986년에 자신이 설립한 회사에서도 쫓겨나는 비운을 맞게 된다.

하지만 1995년에 세계 최초의 3D 애니메이션 영화 「토이 스토리」를 만들어 재기했고, 파산 직전이던 애플에 다시 복귀하여 투명 컴퓨터 아이맥과 MP3 플레이어 아이팟을 잇따라 히트시키면서 다시 한 번 신화를 창조한 인물이 되었다. 또한 애플 스토어라는 기상천외의 전자제품 전문매장을 만들어 유통업에도 신화를 창조하고 있는 귀재이다.

애플에 복귀하면서 스티브 잡스가 역점을 둔 분야는 기술이 아니었다. 디자인 책임자 조나단 아이브를 전폭적으로 지원하면서 세상에 아무도 생각하지 못했던 디자인을 독려했다. 거기서 나온 작품이 본체와 모니터가 하나이면서 속이 훤히 들여다보이는 투명 컴퓨터 아이맥이었다. 이 제품 하나로 애플은 10억 달러의 적자에서 4억 달러의 흑자 기업으로 돌아섰다.

뒤이어 내놓은 제품 아이팟은 공전의 히트를 기록하여 4년 동안 5,000만 대가 팔려 나갔다. 모두 파격적이고 혁신적인 디자인의 위력이었다.

마케팅에도 첫사랑은 있다

사람이 세상을 살아가면서 느낄 수 있는 가장 아름다운 감정은 '사랑'이다. 그 중에서도 첫사랑이 으뜸일 것이다. 가슴속에 묻어둔 여인 하나를 꼽으라면 아마도 첫사랑의 '소녀'가 아닐까? 첫사랑은 대부분 이뤄지지 않기 때문에 더욱 아릿한 기억으로 우리들의 가슴에 남아 있는지 모른다.

하지만 어디 사랑뿐이랴. 우리가 처음 접하는 모든 것은 신비하고도 감동적이다. 어린 시절에 뛰어놀던 고향산천은 세상에서 가장 아름다운 곳으로 각인되어 있다. 그래서 사람은 죽는 날까지 고향을 그리워하는 것이다. 유년시절에 뛰어놀던 강변의 물결은 아마존보다 더 깊고 푸를 것이다. 사람도 처음 만났을 때의 인상이 가장 강하게 남는다. 그래서 첫인상이 가장 중요하다.

일상적으로 접하는 물건에도 첫인상이 있다. 처음 먹어본 초콜릿의 맛을 생생하게 기억하고 있으며, 새로 산 운동화와 가방을 매만지며 초등학교 입학식을 기다릴 때의 흥분은 아직도 눈에 선하다. 결혼하여 처음 집을 장만해서 가구를 들여놓고 냉장고, 세탁기, 오디오를 하나씩 들여놓을 때의 감동도 마찬가지다. 이처럼 우리가 접하는 모든 것은 첫 번째가 가장 소중하다.

지역마다 도시마다 원조라는 곳이 있다. 무교동 낙지 골목에도, 삼각지 대구탕 골목에도, 신당동 떡볶이 골목에노, 대학로 곱창 골목에도 원조가 있다. 유명한 원조 하나가 있으면 주위에 이를 모방한 아류들이 진을 친다. 서로가 원조라고 주장하나 손님들은 용하게 원조를 알아낸다. 원조집은 늘 만원이지만 주변의 아류들은 상대적으로 한가하다. 원조나 아류 간에 맛의 차이가 있을까? 그것보다 처음으로 정이 든 곳이기 때문에 원조로 몰리는 것이다.

그래서 모든 장사나 사업은 소비자의 뇌리 속에 '첫 번째'로 각인되는 것이 가장 중요하다.

1등

'첫 번째'라는 지표는 모든 분야에서 가장 중요한 지표이다. 여성에게 이렇게 질문을 해보자.

"립스틱 중에서 가장 먼저 생각나는 브랜드는 무엇입니까?"

그 브랜드 이름이 '유혹'이었다고 하자. 그러면 여성은 '유혹'을 구입할 가능성이 가장 높다. 다른 분야에서는 1등과 2등뿐만 아니라 10등이 공존할 수 있지만 선거와 시장에서는 '1등'이 가장 중요하다. 왜냐하면 유권자나 소비자는 하나만 선택하기 때문이다. 한 표 차이로 떨어졌다고 해도 당선자와 낙선자의 차이는 하늘과 땅이다.

1등이 되는 방법, 이것이 장사의 가장 핵심적인 이론이며 방법이다. 경제, 경영, 마케팅 책 100권을 읽어도 주제는 한 가지, 1등이 되는 방법을 논하고 있다.

1등 상품이 몇 개인가

기업에 대해 알려면 다음과 같은 지표를 보면 충분하다. '기업의 사업 분야가 모두 몇 개이며 그 중 1등을 하는 분야가 몇 개인가?', '1등을 하는 분야가 어느 정도 규모인가?'만 알면 굳이 눈 아프게 재무제표를 들여다 볼 필요가 없다.

기업뿐만 아니라 국가 전체에도 그대로 적용될 수 있다. 한 나라의 경제 사정을 알려면 '그 나라의 상품이 세계시장에서 어떤 지위를 차지하고 있는지', 그것 하나만 보면 된다.

최근 우리나라 경제가 어려워질 거라는 예측이 여기저기서 나오고 있다. 경기를 몸으로 느끼고 있는 재계 총수들은 좀 더 민감한 반응을 보이고 있다. 삼성그룹 이건희 회장은 우리나라 경제를 샌드위치에 비유한 데 이어 5, 6년 후의 위기론을 점치고 있다. 일본과 중국 사이에 낀 우리나라 모습이 마치 샌드위치와 같다고 해서 나온 말이다. 첨단 기술 제품은 일본에 뒤떨어지고 가격 경쟁력이 있는 제품은 중국의 저가 제품에 발목을 잡히고 있기 때문이다. 그런 말이 나온 근거는 우리 상품의 국제 경쟁력이다.

세계시장에서 우리나라 상품이 1위를 차지하는 품목 수는 2001년 60개, 2002년 66개로 최고치를 기록한 이후 2003년 62개, 2004년 59개로 감소하고 있다. 더구나 1위와 2위의 격차가 5퍼센트 이내인 상품이 29개나 되어 이러한 지표를 읽을 줄 아는 사람들이 보기에는 실로 아슬아슬한 위기가 아닐 수 없다. 당분간 확실한 1위라고 여겼던 조선과 철강이 2007년 벽두부터 중국에 조금씩 자리를 뺏기고 있다. 자동차와 반도체는 불과 몇 년 이내에 중국이 역전할 것이라고 한다.

우리나라는 앞으로 10년 후에 먹고살 문제를 심각하게 고민해야 하는 시점에 와 있다.

2등이 1등과 싸우면
이길 수 있을까?

상위에 있는 기업이 돈을 다 버는 것 같지만 1위와 2위의 격차는 아주 크다. A, B, C기업이 각각 50퍼센트, 30퍼센트, 20퍼센트의 점유율로 시장을 삼분하고 있다면 벌어들이는 수입도 5:3:2일까? 대답은 '전혀 아니다'이다.

시장을 지배하는 법칙의 결과는 대부분 제곱으로 나타난다. 매출 5:3:2인 세 기업들의 시장 지배력이나 수익은 그 제곱인 25:9:4로 나타나게 된다. 이처럼 싸움(경쟁)의 결과는 전력의 제곱만큼 차이가 난다. 이것이 최초로 싸움의 이론을 공식으로 정리한 란체스터 법칙이다. 여기서는 란체스터 법칙의 핵심 원리만 간략히 살펴보기로 하자.

전투기 5대를 보유한 A국가와 전투기 3대를 보유한 B국가가 전쟁을 했다. 한 국가의 전투기 수가 0이 될 때까지 싸운다면 어느 국가의 전투기가 몇 대 살아남을까? 단, 전투기의 성능은 동일하다.

정답은 A국가 전투기 4대가 살아남는다. A국가의 전투기 A1이 B국가의 전투기 B1에게 공격을 받아 격추될 확률은 1/5이다. B국가의 전투기들은 A국가의 5대 중 하나를 겨냥해서 사격을 할 것이기 때문이다. 마찬가지로 B2, B3도 동일한 확률의 공격 가능성을 안고 있다. 따라서 A1이 받는 총 피격 가능성은 1/5에 3(B1, B2, B3)을 곱한 3/5이 된다.

반대로 B1이 A1에게 받는 피격 가능성은 1/3이다. A국가의 모든 전투기들은 B국가의 전투기 3대 중 하나를 겨냥할 것이기 때문이다. 그때 B1이 A국가의 전투기 5대에 받는 피격 가능성은 1/3에 5(A1, A2, A3, A4, A5)를 곱한 5/3이 된다.

3/5과 5/3를 통분하면 A:B의 피격 가능성은 9:25가 되며, 생존 가능성은 반대로 25:9가 된다. 양편에서 9를 빼면 양측 전력은 16:0, 즉 A국가는 B국가의 전력을 무력화시키고도 16이라는 전력이 남는다. 이를 원래의 전투기 대수로 환원하기 위해 루트를 씌우면 정확히 4대가 된다. 이것이 란체스터가 발견한 싸움의 법칙이며 시장의 법칙이다.

20세기 후반에서 21세기 초반의 가장 위대한 경영자로는 대부분 GE 전 회장인 잭 웰치를 꼽는다. 그가 했던 일은 단 한 가지였다. 의사결정 하나를 하기 위해 10단계가 넘는 도장을 받아야 하고 관료주의에 빠져, 되는 일도 없고 안 되는 일도 없던 GE에 '1등'을 빼고는 모두 없애라는 명령 하나였다. 그것으로 공룡 GE는 화려하게 되살아난 것이다.

1등을 하는 방법

어느 분야든 동일한 상권에서는 1, 2등만 돈을 번다. 슈퍼마켓에 가면 10여 종의 세제가 진열되어 있지만 주부들에게 선택되는 것은 불과 몇 가지뿐이다.

3등 이하는 왜 돈을 못 버는가? 바로 생산비에서 큰 차이가 나기 때문이다. 소비자 가격이 100이라는 상품이 있다. 1등 기업은 판매 수량이 많이 때문에 70이라는 원가로 생산할 수 있지만 2등 기업은 90에 가까운 원가로 생산이 가능하다. 그러면 3등 이하의 기업들은 원가 이하로 팔아야 하는 경우가 보통이다.

만약 3등 이하의 기업이 수익을 남기는 구조라면 1, 2등 기업은 가격을 낮춰 3등을 탈락시키는 것이 훨씬 유리하다. 그래서 장사는 적어도 동일 상권, 동일 경쟁권에서는 1, 2등만 돈을 벌 수 있다는 계산이 나온다.

1등을 하는 방법은 무엇인가? 아주 간단하다. 남과 다르게 하거나 남이 하지 않는 것을 하면 된다. 이것이 마케팅의 핵심적 개념인 차별화(differentiation)와 세분화(segmentation)이다. 마케팅 관련 책은

이 두 가지 개념을 설명하기 위해 장황한 이야기를 하는 것으로 보면 된다.

왜 남과 달라야 하는가? 그것은 직접적인 가격 비교를 피하기 위해서다. 기능, 사용 방법, 성능, 효능이 모두 동일하다면 가격만이 비교의 대상이 될 것이고, 이때는 가장 저렴한 비용으로 생산할 수 있는 기업, 대체로 선발기업이 가장 유리하다.

따라서 후발로 시장에 참여하는 기업은 향이라도 달라야만 그 향을 좋아하는 소비자에게 비교우위를 차지할 수 있다. 후발기업은 선발기업의 제품과는 어느 하나라도 다르지 않으면 성공하기 어렵다.

만년 2위이던 크라운 맥주는 '지하 150미터의 물' 이라는 차별성을 내세운 하이트 맥주 하나로 정상을 탈환했으며, 롯데의 자일리톨은 기존 껌시장의 개념을 혁신시켰다. 이런 방식이 새로운 개념의 창출이다.

이에 비해 시장 세분화는 선발과는 아예 싸움을 하지 않겠다는 전략이다. 대신 주인 없는 작은 시장을 개척하겠다는 의지가 담겨 있다. 이렇게 세분화된 시장은 비록 작은 규모일지라도 개척자가 1등이 된다.

김치냉장고가 좋은 예다. 가전회사들이 즐비하게 버티고 있는 시장에 냉장고를 만들어서는 거의 승산이 없지만 기존의 가전회사들이 하지 않는 김치냉장고를 만들어 새로운 시장의 주인이 되었다. 김치냉장고의 경우 제품으로만 보면 차별화로 볼 수도 있고, 미개척 시장을 개척했다는 의미에서 보면 시장 세분화에 의한 블루 오션으로 볼 수도 있다.

차별화의 기본은 무언가 남이 갖지 않은 기능이나 효능을 추가하는 것이다. 흑백 텔레비전에 대한 컬러 텔레비전, 수동 기어에 대한 자동 기어가 그렇다.

물론 반대의 경우도 있다. 가전제품 메이커들이 다양한 기능 추가로 차별화할 때 복잡하고 번거로운 기능을 일거에 없애버리는 방법도 훌륭한 차별화이다.

일본 도시바가 전기밥솥시장을 석권할 당시 이야기다. 모든 업체들이 기술적으로 가능한 기능들을 추가하기에 여념이 없었다. 그리고 이를 대대적으로 광고했다. 이 경쟁이 절정이었을 때 23개의 기능이 있는 전기밥솥도 있었다. 웬만한 전문가가 아니면 사용 방법을 알기도 어려웠을 것이다. 도시바는 반대로 차별화를 했다. 버튼을 단 3개로 줄여버렸고 그 차별화가 시장에 먹힌 것이다.

마츠시타의 경우도 비슷하다. 전자레인지를 처음 개발한 회사는 샤프였다. 하지만 불도 없이 음식을 익힌다는 것이 생소할 때여서 샤프는 복잡한 기능의 사용법 홍보에 매달렸다. 그러는 사이 마츠시타는 초간편 전자레인지를 내놓아 단시간에 시장을 석권해버렸다.

휴대전화도 마찬가지다. 나이 드신 분들은 그 많은 기능을 알지도 못한다. 그래서 등장한 휴대전화가 전화를 걸고 받기만 하는 기능으로 차별화된 '효도폰'이다. 세상이 디지털화가 되어 점점 더 복잡해지면 사람들 마음 한편에는 아날로그적인 단순함에 대한 향수가 자리하게 되는 것이다.

문자메시지의 힘

요즘 같은 불황에도 엄청난 속도로 매출이 늘어나는 분야가 있다. 바로 휴대전화 문자메시지이다.

공원에서 본 여학생 2명이 생각난다. 이 두 사람은 분명 친구 사이로 보이는데 이야기도 하지 않고 각자의 휴대전화만 만지고 있는 게 아닌가. 나중에 알고 보니 이들은 휴대전화 문자메시지를 보내는 데 빠져 있었다.

우리나라 사람들이 주고받는 문자메시지의 횟수는 얼마나 될까? SK텔레콤과 KTF의 자료에 따르면 2002년 1,475건, 2003년 2,021건, 2004년 2,722건, 2005년 4,889건, 2006년 5,952건이었다. 단위는 천만이다. 600억 건에 이른다는 것이다. LG텔레콤을 합치면 대략 800억 건 정도에 이르지 않을까 싶다.

휴대전화 문자메시지의 요금은 건당 30원이다. 통신업체들은 문자메시지만으로 연간 1조 원이 넘는 매출을 올리고 있는 것이다.

1 1 마케팅에서의 가격파괴, 시간파괴, 공간파괴, 상식파괴

헤르만 헤세의 소설 《데미안》에 나오는 구절이다.

새는 알을 깨고 나온다. 알은 새의 우주이다. 새로 태어나려는 자는 세계를 파괴하지 않으면 안 된다. 새는 신을 향해 날아간다. 그 신의 이름은 아프락사스라고 한다.

사람은 누구나 자라는 과정에서 자신의 껍질을 만들어가기 시작한다. 그 껍질이 나를 보호해주지만 어떤 때는 나의 성장을 막는 걸림이 되기도 한다. 성장에 맞추어 껍질을 벗지 않으면 더 이상 자라나지 못한다.

모든 새로운 것의 시작은 기존의 것을 던져버리는 일이다. 요즘처

럼 빠르게 변하는 시대에는 더더욱 껍질을 벗고 다시 태어나야 한
다. 껍질을 벗는다는 것 자체가 새로운 탄생을 의미한다.

가격파괴

경기불황이 장기회되고 있는 가운데 가격파괴 상품들이 곳곳에서
위력을 발휘하고 있다. 이전의 가격파괴라면 창고 개방이나 재고 정
리가 대부분이었지만 지금의 가격파괴는 항시적이라는 점이 다르
다. 가격파괴를 가장 먼저 성공적으로 도입한 기업은 1962년에 설립
되어 세계적인 유통업체로 자리 잡은 월마트이다.

당시 경쟁자였던 K마트가 도심 위주의 점포 방식을 택한 것과 달
리 월마트는 도심을 벗어나 임대료가 싼 곳에 창고형의 대형 매장과
대량거래를 통해 가격을 낮추고, 인공위성을 통한 물류관리 시스템
을 도입해 가격을 파괴할 수 있었다. 이것으로 월마트는 『포춘』의 랭
킹 최상위권에 진출했다.

가격을 낮춘다는 것은 낮춘 비율 이상으로 매출을 올려야만 이길
수 있다. 이를 위해 월마트는 3개의 자체 인공위성을 띄워 지구상에
서 가장 저렴한 가격으로 상품을 조달하고 매장에 투입하는 위성물
류 시스템을 갖추고 있다. 전 세계 매장의 재고를 상품별로 체크하
고 발주하고 운송하는 시스템이다.

그 뿐만 아니라 월마트는 시간의 비용까지 파괴했다. 보통 대형 할인점을 가면 고객들은 카트에 물건을 가득 담아 카운터 앞에 길게 줄을 서서 차례를 기다린다. 물건을 계산하기 위해 늘어선 줄이다. 월마트는 이 비용마저 줄였다. 카트에 바코드 읽는 센서를 부착해 고객이 물건을 담는 순간 자동적으로 계산이 되도록 한 장치다. 고객은 줄을 서서 기다리는 시간이 줄고 회사는 카운터의 인건비를 대폭 줄일 수 있었다.

미국 최대의 어린이용품 전문점 토이저러스는 매장의 대형화와 함께 장난감을 위시하여 어린이용품 전반으로 전문화하면서 가격을 파괴했다.

이 회사는 원래 아동용 가구를 다루던 회사였으나 아동복과 어린이용품 전반으로 영역을 넓혀갔다. 1958년에 토이저러스 성장의 신화를 일군 본격적인 아동용품 토털 매장이 개설되었다. 어린이들이 필요로 하는 상품의 모든 것을 취급했다. 그리고 대대적으로 가격을 파괴해버렸다.

이 매장을 보면 무려 2,500평 정도의 면적에 어린이용품을 전문적으로 취급한다. 이제는 거대한 놀이터가 되어 디즈니랜드 다음으로 어린이들에게 친숙한 기업이 되었다.

현재는 세계 30여 개 나라에서 800~1,500평 면적의 매장을 600여 개, 세계적으로 1,500개가 넘는 매장에서 100억 달러가 넘는 매출을 올리며 승승장구하고 있다. 이러한 형태를 카테고리 킬러(category killer, 상품 분야별로 전문매장을 특화해 상품을 판매하는 소매점)라고 부른다.

카테고리 킬러는 대형화, 전문화를 통해 가격파괴가 가능하다. 사무용품만 전문적으로 취급하는 오피스데포, 가정용품만 전문적으로 취급하는 홈데포 등도 여기에 속한다.

토이저러스가 장난감시장을 석권하자 월마트는 토이저러스에 정면으로 도전했다. 전략은 맞받아치기 가격파괴였다. 가격파괴만 따진다면 단연 월마트가 유리하다. 위성 시스템까지 갖춘 물류시스템을 이길 방법이 없어 보이기 때문이다.

장난감 비수기철이 되면 월마트는 재빨리 다른 아이템으로 교체할 수 있지만 토이저러스는 1년 내내 재고부담을 안고 있어야 했다. 승부는 쉽게 끝날 듯하다. 지금 미국의 장난감시장은 월마트가 점유율 25퍼센트로 미국 내 1위로 떠오른 반면 토이저러스는 점유율 15퍼센트로 추락했다.

월마트가 가는 곳에는 잔해(殘骸)만 남는다. 월마트가 처음 상륙한 곳은 변두리 소도시나 읍, 제과점, 신발 가게, 약국, 식품점들이 있었던 지역이다. 그러나 일단 월마트가 들어가고 나면 이들은 잔해만 남기고 사라져버린다. 이미 슈퍼마켓 체인점 크로거와 토이저러스를 물리쳤다. 다음 차례는 의류와 가전 분야가 되지 않을까 싶다.

월마트가 우리나라에서 실패한 것은 두고두고 연구해볼 과제이겠지만, 한국적인 쇼핑 분위기에 적응하지 못한 게 가장 큰 원인이 아닌가 생각된다. 한국의 대형 마트는 따사로움이 있는 반면 월마트는 썰렁한 창고 분위기 그 자체였기 때문이다.

중간 유통을 없애고 소비자와의 직거래를 통해 가격을 파괴한 기업은 미국의 컴퓨터 판매회사 델이다. 인터넷이 등장하기 전에는 전화나 팩스로 주문받아 조립, 납품을 했으나 이제는 거의 인터넷으로 처리된다. 컴퓨터를 통해 컴퓨터를 파는 셈이다.

델은 직거래를 통한 가격파괴 외에도 고객이 필요로 하는 기능만 장착해 다른 경쟁자보다 20퍼센트 정도 저렴한 가격으로 승부할 수 있었다. 컴퓨터시장을 석권한 델은 이제 휴렛팩커드의 아성인 프린터시장에 융단폭격을 퍼붓고 있다. 휴렛팩커드보다 최고 75퍼센트 저렴한 레이저 프린터를 들고 나와 빠르게 시장을 잠식하고 있다. 자존심 상한 휴렛팩커드는 랩톱 컴퓨터에 승부수를 던지고 있다. 앞으로 이 경쟁을 지켜보자.

유통업체들이 실시하고 있는 PB 전략도 가격파괴에 한 몫을 하고 있다. PB는 'Private Brand'의 약자로 유통 브랜드를 말한다. 할인점 상호를 붙여 만든 제품을 판매하는 것이다. 이럴 경우 유통비나 광고비가 많이 줄기 때문에 평균 20~30퍼센트 정도 가격을 낮출 수 있다.

가격파괴는 강력한 시장침투 전략으로 단기간에 시장의 저변을 넓히는 방법이다. 일반적인 시장침투 전략이 서서히 가격을 올리는 것을 전제로 하지만 가격파괴는 판매량을 획기적으로 높여 수익을 창출한다는 박리다매 전략이란 점에서 시장침투 전략과 구별된다. 이것은 어느 분야든 가능하나 특히 상품 가격에 거품이 많은 분야, 중간유통이 복잡한 분야, 서비스 분야 등이 유리하다.

가격파괴란 가격을 조금 낮추는 정도가 아니라 그야말로 파격적인 가격일 때 언급할 수 있다. 기존의 강자보다 조금 낮은 가격으로 접근했다가는 자칫 싸구려 인상을 주게 되어 실패한다. 그리고 잘 알려진 분야, 충분한 수요가 있는 분야여야 성공할 수 있다. 가격파괴가 품질 저하로 이어져서는 실패하기 쉽다는 것을 잊지 말자. 가격을 파괴해도 핵심적인 기능이나 서비스는 더욱 충실해야 한다.

시간파괴

상품의 컨셉트란 '내가 취급하는 상품과 서비스에서 고객들이 원하는 가장 소중한 가치는 무엇인가?' 라는 질문에 대한 대답이다. 그럼 마케팅은?

'소비자가 원하는 그것을 어떤 방법으로 충족시켜 줄 것인가?' 라는 질문에 대한 대답이다. 이 2가지 질문에 대한 대답에 공통으로 들어가는 것이 '시간' 이다.

현대인들에게 시간은 황금이다. 시간을 어떻게 활용하느냐에 따라 자신의 미래가 달라질 수 있다. 기업들도 고객이 시간을 최대한 효율적으로 사용할 수 있게 하면서 제품을 팔아야 한다. 그래서 등장한 것이 '시간파괴' 다.

시간파괴 마케팅을 처음 도입한 곳은 도미노 피자일 것이다. 도미노 피자의 창업자 토머스 모너건은 대학 시절이던 1960년, 학비를 벌기 위해 작은 피자 가게를 인수했다. 그는 '고객들이 어떤 피자를 좋아할까?'를 고민했다. 그래서 다음과 같은 결론을 내렸다.

'갓 구워내 바삭바삭하고 빠른 시간에 먹을 수 있는 피자!'

그는 가게에서 손님을 맞는 대신 배달로 손님을 찾아가겠다는 발상을 하고 가게 안의 테이블 등을 치워버린 뒤 오직 피자만을 구웠다. 그리고 보통 1시간 가까이 걸리던 배달 시간을 '30분 이내 배달'로 약속했다.

갓 구워낸 피자가 가장 맛있으므로 되도록 빨리 갖다주면 고객은 최상의 맛을 즐길 수 있다. 또한 바쁜 현대인들에게 빠른 배달은 제품에 긍정적인 이미지를 줄 수 있다. 이 2가지를 충족시키기 위해 토머스 모너건은 피자를 만드는 방법부터 바꿨다. 보통 20분 정도 걸리던 굽는 시간을 단 8분으로 줄인 것이다. 그의 이런 아이디어들이 고객의 기호와 맞으면서 점포 수가 늘어나기 시작했다.

'30분 배달'이라는 컨셉트를 지키기 위해 끊임없는 노력을 기울였다. 갓 구워낸 피자의 맛을 유지하기 위해 전기 충전식 열선 시스템인 '히트 웨이브(heat wave)'를 피자 배달용 가방인 '핫 백(hot bag)'에 적용했다.

품질관리에 엄격한 원칙을 적용했다. 바로 도미노 피자 가맹점을 하려는 사람은 '1년 동안 도미노 피자 가게에서 일을 해야 한다'는 조건이었다. 그래서 미국의 도미노 피자 가맹점주들은 98퍼센트가 종업원 출신이다.

시간파괴와 엄격한 품질관리가 바쁜 현대인들에게 먹혀들면서 도미노 피자는 지금 전 세계 7,000개가 넘는 점포를 운영할 정도로 성공한 기업이 되었다.

시간파괴 아이템들은 밤에서 새벽 사이에 많이 보인다. 온라인 쇼핑몰들은 밤부터 새벽 2시 사이에 '도깨비 특가 코너'를 마련해두고 특별 할인을 해주고 있다.

분식집들이 시간파괴를 한 것은 오래 전이며 요즘은 야간진료를 하는 병원이 늘고 있다. 이에 야간과 공휴일 신료를 전문으로 하는 병원도 생겨났다. 시간이 없는 직장인들을 위해서다.

일본에는 10분 안에 모든 미용 서비스를 해주는 곳이 생겨났고 한 주유소에서는 주유를 하는 동안 남자 운전자에게 이발을 해주는 서비스도 등장했다.

마케팅적인 관점에서 가장 시간파괴를 효과적으로 하여 성과를 올리는 아이템은 컨테이너일 것이다. 예전 같으면 화물선이 항구에 들어와서 화물을 내리고 다음 화물을 실을 때까지 며칠씩 걸렸다. 그동안 화물선 승무원들은 하릴없이 빈둥거려야 했다. 그러나 컨테이너와 리프트가 등장하자 완전히 시간을 파괴해버렸다. 화물선이 들어오면 아예 도크에 설치된 리프트가 배에 실린 화물을 내려놓고 부두에 쌓여 있는 컨테이너를 들어서 배에 싣기만 하면 몇 시간 안에 모든 작업이 종료된다. 컨테이너라는 아이템을 창안한 사람은 그야말로 '시간의 마술사'였고, 컨테이너는 '시간의 통조림'이었다.

공간파괴

비난과 찬사를 동시에 받은 사건이 영국 런던에서 있었다. 주인공은 템스 강변의 현대 미술관인 데이트모던이다.

미술관이 들어서기 전에는 산업혁명의 흔적으로 남아 있던 흉물스런 화력발전소가 있었다. 영국 문화부에서 미술관을 세울 계획을 발표하자 언론들이 예술에 대한 모독이라는 이유로 비난을 퍼부었다. 그러나 영국 정부는 여론에 개의치 않고 공사를 밀어붙였다. 2000년 5월, 발전소 자리에 들어선 데이트모던은 문을 열자 문명의 잔해와 현대미술의 결합이라는 언론의 찬사를 받으며 런던의 명물로 떠올랐다. 죽은 공간을 현대적인 이미지로 다시 해석한 공간파괴의 사례다.

이번에는 기업을 보자. 스웨덴의 가구회사 이케아는 세계 32개국에 매장이 있으며 하루 110만 명이 찾는다는 세계적인 기업이다. 이 가구회사의 매장 컨셉트는 특별하다.

규모가 대단히 크다. 보통 축구장 크기 5개 정도의 공간에 7,000여 종의 DIY 가구를 취급한다. 완성된 가구가 아니라 집으로 가져와서 설명서를 보며 조립하는 가구이다. 우리나라의 장롱처럼 큼직한 상품도 있지만(물론 조립이다) 앙증맞게 생긴 옷걸이, 수납용 상자, 미니 책상, 램프 등 웬만한 생활용품들까지 취급한다. 위치도 도심에 있는 것이 아니라 외곽에 떨어져 있다. 그래서 축구장 5개 넓이의 면적을 차지할 수 있었다. 가구만 팔지 않는다. 아이들을 데리고 와

268

서 하루 종일 구경하고 먹고 마시고 놀 수 있도록 꾸며졌다. 아이들을 맡길 놀이방이 있는가 하면 식당도 있다.

이케아의 컨셉트는 3가지다. 모든 상품에 디자이너의 이름을 걸 정도로 세련된 디자인, 저렴한 가격, 공간비용을 줄이기 위한 DIY다.

이케아를 공간파괴라고 하는 이유는 가구매장은 임대료 비싼 도심에 있어야 한다는 고정관념을 파괴한 점, 넓은 공간을 차지하는 가구를 DIY로 만들어 다시 한번 공간비용과 배송비용을 획기적으로 줄였다는 점이다.

시간과 공간과 가격을 한꺼번에 파괴해서 가구 하나로 세계를 제패한 기업이다. 얼마 전 이케아 상하이점이 오픈할 당시 한꺼번에 8만 명이 몰려들어 경찰이 출동했다고 한다.

상식파괴

몇 년째 세계 최고의 수주량을 기록하고 있는 우리나라 조선업도 기존의 상식으로는 이해가 되지 않는 상식파괴에 해당된다. 조선업 전문가들은 벌크선(일반 범용선) 부문은 일본과 중국에 모두 자리를 내줘야 한다고 말했다. 하지만 우리나라 조선업은 세계 정상을 유지하기 위해 그야말로 상식파괴를 시도했다.

지난해 삼성중공업이 러시아 최대 국영해운회사인 소브콤플로트

사로부터 7만 톤급 쇄빙유조선 3척을 4억 3,000만 달러에 수주했다.

쇄빙유조선은 말 그대로 얼음을 깨면서 운항하는 선박이다. 영하 45도의 극지방에서 두께 1.5미터의 얼음을 깨면서 가는 선박이다.

대우조선에서 세계 최초로 개발한 액화천연가스 재기화 선박 (LNG-RV)은 기존 LNG 선박의 개념을 파괴한 결과물이다. 기존의 LNG 선박은 천연가스를 영하 163도의 온도로 낮춰 부피를 1/600로 줄여서 나르고 육상 LNG 저장기지에 옮겨 다시 환원시키는 과정을 거쳐야 했다. 하지만 LNG-RV 선박은 배 위에 탑재된 재기화 설비를 이용해 싣고 온 액체 상태의 LNG를 육상에서 바로 쓸 수 있도록 한다. 가격이 2억 8,000만 달러에 이르지만 주문이 잇따르고 있다. 이제는 해저 유전에서 석유를 시추한 다음 이를 끌어올려 배 위에서 정제해내는 기상천외한 새로운 개념의 선박도 줄줄이 선보일 예정이라고 한다.

상식파괴의 가장 훌륭한 전략은 무엇일까? 바로 지금, 당신의 상품이나 서비스가 아무런 소용이 없도록 못쓰게 만드는 방법이다. 자기 자신을 진부화시키는 방법은 상식을 파괴하는 가장 빠른 지름길인 것이다.

기존의 모델을 파괴한 MTV

돈은 기존의 상식을 파괴한 사람만이 벌 수 있다.

방송국을 보자. 방송국은 관련 기자재를 구입하고 인력을 고용하여 방송을 하면서 광고로 수익을 올리는 비즈니스 모델이다. 뉴스, 드라마 등 다양한 프로그램을 방송하다 보니 제작비가 많이 든다. 프로그램마다 제작비가 추가로 들기 때문이다. 만일 제작비를 파괴할 수 있다면 수익은 더욱 올라갈 것이다. 그 방법으로 하나의 프로그램만 집중적으로 보내면 어떨까? 그것도 뉴스만.

그래서 탄생한 것이 미국 24시간 뉴스 전문 채널 CNN(Cable News Network)이다. 이제는 세계적인 영향력을 가진 CNN은 뉴스 제작에만 집중적으로 많은 돈을 쓰고 있다.

이것보다 더 제작비를 줄이는 방법이 있다. 다른 사람이 제작한 프로그램을 그것도 돈을 받고 방송해주는 비즈니스 모델이다. 바로 미국 음악 전문 방송 MTV이다.

세상에서 광고가 없는, 광고를 할 수 없는 유일한 상품이 음악이다. 음악은 어떤 방식으로도 광고를 하지 못한다. 아니, 광고의 형식을 빌리지 못한다는 이야기가 맞을 것이다. 음악은 방송에 소개되는 것 자체가 광고이며 홍보다. 그 외에는 입소문 정도가 가능할 것이다.

MTV의 비즈니스 모델을 보자. MTV는 하루 종일 음악만 내보내는 케이블 방송이다. 여기서 방송하는 음악은 시청자들이 24시간 들을 수 있는 일종의 '컨텐츠'다. 음악을 좋아하는 사람에게 음악만 들을 수 있으니 얼마나 좋은가.

MTV는 음반 제작회사에게는 음반의 광고 수단이다. 미국에는 하루에도 수천 곡의 노래가 쏟아져 나오기 때문에 방송에 한 번 소개되기가 매우 어렵다. 그렇다고 새로 나온 음악을 '광고' 할 방법도 없지 않은가. 음악을 좋아하는 사람과 음악을 만드는 사람, 양측의 니즈(needs)를 연결시켜 준 곳이 MTV다.

음반이 나오면 제작회사들은 뮤직 비디오를 찍어서 MTV에 가져가 방송을 의뢰하는 것이다. 물론 광고비를 지불해야 한다.

MTV는 방송 송출장치만 갖추고 있으면 된다. 모든 것은 음반 제작회사들이 알아서 제작해온다. 틀어주기만 하면 된다.

음악 애호가들의 입장에서 보면 하루 내내 새로 나온 음악만 소개해 주니 여간 반가운 게 아니다. 그래서 음악을 좋아하는 젊은이라면 가입을 하기 때문에 영업에 신경 쓸 일도 거의 없다. 그야말로 기존의 모델을 파괴한 새로운 비즈니스 모델이 아닐 수 없다.

12 마케팅의 승리를 결정하는
선택과 집중

　젊어서 미국으로 건너가 돈을 번 누리미라는 노인이 있었다. 죽을 때 마땅한 상속자가 없었던 이 노인은 자신의 집과 주식 760주를 고향 푸키리아 마을에 기증했다. 주식은 팔지 말고 배당금으로 마을을 위해 써달라는 말을 남기고 1962년에 눈을 감았다.

　그로부터 37년이 지난 1999년 12월, 노인이 남긴 주식 760주는 증자에 증자를 받아 22만 8,000주로 늘어났으며, 주당 가격은 당시 19달러에서 5,700달러로 올라갔다. 마을에 돈벼락이 떨어진 것이다. 바로 세계적인 기업 노키아의 주식이었다.

　핀란드는 인구 500만 명, 국토의 70퍼센트가 삼림이며 10퍼센트가 호수인 그림 같은 나라이다. 핀란드인은 바이킹의 후예로 21세기의 유목민들이었다. 오랫동안 스웨덴의 지배를 받기도 했던 이들은 처음에는 번듯한 사업 분야 하나 없이 천혜의 자원을 이용한 것들뿐이었다. 노키아도 고무, 제지, 케이블 등 30여 가지 아이템을 다루는 분산된 잡화상이었다. 그나마 생산품 대부분을 소련에 공급했다.

소련이 무너지자 노키아는 큰 어려움에 직면하게 되고 1990년대 초반 노키아 그룹은 부도 위기에 빠진다. 채권단은 노키아에 분할 매각을 건의했다. 이런 절체절명의 위기상황에서 등장한 경영자가 41세의 요르마 올릴라 사장이었다.

요르마 올릴라 사장은 6개월 동안 노키아를 살릴 방안을 고민했다. 그 결론이 '선택과 집중'이었다. 제지, 고무, 케이블 TV, 컴퓨터, 가전 등의 사업 분야를 정리하는 대신 미래의 성장 산업으로 떠오르는 휴대전화기에 모든 역량을 집중한다는 것이었다. 일종의 불균형 성장이론이다. 하지만 인구 500만 명의 작은 나라가 먹고살 수 있는 방법은 미래의 산업, 성장 아이템을 들고 세계로 나가는 길밖에 없음을 알았던 것이다.

그렇게 시작한 노키아의 휴대전화기 사업은 1998년을 기점으로 모토롤라를 제치고 세계 정상에 진입한다. 모토롤라는 핀란드에서 실패했지만 노키아는 미국은 물론 전 세계시장으로 뻗어나갔다. 요르마 올릴라가 취임한 지 6년만의 일이었다. 이러한 공로로 그는 1999년에 회장으로 승진했다.

요르마 올릴라가 미래의 성장 산업으로 휴대전화를 정한 선택이 우연은 아니라는 주장이 강하게 대두되고 있다. 핀란드인은 바이킹의 후예, 전형적인 유목민의 핏줄을 가지고 태어났다.《호모 노마드 유목하는 인간》이라는 책으로 잘 알려진 프랑스 석학 자크 아탈리는 핀란드나 한국처럼 유목민의 유전형질을 가진 민족이 21세기에는 세계사에서 큰 몫을 담당할 것이며 휴대전화야말로 가장 전형적인 유목민의 필수품이라고 말했다.

유목민(nomad)이란 옛날에는 가축을 몰고 초원과 물줄기를 따라 정처 없이 떠돌던 민족을 말하지만 요즘은 '디지털 노마드'라고 해서 디지털 장비를 몸에 갖추고 시공간을 넘나드는 신인류를 가리킨다.

핀란드외 우리나라가 세계 휴대전화시장에서 선두를 다투는 것도 우연이 아닌 것 같다는 생각이 든다. 지난해 우리나라를 방문한 자크 아탈리는 향후 20~30년 후 세계의 주역으로는 한국을 비롯한 브릭스(BRICs: 브라질, 러시아, 인도, 중국) 4개국, 일본, 호주, 캐나다, 인도네시아, 멕시코 등 11개국이 유망하며 그 중에서 한국이 중요한 역할을 할 거라고 언급했다. 그리고 한국이 그 역할을 감당하기 위해서는 국경을 개방하고 새로운 아이디어로 무장해야 하는 조건을 말했다. 국경을 개방한다는 말은 마음의 지평을 열어야 한다는 의미라고 생각된다.

요르마 올릴라의 경우 시장의 흐름도 잘 읽었지만 휴대전화라는 상품의 핵심을 바로 꿰뚫어 보았다. 그는 처음부터 휴대전화의 생명은 '기술과 디자인'의 결합임을 깨닫고, 여기에 모든 핵심 역량을 집중했다.

모든 상품은 어떻게 정의하느냐에 따라 방식이 전혀 달라질 수 있다. 호텔을 서비스업이라고 정의하면 부동산업으로 정의할 경우와 접근 방식이 전혀 달라진다. 휴대전화를 '기술과 디자인'의 결합물로 본 그의 통찰력이 그만큼 뛰어났다는 의미이다.

기업이나 개인이나 주어진 에너지는 한정되어 있다. 이를 여러 분야로 분산시켜서는 어느 하나도 제대로 할 수 없다. 경제학 용어로 설명하자면, 한정된 자원을 여러 분야에 고르게 분산시켜서는 어느 한 분야도 이륙(離陸)하지 못한다. 시장에서의 경쟁은 1, 2위를 할 수 있는 확실한 분야에 한정된 에너지를 집중시켜야 한다.

단점을 강조하여 장점으로 만드는 역발상 마케팅

　세계에서 가장 규모가 큰 국제회의는 매년 1월 말~2월 초 스위스 다보스에서 개최되는 '세계경제포럼(World Economic Forum)' 이다. 정식 명칭보다 개최장소 이름을 딴 '다보스포럼'으로 더 잘 알려졌다.

　우선 규모를 보자. 2007년에는 90개 이상의 국가에서 2,400명이 참석했다. 참석자의 면면도 국가원수급만 영국의 토니 블레어, 독일의 앙겔라 메르켈 등 24명에 이르며, 마이크로 소프트의 빌 게이츠, 세계 금융계의 거물 조지 소로스, 델 컴퓨터의 마이클 델, 퀄컴의 폴 제이콥스 등 기라성 같은 거물 경영인들, 세계적인 석학들이 참석했다.

　기업인이라고 아무나 참석할 수 있는 게 아니다. 연매출 7억 달러

이상 되는 기업이어야 하고, 연회비 1만 3,000달러, 참가비 2만 달러를 내야 한다. 현재는 미국 기업 200개, 유럽 기업 500개 등 1천여 개 기업들이 회원으로 가입되어 있다. 우리나라 정치인, 경제인들은 여기에 참석하는 것을 영광으로 알 정도다.

이렇게 어마어마한 국제회의가 열리는 장소라면 세계적인 도시쯤으로 생각할 테지만 그렇지 않다. 다보스는 스위스 취리히 공항에서 자동차로 2시간 반 정도 달려야 도착하는 알프스 산자락의 시골마을이다. 여름이면 캠핑족이나 가끔 머물다 가지만 겨울이면 3,000미터가 넘는 고봉 20여개가 눈을 뒤집어쓴 채 병풍처럼 둘러싸고 있다. 꽁꽁 얼어붙은 고원의 자연호수가 더욱 추위를 느끼게 하는 마을이다. 이런 곳이 모임 하나로 인해 세계적인 명소로 둔갑한 것이다.

다보스포럼은 1971년 제네바 대학의 클라우스 슈밥 교수가 결성한 유럽 최고 경영자들의 친목 모임이었다. 1973년에 대상 지역을 전 세계로, 참석 인사는 정치인으로 확대하면서 세계적인 모임이 되었고 1981년부터 지역 이름을 딴 다보스포럼으로 알려졌다.

이 포럼이 무슨 거창한 결정을 하거나 강제력을 갖는 것도 아니다. 정치인들과 세계적인 석학들, 기업인들이 만나서 세계적인 관심사에 대해 의견을 나누고 정보를 교환하며 토론을 하는 정도다. 논의되는 주제는 경제가 가장 우선이지만 정치, 사회, 환경, 에너지, 아프리카의 빈곤 문제 등 국한되지 않고 다양하다.

결정권은 없으나 참석자들의 면면에서 알 수 있듯 그 영향력은 엄청나다. 할리우드의 스타들도 참석한다. 샤론 스톤은 아프리카 난민을 돕자며 모금운동을 제안해 5분 만에 10만 달러를 모으기도 했다.

다보스포럼은 역발상 마케팅의 산물이다. 주최 측은 일부러 가장 추운 시기를 택해 행사를 개최하고 있다. 그 시기의 다보스는 온통 눈으로 덮인 산골마을로 마치 동화의 나라를 연상케 한다. 그런 곳으로 세계의 석학들과 정치인, 기업인들을 불러 세계 중요 현안들을 논의하면서 스키를 타고 연주회를 관람하며 휴식을 취하도록 기획한 행사다. 다보스는 이 행사 덕분에 일약 세계적인 명소이자 겨울 휴양지가 되었다. 호텔 등 위락시설이 들어서 국제적인 휴양지로 변모했다.

미국 콜로라도 록키산맥에는 아스펜이라는 음악캠프가 있다. 딱히 정해진 날은 없지만 음악인들이 비슷한 시기에 몰려들어 자연을 감상하고 음악을 이야기하며 연주하고 감상한다. 하나의 음악제가 된 것이다. 음악하는 사람뿐만 아니라 실연한 친구를 데리고 와서 며칠 동안 휴식을 취하며 위로해주는 곳이다.

이제는 이 음악제에 참가하는 사람들이 10만 명이 이를 정도가 되었으며, 이 산골 마을은 음악 도시가 되었다. 꽉 짜여진 일정보다 이처럼 비정형화된 축제가 21세기 정서에는 더욱 적합할 것으로 보인다.

일본도 이와 유사한 역발상 마케팅 사례가 있다. 후쿠오카 오타이현의 유후인이라는 마을이 있다. 인구 1만 2,000명의 오지이고 마을을 활성화시킬 여건도 거의 없었다. 그런데 이곳에서 역발상이 나왔다. '60년 전의 유후인' 만들기.

모든 지역이 '개발이다', '첨단이다' 하면서 불도저 소리가 시끄럽게 들릴 때 이 마을은 60년 전의 모습으로 돌아갔다. 농사도 전통적인 방식으로 짓는다. 사람의 손으로 못자리를 하여 모를 심고, 가을걷이가 끝나면 논에다 볏가리를 세우는 것이다. 외부로 통하던 아스팔트 도로도 걷어버리고 흙길을 조성했다. 마을에는 차도 주유소도 없다. 그런데도 가을이면 많은 관광객들이 누런 벼가 바람에 일렁이고 야생화들이 지천으로 피어난 이곳을 찾아온다.

역발상이란 나의 단점을 강조하여 강점으로 바꾸는 전략임을 보여주는 사례들이다.

성공의 법칙은 늘 배반한다

　사람은 누구나 과거의 성공을 즐겁게 회상한다. 그래서 같은 방법
에 집착하게 된다. 그러나 과거의 화려했던 성공에 대한 기억은 새
로운 변신을 가로막는 장애물이다.

　피터 드러커는 개인이나 기업을 성공으로 끌어올렸던 이전의 방
식은 성공한 순간부터 새로운 현실, 새로운 문제와 만나기 때문에
미래에는 더 이상 적용되지 않는다고 한다. 그리고 우리가 어린 시
절 동화에서 읽은 이야기, '그리하여 그들은 오래도록 행복하게 잘
살았다'는 말은 그야말로 동화에서나 읽을 수 있는 구절이 되었노라
고 말한다.

　과거의 실패했던 기억인 매몰비용이 합리적인 의사결정에 도움이
되지 않듯 과거의 성공방정식도 다음 성공에 그대로 적용되지 않는

다는 말이다.

하버드대학의 수재들은 여전히 고교시절의 공부 방법에 그대로 매달려 있어서 대학에 오면 상당히 당황한다고 한다. 사실 고등학교와 대학교의 공부는 개념 자체가 다르다. 고등학교의 공부가 도서관에 틀어박혀 책과 씨름하면서 단순 지식을 얻는다면, 대학교의 공부는 세상과 사물을 보는 관점을 기른다. 그러기 위해서는 토론을 하고 새로운 관점으로 분석하려는 노력이 필요하다.

이는 기업도 마찬가지다. 늘 새로운 방법, 혁신을 통한 새로운 성공의 방법을 찾아야 한다. 기업이 만들고 파는 과정은 동일한 행위의 반복처럼 보이지만 사실은 전혀 그렇지 않다. 몇 번의 사이클이 지나고 나면 공전하는 궤도 자체가 바뀌게 된다. 하루하루는 동일한 날의 반복인 것처럼 보이지만 몇 달이 지나면 계절 자체가 바뀌듯이 말이다. 한동안 잘 나가던 기업들이 이런저런 잡음이 들리거나 신문에 등장하는 횟수가 줄어들면, 이들은 대부분 과거의 성공 신화에 집착한 나머지 새로운 변신을 하지 못한 경우다.

IBM이나 애플도 한때의 성공에 안주하다가 휘청거렸던 기업들이다. 다만 이들은 잘못된 전략임을 깨닫고 다시 한번 화려하게 부활한 점이 대단하다.

IBM의 위기는 오만함에서 비롯되었다. 대형 컴퓨터시장에서 세계시장을 석권했던 IBM은 1980년대 중반 『포춘』이 선정한 '가장 위대한 기업'에 4회 연속 오를 정도로 '위대'했다. 당시 IBM은 웬만한 국가의 파워를 뛰어넘을 정도였다. IBM은 전략이 필요 없는 기업이 되었다. 그러나 1990년대에 접어들자 상황은 서서히 변했다. 후지츠와 디지털 이큅먼트, 컴팩 등이 나타나 하드웨어 시장을 잠식했고, 인텔과 마이크로 소프트는 PC 부문을 잠식했다. 1992~94년 동안 IBM은 150억 달러의 누적손실을 기록했고 자본은 1,000억 달러에서 300억 달러 수준으로 곤두박질쳤다.

루 거스너를 회장으로 영입하여 40만 명의 직원을 절반으로 줄이고 하드웨어를 파는 기업이 아닌 시스템 구축과 컨설팅, 솔루션을 제공하는 서비스 기업으로 변신하여 다시 한 번 화려한 새기의 기회를 맞이할 수 있었다. 뒤늦게야 시장의 흐름에 눈을 뜨고 소비자의 소리에 귀를 기울인 결과였다.

이러한 함정은 하이테크 기업에 많이 도사리고 있다. 기술 자체가 빠르게 진화한다는 것을 염두에 두지 않으면 잠시 방심하는 사이에 시장과는 먼 길을 가게 된다.

초창기의 애플도 그랬다. 처음에는 기술로 화려하게 성공한 기업이었으나 과거의 성공 방식에 안주해서 고사의 위기를 맞게 된다. 창업자이면서도 회사에서 쫓겨나야만 했던 비운의 제왕 스티브 잡스를 다시 영입해 화려하게 재기했다.

스티브 잡스는 기술 맹신주의에 빠져 있던 직원들에게 과학과 예술의 결합이라는 새로운 장르를 제시했다. 그 둘의 융합으로 인한 시너지 효과가 애플을 다시 살려낸 원동력이었다.

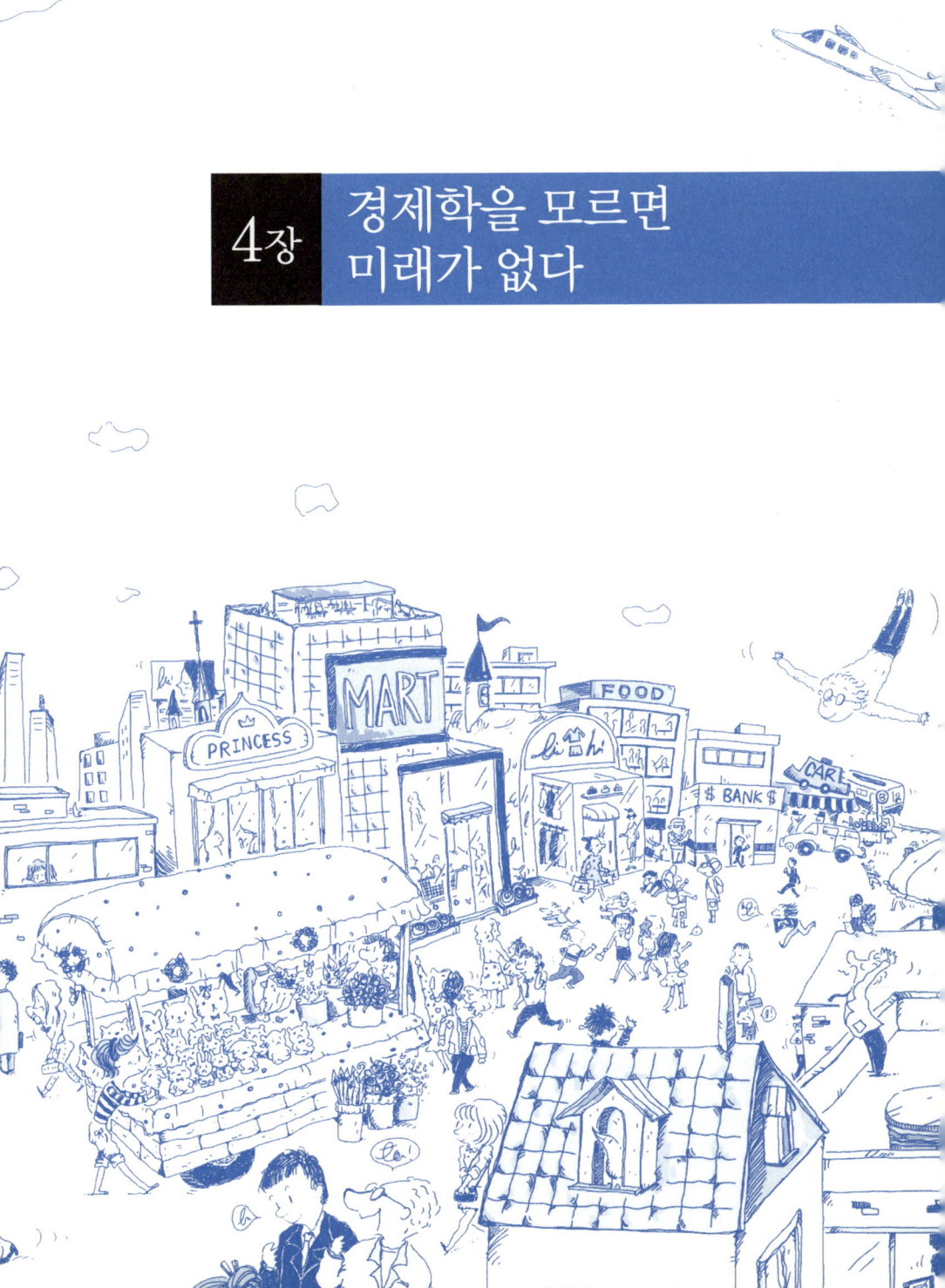

4장

경제학을 모르면 미래가 없다

01 미래는 '옆으로 나란히' 시대

자연계의 생존법칙에는 2가지 관계가 있다. 하나는 약육강식(弱肉
強食)의 관계, 다른 하나는 상생(相生)의 관계다. 사자와 토끼의 관계
는 전자에 속하고 꽃과 벌의 관계는 후자에 속한다. 사자와 토끼처
럼 먹고 먹히는 관계를 수직적이라고 한다면 꽃과 벌처럼 서로 돕는
관계를 수평적이라고 부른다.

수직적인 관계는 불평등의 관계다. 강한 자와 약한 자의 관계이기
때문이다. 따라서 수직적인 관계에 있어서 일어나는 일들은 강자의
의지에 달렸다. 토끼를 잡아먹느냐 마느냐 하는 것은 오로지 사자의
의지일 뿐이다. 수평적인 관계는 절대 평등의 관계다. 꽃과 벌은 온
전히 자율적인 의사에 의해 그들의 관계가 설정된다. 양측의 의사가
일치했을 때에만 관계가 설정된다.

수직적인 관계의 조직에서는 존재 목적이 하나뿐이다. 기업조직이 아무리 크다 해도 그것이 존재하는 목적은 '돈을 벌기 위함' 하나뿐이다. 60만 대군이 존재하는 것도 '국토방위' 라는 목적 하나뿐이다. 그것을 위해, 조직의 효율적인 관리를 위해 명령하고 복종하는 관계로 형성된다. 그러나 수평적인 관계에서는 개체 하나 하나가 모두 존재의 목적을 가진다. 꽃을 위해 벌이 존재하는 것이 아니고, 꽃과 벌 모두 고유의 존재 목적을 갖고 있는 것이다. 이렇게 장황하게 이야기를 전개하는 이유는 앞으로 우리가 살아갈 21세기는 수평적인 관계 속에서 형성된다는 것을 강조하기 위해서다.

텔레비전 시대를 거쳐 이제 인터넷 시대로 접어들었다. 텔레비전과 인터넷의 결정적인 차이는 바로 수직이냐 수평이냐 하는 차이다. 텔레비전은 수직으로 연결되어 있는 반면 인터넷은 횡적으로, 수평으로 연결되어 있다. 텔레비전은 일방적인 정보 전달이지만 인터넷은 쌍방 커뮤니케이션이다.

말하자면 텔레비전은 전교생이 줄을 서서 교장 선생님의 훈시를 듣는 방식이지만 인터넷에서는 옆자리 동료와 낮은 소리로 대화를 나누는 방식이다. 텔레비전에서는 정보를 전달하는 사람과 정보를 전달받는 사람의 격이 다르지만 인터넷에서는 누구든 동등한 자격으로 이야기를 나눈다.

'앞으로 나란히' 는 앞사람 하나만 보면 되지만 '옆으로 나란히' 는 왼쪽도 보고 오른쪽도 봐야 한다. '앞으로 나란히' 는 앞사람이 하는 대로 따라하면 되지만 '옆으로 나란히' 는 나와 양쪽 사람이 서로 보조를 맞춰야 한다.

인터넷의 핵심은 '옆으로 나란히'에 있다. 그런데 옆사람과 도란도란 이야기 나누는 것이 왜 그리도 중요할까?

외국 사람들은 우리나라 사람들이 외국으로 출장을 오면 같은 회사에 다니는 기술자가 하는 질문이나 영업자가 하는 질문이나 비슷하다고 한다. 그러면서 대체 관련 부서의 사람들과 정보를 공유하지 않느냐고 의아해한다.

왜 이런 일이 일어나는가? 출장을 다녀온 사람이 보고서를 작성하여 자신의 부서장에게만 보고를 하고 부서장은 다시 담당 임원에게 보고를 하고 끝나기 때문이다. 그리고 보고서는 서류철에서 먼지만 뒤집어쓰고 있다.

처음 출장을 갔던 사람의 보고서를 관련 부서의 직원들과 함께 공유하면 다음 사람이 출장을 갈 때는 기존의 출장 보고서를 참고로 좀 더 진전된 새로운 정보를 얻을 수 있을 것이다. 그래서 정보는 옆사람과 공유할수록 시너지 효과가 배가 된다.

우리나라 기업들이 1970~80년대에 해왔던 방식은 철저히 기술부서의 일방 통행방식이었다. 주로 엔지니어로 구성된 개발부서의 임원들이 외국 출장에서 가져온 샘플을 비밀리에 카피해서는 일방적으로 영업부서에 던져서 팔아왔다. 그것이 우리나라 실정에 맞는지 어떤지는 안중에도 없었다. 일부 기업들은 아직도 그렇게 하는 것 같다.

제대로 하려면 어떻게 해야 하는가? 마케팅·연구·개발·생산 부서의 실무자들이 모여서 도란도란 이야기를 나눠야 한다. 수직적인 관계, 즉 상사와 직원간의 커뮤니케이션은 기껏 효율성의 추구일 뿐 시너지 효과를 내지는 못한다. 그러나 자신과 같은 동일한 자격의 사람들이 모여서 정보를 공유하고 서로의 이익을 도모할 때 진정한 시너지 효과가 나게 된다.

앞으로 21세기에는 연단에 올라가 큰 소리로 열변을 토하는 사람보다 옆사람과 도란도란 이야기 나누는 사람이 가장 무섭게 될 것이다.

02 세상의 큰 변화에는 항상 임계치가 있다

성장이란 정(正)의 방향으로의 변화를 의미한다. 개인, 기업, 국가 모두 성장을 위해서는 에너지가 필요하다. 작은 에너지로는 조금의 변화밖에 나타나지 않는다. 질적인 변화는 임계치(臨界值) 이상의 에너지를 투입해야 한다.

임계치의 에너지

자연계든 사회 현상이든 공통적으로 적용할 수 있는 법칙이 하나 있다.

'세상 모든 것은 변한다.'

하나의 계(系, System)가 있다고 하자. 계는 닫혀 있지 않은 이상 외부 에너지의 유입이 일어나고, 외부 에너지가 유입되면 외부 에너지를 흡수하는 방향으로 변한다. 그러나 이는 작은 변화에 불과하다. 질적인 변화가 일어나기 위해서는 임계치 이상의 에너지가 주어져야 한다. 질적인 변화는 비행기가 이륙하는 것과 같다.

일단 이륙한 비행기의 모습은 이전과는 전혀 다른 모습이 된다. 비행기가 이륙하기 위해서는 시속 252~288킬로미터 정도의 속도로 일정거리 이상을 달려야 한다. 그 이하의 속도로는 하루 종일 활주로를 달려도 이륙하지 못한다.

로켓이 지구의 중력을 이기고 우주로 가기 위해서는 초속 11.2킬로미터의 가속도를 가져야 한다. 이것이 중력탈출에 필요한 임계속도이다.

이처럼 지금까지와는 전혀 다른 비약이나 도약을 물리학에서는 퀀텀 점프(quantum jump)라고 부른다.

원자는 원자핵과 그 주위를 도는 전자로 구성되어 있다. 전자의 수는 하나인 수소부터 238개인 우라늄까지 다양하다. 전자의 수가 많은 경우에는 여러 개의 전자궤도가 필요하다. 궤도 하나에 2~8개 이상의 전자를 가질 수 없기 때문이다.

여기서 원자에 에너지를 가하면 전자의 회전속도가 빨라지다가 임계치 이상의 에너지를 가하면 전자는 한 단계 더 높은 궤도로 뛰어오르는데 이를 퀀텀 점프라고 부른다. 이런 현상이 일어나면 물질은 전혀 다른 성질로 변한다. 사람도 지금까지와는 다른 '나'를 원한다면 한 번쯤은 이런 퀀텀 점프를 할 필요가 있다.

아이들이 말을 배우는 과정도 퀀텀 점프와 동일한 패턴을 보이고 있다. 아이들은 첫 돌까지는 엄마, 아빠 등 몇 개의 단어만 구사하다가 두 돌을 전후한 시기에 '갑자기' 말문이 열린다. 물론 개인차는 있다. 어른들이 보기에는 갑작스러운 일일지 모르나 아이의 입장에서는 결코 '갑자기'가 아니다. 아이들은 단어 하나를 익히기 위해 수백 번, 아니 수천 번을 반복해서 듣고 속으로 연습을 한다. 그러다가 임계치에 이르면 갑자기 말문이 열리게 되는 것이다.

외국어를 공부하는 사람들도 비슷한 얘기를 들려주고 있다. 일정 기간 이상 집중적인 노력을 쏟아 부으면 어느 순간 귀가 들리고 말문이 열린다고 한다. 임계치 이상의 노력, 이것은 엄청난 것이다.

큰 변화는 동태적으로 일어난다

큰 변화, 질적인 변화는 불연속적으로 갑작스럽게 일어난다. 이런 갑작스러운 변화를 단속평형(斷續平衡)이라 부른다. 단속평형이라는 용어를 처음 사용한 사람은 생물학자 스티븐 J. 굴드였다.

하버드대학 교수였던 그는 다윈의 점진적 진화론에 반기를 들었다. 만약 진화가 아주 오랜 세월 동안 점진적으로 진행되는 것이라면 공룡과 새 사이의 중간단계 화석들이 무수히 발견되어야 하며, 원숭이와 인류의 조상 사이에도 수많은 중간단계 화석들이 발견되어야 하나 사실은 그렇지 않다고 말했다.

굴드는 다윈과는 반대로 종은 자연선택 과정을 거쳐 서서히 다른 종으로 진화하는 게 아니라 오랜 기간 동안 안정된 형태나 정체상태에 머물다가 임계치 이상의 에너지, 즉 급격한 환경변화를 만나면 멸종하거나 그 평형 기간이 갑자기 단속되면서 중간 단계를 거치지 않고 곧바로 다른 종으로 진화한다고 주장했다.

사회 현상도 큰 변화는 굴드의 주장처럼 단속평형적으로 이뤄지는 경우가 대부분이다. 1990년 10월 베를린 장벽이 무너지고 독일이 통일되었을 때 이를 미리 예측한 정치가나 학자는 아무도 없었다. 고르바초프의 소련이 개혁과 개방의 길로 나아가면서 동독을 더 이상 책임지지 못하는 상황으로 이어지자 동독 주민들은 마르크화를 달라며 베를린 장벽을 무너뜨리고 서독으로 몰려들었다.

우리나라의 경제성장도 단속평형적인 변화에 해당된다. 5,000년 동안 잠자던 민족이 갑자기 잠에서 깨어난 불과 몇 십 년 만에 눈부신 경제성장을 이룩한 것이다.

1960년에 79달러였던 국민소득이 70년에 254달러, 80년에 1,645달러, 90년에 6,147달러, 95년에 11,432달러로 1만 달러를 돌파했다. 1997년 외환 위기로 7,000달러 선까지 추락했다가 2000년에 다시 1만 달러를 회복하더니 2006년에 1만 6,000달러가 되어 이제는 2만 달러 돌파를 눈앞에 두고 있다. 전형적인 단속평형이다.

형태장 이론, 집단의식

임계치 이론은 한 개체에만 해당되는 것이 아니고 집단 전체에도 그대로 적용된다. 집단 전체를 하나의 유기체로 보는 것이다. 이른바 형태장(形態場) 이론이 그것이다. 일본에 '100번째 원숭이'라는 이야기가 있다.

1952년 동경대학교 교수들이 일본 규수 인근 코시마라는 섬에 집단으로 서식하는 원숭이들에게 다양한 종류의 먹이를 주면서 이들의 먹이학습 과정을 관찰했다.

고구마를 주자 원숭이들은 맛있게 먹었다. 다음으로 진흙이 잔뜩 묻은 고구마를 주자 한동안 먹을 방법을 찾지 못하다가 한 마리가 물에 씻어서 먹었다. 이를 본 다른 원숭이들도 이 방법을 따르기 시작했다. 마침내 100번째 원숭이가 이 방법을 따라하자 섬 전체의 원숭이들이 이 방법을 따라했고, 다른 섬에 있던 원숭이들도 이 방법을 터득한다는 이야기다.

여기서 '100'이라는 숫자는 상징적인 의미일 것이다. 이 결과를 바탕으로 일정 수 이상의 개체가 특정적인 행동을 하면 그 행동은 형태공명을 일으키면서 종 전체로 확산된다는 이론이 나왔다. 미국의 생물학자 라이엘 왓슨은 이를 임계치 현상으로 설명했고 영국의 생화학자 셸드 레이크는 좀 더 발전시켜 형태장 이론으로 설명하고 있다. 종 전체를 하나의 유기체로 보자는 것이다.

사람들의 생활에서는 유행이 이에 근접하는 현상이 아닐까 생각된다. 유행은 어느 것이든 처음 등장할 당시에는 낯설고 어색하지만 일정 수 이상의 사람들이 따르면 아주 당연한 현상으로 받아들여진다.

리더십을 보자. 리더십은 어느 한 지도자의 신념이나 비전을 구성원 전체가 공유하는 현상으로, 리더가 제시하는 방향으로 구성원 전체의 에너지를 집결시키는 과정이다. 바로 형태장 이론에서 설명하고 있는 감정이입 현상이다.

하나의 계기를 만들자

도약이나 비상을 위해서는 어떤 계기, 즉 모멘텀이 필요하다. 인류의 발전 과정을 보면 불을 가지게 되면서 원시상태를 벗어났고, 청동기와 철기를 가지면서 고대국가를 건설하는 계기를 만들었다. 화폐는 문명사회 진입로의 교량을 놓았다. 증기기관과 방적기의 발명은 산업혁명의 불을 질렀으며, 프랑스 혁명은 민주주의의 단초를 제공했다.

우리나라의 경우에는 고속도로를 건설하면서 토목공사와 물류혁명을 일으켰고 자동차 생산에 박차를 가하는 동안 기계공업이 비약적으로 발전하는 계기가 되었다. 올림픽이나 월드컵은 글로벌 스탠더드로 접근하는 계기가 되었다. 개인의 발전도 마찬가지다. 이러한 계기를 인위적으로라도 만들면서 나아가야 한다.

스포츠에 재미있는 사례가 있다. 독일에서 시작된 장대높이뛰기는 장대를 짚고 라인 강을 뛰어넘던 놀이에서 비롯되었다. 물푸레나무나 호두나무를 사용할 때의 기록은 3미터 정도였다. 그때는 사람들이 4미터를 마의 벽으로 알고 있었다. 하지만 대나무가 등장하자 4미터를 훌쩍 넘더니 알루미늄이 등장하면서부터 5미터를 넘었다. 다시 6미터의 기록은 인간의 한계로 여겨졌으나 유리섬유가 등장하자 단숨에 무너졌다.

실패나 시련도 훌륭한 계기가 될 수 있다. 역사에서 보면 실패의 교훈이 훗날 위대한 성공의 계기가 되는 경우가 적지 않다. 문제는 이를 반전시킬 수 있는 지혜와 역량이다. 다음과 같은 칭기즈칸의 어록이 있다.

집안이 나쁘다고 탓하지 말라. 나는 아홉 살 때 아버지를 잃고 마을에서 쫓겨났다.

가난하다고 말하지 말라. 나는 들쥐를 잡아먹으면서 연명했고 목숨을 건 전쟁이 나의 일이었다.

작은 나라에서 태어났다고 말하지 말라. 그림자 말고는 친구도 없고 병사로만 10만, 백성은 어린이와 노인까지 합쳐 200만도 되지 않았다.

배운 게 없다고 탓하지 말라. 나는 내 이름도 쓸 줄 몰랐으나 남의 귀에 귀 기울이면서 현명해지는 법을 배웠다.

너무 막막하다고, 그래서 포기해야겠다고 말하지 말라. 나는 목에 칼을 쓰고도 탈출했고, 뺨에 화살을 맞고 죽었다 살아나기도 했다.

적은 밖에 있는 것이 아니라 내 안에 있다. 나는 내게 거추장스러운 것은 깡그리 쓸어버렸다. 나를 극복하는 순간 나는 칭기즈칸이 되었다.

지금 우리가 당면하고 있는 한·미 FTA나 중국과 인도의 무서운 성장, 일본과 중국 사이에 낀 샌드위치 신세는 분명 위기다. 그러나 이는 동시에 기회가 될 수도 있다. 우리의 에너지를 어떻게 모으느냐에 따라 발전의 계기도, 후퇴의 계기도 될 수 있는 중요한 시점이다. 위기를 반전시킬 수 있는 지혜와 역량을 모을 때다.

03 미래의 장사는 어떤 형태?

눈에 띄는 가게

'예술의 전당' 건너편에는 유난히 눈에 띄는 가게가 하나 있다. 그 가게에서는 수영복이 여름보다 겨울에 더 팔린다.

물론 다른 가게서도 겨울에 수영복이 더 팔릴 수 있다. 겨울에도 건강이나 다이어트를 위해 실내수영장을 찾는 사람의 숫자가 점점 늘어나고 있으니 말이다. 그런데 이 가게는 다른 가게보다 겨울에 수영복이 훨씬 많이 팔린다.

알고 보니 이 가게는 수영복 전문점이 아니라 '신혼여행용품' 전문점이었다.

여름보다는 늦은 가을, 겨울, 이른 봄에 결혼하는 사람들도 많을 것이고, 대부분 바다가 있는 동남아로 신혼여행을 떠나니 수영복은 필수라는 생각을 한 것이다. 이 가게는 취급하는 상품의 종류도 아주 다양하다. 신혼여행에 필요한 상품의 종류는 줄잡아 100가지 이상이 되지 않을까 싶다.

예비 신랑, 신부가 신혼여행에 필요한 쇼핑 리스트를 적고 쇼핑을 할 때 백화점, 남대문시장을 하루 종일 돌아다니면 80퍼센트 가까이는 구입할 수 있을 것이다. 그러다 구입하지 못한 몇 가지는? 다음에 다시 사려고 니기거나 시간이 없으면 생략할지도 모른다.

그러나 신혼여행에 필요한 모든 상품을 한 자리에서 취급하는 가게가 있다면 굳이 백화점, 남대문시장을 돌아다니지 않을 것이다. 바로 그 가게 한 곳만 가면 간단하니까.

그 가게에 들어서면 우선 편안한 소파에 앉으라고 권한다. 소파에 앉으면 차와 쇼핑 리스트가 담긴 카탈로그를 준다. 차를 마시면서 쇼핑 리스트에 체크만 하면 쇼핑 끝이다. 가격도 시중에 비해 저렴하다. 가격이 비싼 캠코더나 가방은 빌려주는 서비스도 해준다.

이 가게라면 여행사와 제휴관계를 맺어도 좋을 것이다. 여행사에서는 여행용품 구입처로 이 가게를 소개해주고 가게에서는 여행사로 고객을 안내하면 또 다른 소비자를 끌어들일 수 있다. 이런 경우를 상생의 관계라고 한다.

배낭여행을 가려는 사람들에게 필요한 모든 물품을 취급하는 가게도 있다. 이런 가게들이 테마 숍(thema shop)이다.

이 이야기를 장황하게 전개하는 이유는 이것이 앞으로 전개될 미래의 모델이기 때문이다. 자, 이제 본격적으로 미래의 장사형태를 탐색해보자.

가게의 진화

가게 형태는 일반적인 가게에서 전문점, 테마 숍을 거쳐 라이프스 타일 숍으로 진화하고 있다.

일반적인 가게라면 슈퍼마켓이나 구멍 가게가 전형적인 사례이 다. 1970~80년대가 전성기였고 지금은 쇠퇴기를 맞고 있다. 돈을 벌지 못한다는 말이다.

전문점은 지금 일부 분야를 제외하고는 성장 후기 정도에 있다. 어느 정도 돈은 벌 수 있겠지만 투자자금이 많이 든다.

지금 도입기에 있는 형태가 앞에서 얘기한 신혼여행용품 전문점 같은 테마 숍이다. 한 마디로 상품 그 자체를 파는 것이 아니라 하나 의 주제, 테마, 보이지 않는 가치를 판다.

일반적인 가게서 전문점으로, 테마 숍으로, 라이프스타일 숍으로 갈수록 상권이 넓어진다. 일반적인 가게는 주변의 고정인구와 일부 유동인구가 고객이지만, 전문점은 도시 한 블록이나 소도시 하나 정 도를 커버할 정도가 된다. 테마 숍으로 성공하면 거의 전국을 하나 의 상권으로 엮을 수 있다. 그리고 라이프스타일 숍이 되면 같은 라이프스타일을 공유하는 세계인 모두가 고객이 될 수 있다.

장사 중에서 유형의 물리적인 상품을 파는 사람이 가장 하수이고 보이지 않는 가치를 파는 사람이 가장 고수이다. 종교를 장사에 비유하면 외람되지만 굳이 비유를 하자면 이 세상 가장 위대한 장사꾼은 종교인들이다. 형체도 없고 원가도 없는 무형의 상품을 비싸게 팔지 않는가.

테마 숍 사례를 하나 더 들어 보자. 일본에 가면 '베스트 10' 상품만 취급하는 가게가 있다. 가 분야별로 10위권 안에 드는 상품만 골라서 취급한다. 책이라면 금주의 베스트셀러 10권만 진열해두고 있다. 여기서 취급하는 상품은 책 외에도 음반, 비디오, 잡지 등 각 분야의 베스트 10이다. 이것도 일종의 테마숍이다.

인터넷 사이트 중에 '곰신닷컴'이란 곳이 있다. 고무신을 파는 곳이 아니다. '곰신'은 '고무신 거꾸로 신는다'는 말에서 유래한, 군대 간 애인을 기다리는 여성들을 가리키는 말이다. 군대 간 남자친구가 있는 여성들끼리 게시판을 통해 대화도 나눌 수 있으며 군복무 중인 남자친구가 필요로 하는 모든 상품을 취급하는 일종의 테마 숍이다.

미국의 한 속옷 가게 이야기다. 고급 브랜드의 여성용 속옷을 취급하는 가게였지만 상권이 나빠서 장사가 잘 되지 않았다. 참고로 여성들을 위한 고급 상품은 고급스런 장소가 아니면 팔리지 않는다. 상품 수준과 매장 수준이 일치해야 한다. '이게 어디서 얼마를 주고 산 것인데' 하면서 혼자서 뿌듯한 만족감을 느낄 수 있어야 한다.

주인은 탈출구를 고민하다가 무릎을 쳤다. 가만 보니, 의외로 남성 고객이 적지 않았다. 남자들은 모두 선물용으로 구입하는 것이다. 매장 수준은 전혀 신경쓰지 않았다. 고급 브랜드이기만 하면 되니까.

여기서 주인은 '테마 숍'의 힌트를 얻게 된다. 가게를 '사랑 고백 전문점'으로 다시 포지셔닝했다. 여자 친구에게 속옷을 선물하려는 남성을 위해 속옷에 꽃과 사랑의 메시지를 담아 함께 배달해줬다. 그리고 인터넷에 사이트를 만들어 전국 어디서나 주문할 수 있도록 했다. 그렇게 하여 이제는 사랑 고백 전문점이 되었다.

이처럼 앞으로의 장사는 비록 유형의 상품을 팔더라도 무형의 주제, 테마, 가치를 담아내지 않으면 살아남지 못하게 된다. 이것이 테마 숍의 컨셉트다.

라이프스타일 숍은 아직 본격적으로 상륙하지 않은 형태이지만 10년 정도 지나면 본격화될 수 있을 것으로 추정된다. '할리 데이비슨'이라는 유명한 오토바이 브랜드가 있다. 미국 젊은이들은 할리 데이비슨을 미국의 상징이자 자존심으로 받아들일 정도로 열광한다. 할리 데이비슨을 타고 길을 가다가 할리 데이비슨을 탄 사람을 만나면 오토바이에서 내려 뜨거운 포옹을 나눈다. 남녀노소를 가리지 않는다. 이들이 즐겨 입는 재킷과 검은 부츠, 독특한 안경 등이 그들의 문화이다.

1년에 한 번씩 해변에서 개최되는 할리 데이비슨 동호인 모임은 그야말로 광란의 도가니다. 이들이 먹고 마시고 입는 모든 것은 그들 나름대로의 가치를 부여하는 것에 한정된다. 아무리 유명 브랜드라 해도 그들의 라이프스타일에 맞지 않으면 거들떠보지도 않는다. 이렇게 하여 하나의 라이프스타일이 탄생하는 것이다.

　이렇듯 앞으로 사업은 하나의 라이프스타일에 초점을 맞춰 전문화하지 않으면 안 된다. 우리나라에서는 아직 라이프스타일의 분화가 본격화되고 있지 않으나 미국에는 라이프스타일이 40개 이상으로 세분화가 되어 이뤄지고 있다. 이런 시장이 우리나라에도 10년 정도 후에 형성될 것이다.

미래를 지배할 첨단기술, 6T

　18세기에 등장한 증기기관이 산업혁명에 불을 질렀고 20세기의 전기, 전자, 화학 분야가 현대문명을 주도했다면 21세기는 6T(IT, BT, NT, CT, ET, ST)라고 불리는 첨단 분야가 담당할 것이다.

　IT(Information Technology, 정보통신기술)는 21세기의 시작을 화려하게 장식한 분야로 이미 우리 실생활에 깊숙이 들어와 있다. BT(Bio Technology, 생명공학기술)는 식량문제 해결과 난치병 치료 등과 관련하여 새로운 고부가가치 산업으로 발전할 것이다. 세계 석학들은 BT가 2010년경에 IT에 이어 새로운 상업 분야로 떠오를 것으로 전망하고 있다.

NT(Nano Technology, 나노기술)는 물질을 원자나 분자 수준의 크기에서 분석하고 조작하는 기술을 말한다. CT(Culture Technology, 문화기술)는 디지털 미디어에 기반한 첨단 문화예술 산업 전반을 가리킨다.

ET(Environment Technology, 환경기술)는 환경오염의 예방과 복원, 대체 에너지 개발 등의 기술로 전 세계적 차원의 관심이 쏠리고 있는 분야이다. ST(Space Technology, 우주항공기술)는 인공위성 개발에 관련된 반도체, 전자, 컴퓨터 등의 기술을 말한다.

앞으로 사라지는 직업, 뜨는 직업

사라지는 직업

미래학자 앨빈 토플러는 21세기에 사라질 직업으로 다음과 같은
10가지를 꼽았다.

〈노조 지도자〉

노조 지도자는 간부 등 전임 노조원을 말한다. 우리나라와 마찬가
지로 미국도 노조는 일종의 숍인숍(shop in shop)이다. 즉, 회사 내
에 설립된 또 하나의 조직이다.

기업은 상품이나 서비스를 생산하고 판매하여 이익을 획득하기 위
한 조직이지만 노조는 근로자의 권리를 보장받기 위한 조직이다. 노

조 지도자는 노조의 일에만 매달릴 뿐 회사일은 하지 않는다.

앞으로 노동자 권익 보호를 위한 노조의 존재성은 남아 있더라도 전임자라는 형태로는 남아 있지 않을 것이다. 또한 노조는 회사의 지원을 전혀 받지 않고 스스로 독립적인 조직을 운영할 수 있다. 노조 지도자들이 없어지거나 있더라도 소수의 핵심 인원만 남고 나머지는 모두 현장으로 돌아갈 가능성이 크다.

노조 지도부가 근로자들을 위한 봉사가 아닌 스스로의 권력을 갖는 순간부터 이미 존재의 의미는 사라진 것이다. 회사와의 협상에서 뒷돈이 오가고 근로자 채용에까지 입김이 미칠 정도면 이미 존재가치를 잃었다는 것이 앨빈 토플러의 전망이다.

〈사진관 종사자〉

예전에는 동네의 사진관이 일종의 문화적인 기능을 담당했다. 하지만 디지털 카메라의 보급으로 사진을 현상하는 대신, 컴퓨터에 저장하고 전자앨범으로 보관하는 사람들이 빠르게 증가하면서 기존의 아날로그 사진관들은 이미 상당수 문을 닫았으며, 앞으로 남은 사진관도 새로운 변신을 하지 않으면 살아남지 못하게 된다.

새로운 변신은 단순히 디지털 기자재를 도입하여 사진출력 서비스를 해주는 것에 국한되지 않는다. 우선 디지털 영상을 이용하여 각종 기프트 상품을 만들어 부가가치를 높여야 한다. 디지털 영상으로 머그컵, 접시, 타일 등에 전사하여 응용상품을 만들거나 골드, 실버 등 각종 메탈 응용상품을 만들 수 있다. MP3나 휴대전화, 티셔츠나 의류 등 각종 팬시상품에도 응용이 가능할 것이다.

한 디지털 사진관은 퍼즐 사진으로 액자, 각종 액세서리, 유치원 교육교재를 만들어주고 있다. 어떤 사진관은 사진관을 아예 아이들의 놀이터로 바꿨다. 돌이 된 아이가 한창 신나게 놀면 노는 모습이 사방에 설치된 카메라에 담기고 이를 이용해 앨범으로 만들어준다.

일본의 한 디지털 사진관은 동화의 나라를 연출해주는 컨셉트로 제2의 전성기를 구가하고 있다. 아이들이 원하는 동화 속 주인공으로 연출해서 스토리북과 함께 앨범으로 제작해주는 것이다.

앞으로의 사진관은 일종의 크리에이티브 숍으로 거듭나지 않으면 살아남지 못할 것이다.

〈석유 채굴업자〉

앞으로 사라질 직업 중 하나가 화석연료 채굴업자들이다. 석유, 석탄, 천연가스 등 화석연료들이 거의 바닥이 나기도 했지만 그렇지 않아도 수소, 태양, 풍력 등을 이용하는 대체 에너지가 그 자리를 대신할 것이다.

〈콜센터 안내원〉

기업이나 관공서, 은행 등의 교환을 말한다. 이들은 이미 상당수 자동응답기로 대체되어 사라지고 있는 중이다. 그리고 상담원이 그 자리를 대신할 것이다.

〈전투기 조종사〉

전투기 조종사를 직업으로 봐야 할지는 조금 의문이나 무기 체제가 로봇으로 점점 바뀌는 추세다. 앞으로 전쟁이 나도 대량 인명을 살상하는 고전적인 전투는 더 이상 일어나지 않고 조종사 대신 로봇이 원하는 목표물만 정확히 타격하는 방식으로 전개될 것이다.

〈건설 노동자〉

앨빈 토플러는 3차원 프린트 기술이 상용화되면 입체 복사물의 대량생산이 가능해지면서 몇 십 년 이내에 일부 숙련된 기능공을 제외하고 건설 노동자가 사라질 것이라는 전망을 내놓고 있다. 2차원 프린터가 2차원 종이 위에 찍어내는 기술이라면 3차원 프린터는 이집트의 피라미드를 다층적인 과정을 거쳐 그대로 복사해낼 수 있다는 것이다. 이것이 실용화되면 건설, 제조, 의료 분야에서 혁명적인 변화를 맞게 될 것이다.

〈광부〉

광부도 건설 노동자와 같은 운명이다. 미래의 탄광에서는 사람 대신 박테리아가 광석을 추출하게 된다. 티오바실루스 페룩시단스 같은 박테리아가 광석에서 금속을 추출하는 바이오 마이닝(bio mining) 시대가 도래할 것이다. 연구에 의하면 이 박테리아는 금가루를 한데 뭉치는 채집자의 역할을 하는 것으로 전해지고 있다.

〈CD 가게〉

앞으로의 음악 산업은 작곡가는 디지털 음악으로 작곡하고, MP3가 판매자 역할을 맡게 된다. CD는 기념품으로 추억을 회상하게 할 것이다.

〈브리태니커 백과사전〉

영국의 권위 있는 브리태니커 백과사전의 운명도 사양길에 접어들고 있다. 옛날 호화로운 장정의 브리태니커 백과사전 한 질이 응접실에 진열되어 있는 것만으로도 주인은 지식인 행세를 할 수 있었지만 이제는 거의 지난 일이다. 인터넷의 발달로 누구나 언제든지 무료로 무한의 지식을 볼 수 있으니까.

〈계산원〉

백화점이나 대형 할인점의 계산원은 계산대에서 일일이 바코드를 체크하여 요금을 계산했으나 상품을 담는 순간 계산이 이뤄지는 시대가 오면 사라질 것이다.

아르에프아이디(RFID: Radio Frequency Identification)라고 불리는 장치가 물건을 바구니에 담는 순간이나 쇼핑 카트를 끌고 계산대를 통과하는 순간에 모든 계산이 이뤄지게 한다.

창고관리도 마찬가지다. 이제까지는 창고에 입고되는 물건의 종류를 일일이 체크했으나 이 시스템이 도입되면 정문을 통과하는 순간 입고로, 정문을 나가는 순간 출고로 잡힌다. 세계적인 유통업체 월마트에서는 이미 삼성전자에서 만든 이 시스템을 도입했다는 소식이다. 앞으로 시장규모는 700~800억 달러에 이를 것이라고 전문가들은 추정하고 있다.

뜨는 직업

또한 앨빈 토플러는 21세기에 뜨는 직업으로 대부분 무형의 가치를 다루는 직업이 각광받을 것으로 전망했다.

〈기업가치 평가 전문가〉

단순히 숫자로 나타나는 기업가치를 말하는 게 아니다. 이전의 기업가치라면 기계, 설비, 매출 등을 숫자로 분석하는 것이나 앞으로는 무형의 가치(예를 들면 브랜드나 기업의 신용도, 기업의 노하우 등)가 오히려 더 중요한 가치를 갖게 된다. 기업 인수합병 전문가도 포함한다.

〈만화영화 전문가〉

21세기는 영상의 시대이다. 컴퓨터 소프트웨어의 발달로 만화영화 제작은 훨씬 더 정교해지고 있다. 수요도 어린이에서 어른까지 다양해지고 있다. 앞으로 만화는 정보 전달의 기능까지 담당할 것이다. 이 수요에 대비할 수 있는 만화영화 작가가 21세기에 뜨는 직업이 될 전망이다.

〈재무설계사〉

아직까지 투자하면 주식을 떠오른다. 주위에 주식 전문가들은 수도 없이 많다. 하지만 그들에게 정보를 얻는다 해도 어디에 투자할지 늘 막막하다.

앞으로는 기업의 전망을 바탕으로 투자수익을 예측하고 고객을 상담해주는 재무설계사가 새로운 직업으로 각광받을 전망이다. 증권회사뿐만 아니라 모든 금융기관에서 이런 전문가의 수요가 급증할 것이다.

〈환경·공해방지 전문가〉

세계적으로 환경문제는 더 이상 미룰 수 없는 발등의 불이 되었다. 지구 온난화는 가까운 미래에 커다란 문제를 일으킬 것이다. 문제의 심각성은 의식하지만 아직은 별로 돈을 쓰지 않고 있다. 미국이 이제야 연간 10억 달러 쓰는 정도다.

그러나 앞으로 환경과 관련한 분야는 빠르게, 아주 빠르게 성장할 것이 틀림없다. 앞으로 제조업을 하는 기업은 환경·공해방지 전문가를 의무적으로 고용해야 할 때가 온다. 이 분야는 환경영향 평가사, 수질 전문가, 대기 오염방지 전문가, 소음 전문가, 폐기물 전문가 등 다양한 분야로 다시 한번 나뉠 것이다.

〈물류 전문가〉

물류 이동은 점점 글로벌 베이스로 이뤄지고 있다. 상품과 정보의 흐름을 관리하는 물류 전문가는 이런 상황에 더욱 중요해지고 있다.

물류 비용은 기업 활동에서 반드시 지출되는 부분이다. 물류 전문가의 제안 하나로 물류 비용을 줄일 수 있다면 기업 입장에서는 엄청난 이익이 발생한다.

미국의 항공 화물 배송업체 페덱스의 창업자 스미스는 물류 흐름에 혁신을 일으켜 항공화물 업계를 제패한 인물이다.

100대 도시간 항공 화물 운송을 한다고 해보자. 기존의 기업들은 100대 도시마다 지점을 설치하고 화물을 접수한 다음, 해당 도시로 갈 비행기 편에 실어 보내는 방식을 택했다. 그럴 경우 100개 도시 각각에서 다른 도시 99개로 갈 비행기 9,900편이 필요하다(100×99).

그러나 스미스는 100대 도시에서 접수한 화물을 가상의 지점 X로 집결시킨 다음, 여기서 100개 도시로 분류하여 실어 보냈다. 그러면 X지점으로 집결하는 비행기 100편, 다시 돌아갈 때 비행기 100편, 모두 200편이면 충분하게 된다(100×2).

앞으로의 제조업은 원자재 발주에서부터 완성제품의 유통까지 물류관리의 중요성이 훨씬 더 증가될 것이다.

〈미용치과〉

치열을 아름답게 가꿔주는 미용치과가 인기 직종의 하나가 될 전망이다. 치아교정, 치아미백 등을 전문으로 하는 치과인 셈이다. 미국의 경우, 지난 3년 동안 미용치과를 찾은 사람들의 숫자는 2배가 늘어난 3,500만 명에 이른다.

05 미래를 지배하기 위한
마케팅적 발상법

인류의 진보는 새로운 생각, 새로운 아이디어를 가진 사람에 의해 이뤄졌다. 이 '새로운' 은 기존 상식의 틀을 깨뜨리는 발상을 의미한다.

아이디어는 논리가 아니다. 지나치게 논리적이거나 연역적인 사고에 물들어 있으면 아이디어가 나오지 않는다. 사람은 세상을 살아가면서 많은 규칙과 관습의 굴레에 얽매이게 된다. 이것은 이래서 안 되고, 저것은 저래서 안 되고….

그러나 아이들은 아주 단순하게 생각한다. 어른과 아이가 아이디어 내기를 하면 아이가 이기는 것도 굴레에 얽매이지 않기 때문이다.

더하고 빼고

아이디어는 이질적인 요소의 이합집산 결과이다. 인간은 유사점을 바탕으로 관계를 형성하고 차이점을 바탕으로 성장한다는 금언도 있다.

동일한 생각과 성장배경을 가진 사람들이 모이면 안정적일지는 모르지만 새로운 아이디어는 나오지 않는다. 동일한 생각을 갖는 사람들만 모이면 기존에 자신들이 갖고 있는 생각과 행동이 하나의 규범으로 작용하기 때문에 새로운 것에 대해 이질감을 느낀다.

이질적인 요소들을 더하고 빼면 전혀 새로운 개념을 얻을 수 있다. 이 방법을 구체적으로 소개한 사람은 손정의 소프트뱅크 대표다.

손정의는 미국 유학시절 세상에 없는 새로운 상품 아이디어를 200개 정도 만들었다. 일본으로 돌아와서 40개로 압축한 다음 그 중 몇 개 아이디어로 소프트뱅크를 설립해 큰 성공을 거뒀다.

그는 카드 300장을 준비하여 카드마다 하나씩의 상품이나 서비스 이름을 적고 아침에 일어나 그 중 3개의 카드를 꺼내 30분 동안 몰두한다. 이것을 더하면 무엇이 될까, 빼면…. 이렇게 했더니 1년 동안에 200개의 아이디어가 나왔다고 한다.

자동차의 지붕을 제거하면 스포츠카가 되고 자전거에 넓고 울퉁불퉁한 타이어를 붙이면 산악용 자전거가 된다. 산악용 자전거는 죽어가던 자전거 산업을 다시 살려낸 빅 아이디어였다. 이전의 자전거는 이동수단이었다. 자동차가 대중화된 후 자전거는 운동량이 부족한 현대인들의 레포츠 수단으로 바뀌었다.

학생들이 쓰는 크레파스는 크레용과 파스텔을 합쳐서 만들어낸 히트 상품이다. 크레용은 너무 끈적거려서, 파스텔은 너무 부스럭거려서 사용하기 어려웠다. '이 둘의 특성을 반반씩 섞으면?' 이라는 생각에서 탄생한 것이 세계적인 히트상품 크레파스다. 크레파스는 일본의 한 아이디어맨이 만들어 세계를 제패했다.

20세기 후반 세계 패션의 흐름을 바꾼 2가지 아이템인 미니스커트와 찢어진 청바지도 덧셈·뺄셈의 소산이었다.

미니스커트는 긴 치마를 가위로 싹둑 잘라버린 것이고 찢어진 청바지는 찢어지고 얼룩지고 돌에 짓이겨 놓은 것 같은 청바지가 기성 세대에 저항하는 젊은이들의 사고와 맞아 떨어지면서 세계적인 상품이 되었다.

뒤집어 보기

뒤집어서 생각하는 것도 아이디어를 얻는 좋은 방법이다. 스포츠에 재미있는 이야기가 있다.

1968년 10월 20일, 해발 2,240미터의 멕시코시티 올림픽 스타디움에서 놀라운 광경이 벌어졌다. 당시 스물한 살이던 미국의 높이뛰기 대표 딕 포스베리가 경기에서 2.24미터를 넘어 금메달을 차지했다. 그런데 사람들은 그가 2.24미터를 넘은 것보다 높이뛰기의 가로 막대를 넘는 방법에 더 놀라워했다.

그때까지 높이뛰기는 도움닫기 후 점프해서 다리는 벌리고 가슴은 아래로 향한 포즈로 바를 넘는 방식이었다. 그러나 딕 포스베리는 다른 선수들과 반대로 몸을 비틀어 옆으로 누운 자세로 바를 넘은 것이다.

우리 몸의 무게중심은 배꼽 아래 2.5센티미터 지점이라고 한다. 우리가 알고 있는 단전 부위다. 보통 신수들이 높이뛰기 바를 넘을 때처럼 팔을 아래로 내리고 허리를 숙이면 팔과 다리가 만드는 공간으로 무게중심이 옮겨간다. 무게중심이 아래로 처진다는 말이다.

그러나 딕 포스베리의 방식으로 공중에서 등과 허리와 다리를 뒤로 젖히면 그보다 무게중심이 훨씬 더 위쪽이 된다. 그래서 동일한 점프력으로도 더 높이 뛸 수 있는 것이다.

딕 포스베리가 기록을 깨뜨리자 모든 선수들이 그 방법을 따르게 되었고, 이제 '포스베리'라는 이름은 스포츠 용어의 하나로 자리를 잡게 된다. 1992년에 미국 올림픽 위원회는 그를 올림픽 명예의 전당에 올렸다. 발상의 전환을 높게 평가한 것이다.

뒤집어 생각하기는 아인슈타인의 상대성 이론이 태어나는 데에도 결정적인 역할을 했다. 19세기 물리학자들의 최대 관심은 빛이었다. 빛의 속도는 어떤 상태에서 측정해도 일정하다는 사실이 알려진 것이다.

달리는 기차를 정지한 상태에서 측정한 속도와 자동차를 타고 기차를 따르면서 측정했을 때의 속도, 기차와 반대방향으로 달리면서 측정했을 때의 속도는 완전히 다르다. 그러나 빛은 어떤 상황에서 측정해도 초속 30만 킬로미터로 일정했다.

모든 물리학자들은 그 원인을 규명하는 일에 몰두했다. 왜 광속은 어떤 경우에도 항상 일정한가? 그때 아인슈타인이 등장했다.

그는 중학교 물상책을 꺼냈다. 거기에는 이렇게 나와 있었다. 자동차가 달린 거리는 속도 곱하기 시간이다. 이를 식으로 표현하면 '$S=v \times t$'이다. 이를 속도에 대해서 풀면 '$v=S/t$'가 된다. 이를 광속에 적용할 때, 광속이 어떤 경우에도 일정하다면 'S/t'도 일정해야 한다.

즉, 빛이 달리는 공간(S)과 시간(t)은 분자, 분모의 관계로 맞물려 있으므로 공간이 늘어나면 시간도 늘어나야 하고 공간이 수축되면 시간도 수축되는 구조여야 한다. 그래야 속도(v)가 일정할 수 있기 때문이다. 빛이 이동하는 우주공간에서는 시간과 공간이 맞물려 있을 수밖에 없다.

이것이 상대성 원리이다. 중학교 2학년 정도의 물리학 공식을 뒤집어 20세기 최대의 이론인 상대성 이론을 정립한 것이다.

아인슈타인 이전의 물리학자들은 '빛의 속도는 왜 일정한가?' 문제를 연역적으로 규명하기 위해 노력했을 것이다. 그러나 아인슈타인은 귀납적으로 뒤집어 생각한 것이다.

아이손이라는 중소기업도 역발상의 주인공이다. 이 회사는 무거운 운동화를 만들어 연간 150억 원의 매출을 올리는 기업이다. 모든 운동화들이 가볍고 편함만을 추구할 때 이 회사는 무거운 운동화를 생각했다. 일반 마라톤화의 무게가 300~400그램인 것에 비해 이 회사의 운동화 무게는 1킬로그램이 넘는다.

이런 운동화가 어떻게 팔릴까 궁금하겠지만 바로 '다이어트용' 운동화로 포지셔닝한 덕분에 날개 돋친 듯이 팔리고 있다. 이 회사 대표는 코오롱 마라톤 팀에서 일하던 사람이다. 마라톤 선수들이 훈련할 때 발목에 모래주머니를 달고 달리는 것을 보고 다이어트 운동화에 대한 아이디어를 얻었다.

실험 결과 무게 1킬로그램이 넘는 운동화를 신고 30분을 걸으면 300칼로리를 소모하는데, 이는 40분 동안 등산을 하거나 축구를 하는 것과 같은 효과이다. 이 운동화는 2004년에 대한민국 기술대전에서 금상을 수상했다.

수평적 사고

아이디어는 기존에 존재하지 않는 문제해결 방식을 말한다. 얼핏 많은 사람들이 아이디어를 논리나 수학과 같은 범주로 생각하지만 사실 관련은 거의 없다. 논리적 사고나 분석적 방법은 기존의 아이디어를 좀 더 유용하게 가공하는 데 쓸모가 있으나 세상에 없던 새로운 아이디어를 내는 데에는 무용지물이다.

논리적 사고는 수직적인 방법이어서 지나치게 논리적인 사람은 오히려 아이디어 발상에 방해를 받는다. 그래서 제도화된 교육을 많이 받은 사람일수록 아이디어 발상, 즉 수평적 사고에 취약한 경우가 많다.

시각적으로 생각하기

아인슈타인은 한 번도 언어로 생각을 한 적이 없다고 한다. 개념이나 이미지가 떠오르면 이를 즉시 표현하여 사물의 물리적인 핵심을 꿰뚫었다.

시한 정하기

일에도 시한이 필요하지만 아이디어 발상에도 시한 설정은 매우 중요하다. 이 문제의 해결을 위한 아이디어는 오늘까지, 이번 주까지 등으로 시한을 설정해놓고 여기에 몰두하면 대개는 아이디어가 나오게 마련이다. 시한 설정은 일종의 자기최면이다.

폴 마이어는 30대에 백만장자가 된 사람이다. 독일계 미국인인 그는 교육을 받지 못할 정도로 가난한 집안에서 자랐다. 어느 날 길거리에서 고급 승용차가 지나가는 것을 보고 가슴속에서 일종의 분노 같은 게 치밀었다.

"다 같은 인간인데 누구는 고급 승용차를 타고 누구는 깡통을 차고 다니는가?"

그 순간 그는 사업가가 되겠다고 결심했다. 그러나 당장 사업을 시작할 돈이 없어서 우선 세일즈맨으로 돈을 벌겠다고 결심했다. 보험회사에 취직을 했으니 말을 디듬어서 3주 만에 쫓겨나고 말았다. 그러나 좌절하지 않고 오히려 전의를 불태웠다.

"나는 백만장자가 될 수 있다"며 미친 사람처럼 중얼거리고 다니면서 여러 가지 노력을 했다. 그런 노력이 인정을 받아 다시 보험회사에 들어간 그는 27세에 보험 역사상 최고의 기록을 세우며 백만장자가 되었다. 그가 말하는 성공 비결은 다음과 같다.

· 성취하고자 하는 목표를 분명하게 정하라.
· 구체적인 계획과 시한을 정하라.
· 꿈을 불태우며 스스로에게 동기를 부여하라.
· 자신의 능력을 믿고 사랑하라.
· 목표를 향해 전의를 불태워라.

엉뚱한 일하기

아이디어 개발에 '엉뚱한 일하기'는 맞지 않아 보일지 모른다. 그러나 아이디에이션(ideation) 작업 과정에서는 아주 중요한 요소이다.

인간의 뇌는 좌뇌와 우뇌로 나눠져 있는데 좌뇌는 논리적인 영역을, 우뇌는 아이디어와 상상력과 영감을 지배한다.

현대적인 의미의 교육을 많이 받을수록 좌뇌가 활성화되는 반면 우뇌는 위축된다. 우뇌가 활성화되어야 아이디어가 나온다.

우뇌를 활성화시키는 방법은 좌뇌의 기능을 모두 써버리는 것이다. 좌뇌가 더 이상 작동하지 않으면 그때부터 우뇌가 활성화되어 무궁한 아이디어가 나온다.

중·고교 시절에 이런 경험이 있을 것이다. 수학시험에서 예전에 분명히 풀어본 문제인데 공식이 생각나지 않는다. 머리를 짜내도 도저히 생각이 나지 않는다. 그러다 시험시간이 종료되어 답안지를 제출하고 교실 문을 나오는 순간에 공식이 떠오른다. 수학문제를 푼다는 것은 좌뇌를 사용하는 논리적인 활동이다.

그래도 문제가 풀리지 않으면 논리적인 사고를 던져버려라. 그러면 우뇌가 활성화되면서 아이디어가 나온다.

어떤 일에 막힘이 있으면 그 문제를 풀기 위해 우선은 논리적으로 접근한다. 모든 자료를 총동원하여 밤새도록 머리를 짜내본다. 그렇게 해서 풀리면 다행이고, 아니면 문제를 잊어버리고 훌쩍 여행이라도 떠나라.

그러면 그때부터 우뇌가 활성화되어 무수한 영감이 쏟아져나올 것이다.

브레인스토밍

브레인스토밍(brainstorming)은 집단 창의력 개발에 유용하다. 우선 동일한 문제로 고민하는 사람들이 모여서 다양한 아이디어를 낸다. 현실성이 없어 보이는 쓸모없는 아이디어라도 좋다. 일단 많은 아이디어를 모은다. 그렇게 나온 아이디어 중에서 조금만 고치면 훌륭한 아이디어가 나올 수 있다.

미국의 한 작은 도시에 겨울이면 눈이 많이 온다. 눈이 많이 내리면 송전선에 눈이 쌓여 전선이 끊어지는 사례가 빈번했다. 해결을 위한 브레인스토밍이 열렸다.

A: 전선을 흔들면 눈이 떨어지지 않을까요?

B: 어떻게 전선을 흔들지요?

C: 전신주를 흔들면 전선이 흔들리겠군요.

D: 전신주가 땅에 고정되어 있는데 어떻게 흔드나요?

E: 전봇대 위에 꿀단지를 올려놓으면 곰들이 올라가 눈을 치울 텐데.

F: 전봇대 위에 꿀단지를 어떻게 올리지?

G: 헬리콥터로 올리면?

I : 아, 헬리콥터 날개의 바람으로 눈을 날리면 간단히 해결되겠군요!

이 사례에서 보듯 다양한 아이디어를 얻는 게 1차적인 목표이므로 브레인스토밍은 쓸데없는 아이디어라도 존중해줘야 한다. 그 중에서 다듬으면 실제로 유용한 아이디어가 나오게 마련이다.

06 승자독식과 평준화

경제문제에는 늘 분배문제가 뒤따른다. 한 나라의 경제는 생산, 분배, 소비로 나타나는데 생산된 빵을 어떻게 나눠 갖느냐가 사회적 갈등의 문제로 나타난다.

극단적으로 보면 사람마다 능력껏 일해서 거기에 상응하는 대가를 받아야 한다고 주장하는 것과 사회 구성원 모두가 똑같은 몫을 받아야 한다고 주장하는 것으로 나눌 수 있다. 전자를 자유주의라고 한다면 후자는 평등주의로 부를 수 있다.

전자의 주장대로 하면 능력 없는 사람은 아무것도 가질 수 없는 사태가 발생하고, 후자의 주장대로 하면 능력 있는 사람은 열심히 일을 하지 않게 된다는 문제가 발생한다.

자유의 이름으로 평등을 무시할 수도 없고 평등의 이름으로 자유를 무시할 수도 없는 것이 현실이다. 이 둘의 조화는 없을까? 이 문제를 집중적으로 탐구한 사람이 20세기 최고의 윤리학자 롤스이다.

롤스가 주장하는 '정의'는 분배에 있어서 '불합리한 불평등이 없는 사회'였다. 즉, 차등은 인정하되 도덕적으로 인정될 수 있는 차등이어야 한다는 것이다. 소수의 이익을 보호하면서 동시에 사회 구성원들의 자유가 허용되는 '절차적 정의'였다.

케이크 하나를 5명이 나눠 먹을 때 공평한 방법은 무엇일까? 케이크를 자른 사람이 먼저 선택하기로 했다면 그는 4개의 작은 조각과 하나의 큰 조각으로 자른 다음 가장 큰 조각을 자신이 가질 수 있으므로 공평하지 않다. 다시 말해 용납할 수 있는 차등이 아닌 것이다.

케이크를 자른 사람이 가장 나중에 선택하도록 하면 자르는 사람은 어느 조각도 지나치게 작게 자르지는 못한다. 가장 작은 조각이 자신에게 돌아올 가능성이 높기 때문이다.

가장 작은 몫을 갖는 자도 불합리할 정도로 작은 몫이 돌아가지 않는다. 이것이 최소 수혜자의 이익을 보장하는 방식이다. 최소 극대화의 원칙이라고도 한다.

이렇게 하면 창조적 능력을 가진 자는 자신의 능력을 최대한 발휘할 수 있고, 능력이 없는 사람에게도 터무니없는 차등이 돌아가지 않는다. 롤스는 이것을 '정의로운 사회'라고 정의했다.

승자독식

자유주의를 최대한으로 인정하면 승자독식이 된다. 가진 자가 모든 것을 다 갖는다는 말이다. 특히 인터넷에서 벌어지고 있는 현상이 승자독식의 전형이다.

100명이 사용하는 소프트웨어와 50명이 사용하는 소프트웨어가 있다. 151번째 사람이 새로운 소프트웨어를 사용하려고 한다면 그는 당연히 100명이 사용하는 소프트웨어를 사용할 것이다. 훨씬 더 다양한 커뮤니케이션이 보장되기 때문이다.

그것은 100:50보다 훨씬 더 큰 차이가 난다. 100명이 사용하는 커뮤니티에서는 9,900개(100×99)만큼의 커뮤니케이션이 일어날 수 있지만 50명이 사용하는 커뮤니티에서는 2,450(50×49)개의 커뮤니케이션 밖에 일어나지 않는다. 결국 2배(100:50)의 차이가 아니라 4배의 차이가 나는 것이다. 기득권자가 점점 더 유리해지는 게임이다.

미국 대통령 선거도 승자독식의 게임이다. 미국 대통령 선거는 유권자의 직접선거가 아니라 유권자가 예비선거로 선거인단을 뽑고 선거인단이 모여 다시 대통령을 뽑는 제도이다. 선거인단의 숫자는 주마다 인구비례로 정해져 있다. 플로리다 27, 펜실베이니아 21, 이런 식이다. 각 주의 예비선거에서 어느 한 정당이 단 한 표라도 더 많이 얻으면 그 주의 선거인단 모두를 독식하는 방식이다. 민주당이 플로리다에서 한 표라도 더 많이 얻었다면 27표를 모두 가져가게 된다.

이렇게 되면 유권자 투표에서 더 많은 표를 얻고도 패배할 수 있다. 실제로 지난 대선에서 민주당의 엘 고어 후보는 더 많은 득표를 하고도 선거인단 수에서 뒤져 패배하고 말았다. 이것이 승자독식이다.

상향평준화는 있을 수 없다

평등주의에는 묘한 유혹이 따른다. 극단적인 예를 들면 부자들의 재산을 빼앗아 국민 모두에게 나눠주면 모두가 잘살 것 같다는 착각이다. 잘난 사람, 잘하는 사람의 발목을 묶으면 모두가 다 잘될 것 같다는 생각은 지금뿐만 아니라 고대에도 있었다.

평등에는 2가지 개념이 있다. 하나는 진정으로 모두가 똑같이 평등하게 같이 살아보자는 개념이다. 그러나 이런 사상은 철학자의 머릿속에서는 가능하겠지만 현실적으로는 불가능하다. 또 다른 개념은 나보다 잘난 놈은 꼴도 보기 싫으니 잘난 놈 발목을 묶자는 개념이다. 지금 우리나라에 횡행하고 있는 평등은 후자에 속한다.

세상 이치상 상향평준화란 있을 수 없다. 키 큰 사람과 키 작은 사람을 같게 하려면 키 큰 사람이 머리를 숙이는 수밖에 없다. 공부 잘하는 아이와 못하는 아이를 평등하게 하는 방법은 잘하는 아이를 못하게 하는 것이다. 못하는 아이를 잘하게 하는 방법보다 쉽기 때문이다.

평준화라는 마약은 나보다 잘난 사람 꼴을 보기 싫다는 생각에서 나온다.

예를 들어보자. 한 도시에 10개의 고등학교가 있다. 그 중 2개는 명문으로 일류대학 진학률이 아주 높고 나머지 8개는 평범한 학교이다. 여기서 학부모 투표를 통해 평준화 여부를 결정한다고 해보자. 어떤 결과가 나오겠는가?

2개의 명문 고등학교에 진학할 수 있는 자녀를 둔 학부모는 반대하겠지만 그 숫자는 20퍼센트를 조금 넘는 숫자에 불과하다. 반면 명문 고등학교에 진학할 가능성이 낮은 자녀의 학부모는 평준화에 찬성한다. 추첨으로 명문 고등학교에 자신의 자녀가 진학할 수 있는 가능성을 열어 두려는 것이다. 그러므로 평준화를 찬성하는 쪽으로 결론이 난다.

평준화가 되면 사회는 정체될 것이다. 잘난 사람은 열심히 노력해도 그에 상응하는 대가가 돌아오지 않기 때문에 자신의 능력을 최대한 발휘하지 않는다. 못난 사람은? 못난 사람도 노력을 하지 않는다. 어차피 잘난 사람들이 일해서 나온 결과물을 나눠 가질 것이기 때문이다.

모든 평준화는 하향으로 평준화되는 법이다.

07 신자유주의와 한·미 FTA

최근 활발한 논쟁이 일고 있는 신자유주의도 결국 먹고사는 문제이다. 18, 19세기를 풍미했던 애덤 스미스적인 자유방임주의는 경제적인 자유주의와 정치적인 민주주의를 기반으로 성립되었다. 그러다가 1930년대 대공황을 맞으면서 국가가 경제영역에 깊이 개입하는 뉴딜정책을 낳았고 정치적으로는 파시즘의 등장, 사회주의 국가의 등장 등으로 결정적인 고비를 맞았다.

제2차 대전 후 미국은 국가의 개입을 어느 정도 인정하는 수정자본주의의 길을 걸었지만 1970년대 석유파동을 기점으로 미국과 서유럽의 경기가 둔화되자 원인을 과도한 국가의 간섭 때문으로 진단하면서 경제 활동을 다시 시장의 자율기능에 맡기자는 주장이 제기되었다. 이것이 신자유주다.

구체적으로는 자유무역의 걸림돌이 되는 국가의 산업보호를 없애고, 관세와 제도를 뜯어고치고, 공기업을 민영화하고, 정리해고 등 구조조정을 통해 기업을 활성화시키는 것이 결국은 국부의 창출로 이어진다는 생각이다. 한·미 FTA 협상도 이런 관점에서 이해되어야 한다.

한·미 FTA와 구조조정

한·미간에 체결된 FTA 조약이 발효될 경우, 국가 전체의 부는 분명히 증가된다. 시장규모 자체가 확대되면서 산업 전반에 효율성이 증대되고 관세철폐로 전반적인 물가하락이 이뤄지면서 국민소득의 상대적인 증대 효과가 나타날 것이다. 또한 비교우위에 있는 산업 분야는 수출이 늘어나고 고용이 증가할 것이나 이에 적응하지 못하는 농업, 축산업, 교육, 서비스, 의료, 법률 등의 분야는 경쟁력이 약해질 수 있다.

경쟁력 있는 기업이나 부자는 더욱 부자가 될 수 있지만 가난한 사람은 더욱 가난해질 수 있다는 문제점도 있다.

여기에는 대전제가 따른다. 정치, 노사, 각종 규제 등의 문제들이 글로벌 스탠더드로 바뀌지 않으면 산업 분야 전반이 위축될 가능성도 있다.

이러한 불안 요소들을 해결한 나라들은 개방을 통해 성공했다. 처음부터 글로벌 스탠더드를 갖춘 싱가포르는 1인당 국민소득이 1989년에 1만 달러, 1994년에 2만 달러를 돌파하고 지금 3만 달러를 눈앞에 두고 있다.

아일랜드, 네덜란드, 룩셈부르크 등도 성공적인 개방을 이룩한 국가들이다. 반면 멕시코, 아르헨티나, 스페인, 뉴질랜드, 포르투갈 등은 개방의 충격으로 오히려 침체된 국가들이다. 이 나라들은 정치 불안과 노사문제, 자원의 비효율적인 분배 등이 문제점으로 지적되고 있다.

이미 FTA를 겪은 나라들의 장점과 단점을 벤치마킹한다면 한·미 FTA는 우리 경제의 체질을 개선하는 큰 계기가 될 것이다.

FTA 이후 떠오를 직업

한·미 FTA가 시행되면 우리나라가 경쟁력을 가진 제조업 분야는 활기를 찾겠지만 농업, 교육, 의료, 금융 등의 분야는 타격이 확실하다. 전문가들은 농업, 축산업, 제약 등 경쟁력이 떨어지는 분야에서는 4만 7,000명 정도의 일자리가 없어져도 제조업 분야에서 13만명, 서비스 분야에서 46만 명 이상의 일자리가 생길 것으로 전망하고 있다. 제조업 중에서는 자동차 등 기존에 우리가 경쟁력을 갖춘 분야를 포함해서 섬유, 신발, 가죽 분야가 새롭게 각광받을 전망이다.

환경 관련 직종이 새롭게 떠오르게 된다. 환경 기준이 까다로운 미국과의 거래를 위해서 필요한 환경영향 평가사, 수질 전문가, 소음진동 전문가, 폐기물 전문가 등의 몸값이 높아질 것이다.

또한 금융 전문가, 부동산 법률 전문가가 각광을 받을 것이며, 양국 사이에 늘어날 무역 분쟁을 조정할 변리사, 특허 전문가, 통상 및 협상 전문가에게는 블루 오션이 될 것이다. 특화된 전문 지식을 갖추지 못한 변호사는 입지가 좁아지게 된다.

어느 분야든 확실한 전문가가 되어야만 살아남을 수 있다는 이야기다.

08 아시아의 진주는 어디로 갔나?

필리핀을 여행하다 보면 마닐라 시내 한복판에서 낯익은 건물 하나를 볼 수 있다. '내가 잘못 본 걸까?' 하고 다시 보면 분명 본 적이 있는 건물이다. 이내 우리나라 광화문 한복판에 있는 닮은꼴 빌딩인 문화관광부와 미국 대사관 건물을 떠올리게 된다. 그 두 건물은 마닐라에 있는 아시아 개발은행(ADB) 본부 건물과 모양이 같다. 모두 필리핀 기술자들이 지은 것이기 때문이다.

장충체육관도 마찬가지다. 1960년대에 준공한 장충체육관도 필리핀 설계회사와 건설회사 기술자들이 지은 것이다. 우리나라로서는 돔형의 체육관을 설계하고 지을 기술이 없었기 때문이다. 당시 필리핀은 아시아에서 일본 다음으로 잘 사는 '부러운' 나라였으며 우리는 필리핀을 '아시아의 진주'라고 불렀다.

우리나라가 경제개발을 시작하던 1962년에 국민소득은 87달러였지만, 필리핀은 220달러로 우리의 3배 가까운 수준이었다. 당시 필리핀 대통령의 이름을 딴 막사사이상을 받으면 큰 영광이었다.

그로부터 40년 정도의 세월이 흘렀다. 지금 우리나라 국민소득은 2006년 기준으로 1만 6,000달러로 상승했지만 필리핀은 우리의 1/10도 못되는 1,300달러 수준에 머물고 있다. 국민소득이 1,300달러라고는 하나 빈부격차가 극심하기 때문에 대부분의 국민들은 기아선상에 머물고 있다. 대체 왜 이런 일이 생겼는가?

우선 30년 동안의 독재와 부정부패가 나라를 망쳤다. 독재자와 고급 관료들은 외채를 사적인 용도로 빼돌렸고, 필리핀의 강성 노조는 기업들을 모두 외국으로 떠나게 만들었으며, 늘어나는 실업자로 구매력이 뒷받침되지 못한 기업들은 잇따라 문을 닫는 악순환의 고리에 빠진 것이었다. 그나마 불안을 느낀 외국 기업들도 필리핀에 주둔했던 미군마저 떠나면서 대부분 떠나버리자 경제는 본격적으로 뒷걸음치기 시작했다.

독재자 대부분은 생산부문에 투입할 자원을 자신의 권력유지를 위해 사용했다. 스위스 비밀 은행에 예치된 마르코스와 이멜다의 재산은 줄잡아 100억 달러 정도로 추산되고 있다. 지금 필리핀은 대학을 나와도 일자리가 없어 여자는 남의 나라 가정부로, 남자는 남의 나라 건설 현장에서 막노동을 하는 신세가 되었다.

선거 전문가들은 필리핀의 민주주의 자체가 문제라고도 한다. 필리핀의 선거는 전적으로 개인 후원금으로 충당되는데, 일단 당선이 되면 빚을 진 후원자들에게 더 많은 이권을 줘야 하는 악순환이 발생한다.

대통령으로 출마하기 위해서는 개인적으로 350~750만 달러, 상원의원은 400만 달러, 하원의원은 100만 달러, 작은 도시의 시장에 출마하려면 25만 달러 정도가 필요하다. 대통령 월급이 1,200달러, 시장 월급이 650달러 정도인 현실을 감안하면 부정부패의 규모를 쉽게 짐작할 수 있다.

부정부패도 문제지만 대중의 인기에 영합하려는 포퓰리즘도 이에 못지않은 문제로 지적되고 있다. 아르헨티나를 보자. 제2차 대전 전만해도 아르헨티나는 세계 4대 부국에 속했다. 1943년 쿠데타로 일어선 페론이 노동자 계층을 기반으로 대통령에 당선되자 어설픈 사회주의를 표방한 포퓰리즘을 펼치면서 나라가 흔들리기 시작한다. 정치인들이 대중과 영합하는 사이 관료들은 부패의 길로 들어섰고 노동자들은 파업만 해도 임금이 올라가게 되자 결국 아르헨티나는 국가 부도사태를 맞았다.

50년 전만 해도 아르헨티나의 GDP는 프랑스와 비슷했다. 그러던 나라가 3억 명이 먹고살 식량을 생산하면서도 2,000만 명이 굶주리는 나라로 전락한 것이다.

지도자의 비전이 나라를
살리기도 하고 죽이기도 한다

리더는 비전을 제시하고 그 비전을 대중과 함께 공유하면서 대중의 적극적인 참여를 이끌어내는 사람이다. 강한 리더십을 가진 지도자는 조직 내부의 에너지를 자신이 원하는 방향으로 결집시켜서 조직과 자신이 일체화되게 한다.

로마를 두려움에 떨게 만든 사람은 카르타고의 군대가 아니라 한니발이었으며, 알렉산더나 칭기즈칸이 없었으면 마케도니아도 몽골도 존재하지 못했을 것이다. 덩샤오핑도 빼놓을 수 없는 리더였다.

덩샤오핑이 위대한 점은 석고처럼 굳어버린 사회주의의 두꺼운 껍데기를 깬 것이다. 마오쩌둥의 유산으로는 중국을 먹여 살릴 수 없음을 깨닫고 과감히 틀을 깬 사람이었다.

고르바초프도 개혁과 개방을 시도했으나 개방만 했을 뿐 진정한 개혁은 시도도 해보지 못하고 소련의 해체만 가져왔다. 그러나 덩샤오핑은 개혁과 개방을 동시에 추진했고 공산주의 체제를 유지하면서도 자본주의적 요소를 도입해 생산성을 비약적으로 발전시켰다.

개혁과 개방으로 덕을 보는 사람보다 손해를 보는 사람이 더 많았던 고르바초프에 비해 덩샤오핑은 절대 다수의 인민들을 덕이 되는 방향으로 이끌어서 성공할 수 있었다. 이것이 진정한 리더십이다.

아랍에미리트의 두바이를 중동의 허브로 바꾸고 있는 지도자 셰이크 모하메드를 보자. 두바이는 서울 면적의 절반에, 인구 120만 정도인 도시국가이다. 1970년대의 두바이는 전형적으로 석유에 의존하고 있던 아랍국가 중 하나였다.

왕세자였던 셰이크 모하메드는 석유가 고갈되는 2016년 이후의 먹고살 방법을 고민하다가 2011년까지 석유의존도를 '0'으로 만들고 대신 두바이를 세계 제일의 관광지, 교역 중심지로 만들자는 계획을 세운다. 더위와 모래뿐인 이곳을 어떻게 세계적인 관광지로 만들 것인가? 이때부터 셰이크 모하메드는 기상천외한 역발상들을 쏟아냈다.

지중해의 물을 끌어들여 물길을 만들고 여기에 야자수 모양의 인공섬을 만든 다음 세계 제일의 호텔을 지어 관광객을 유치한다는 계획을 세운다. 실제로 이 계획이 먹혀들어 한 해 관광객이 우리나라의 1.78배인 1,000만 명에 이르며, 관광수입이 차지하는 비중은 GDP의 17퍼센트나 된다. 이제는 물류, 관광, 쇼핑, 금융을 아우르는 중동의 허브로 떠오르고 있다.

이곳에는 세계 유일의 7성급 호텔 '버즈 알 아랍'이 있다. 321미터 높이에 돛단배 모양을 하고 우뚝 솟은 호텔이다. 가장 저렴한 방 값이 약 150만 원이다. 직접 보지 않으면 아무도 믿을 수 없을 정도라는 야자수 모양의 환상적인 인공섬 '팜 아일랜드'가 있으며 사막 한 가운데에 스키장이 있을 뿐만 아니라 세계에서 가장 고급스러운 리조트가 조성되고 있다. 또한 전 세계에서 몰려온 180여 개의 금융회사들로 인해 중동의 금융 허브로 떠오르고 있다. 지금 짓고 있는 '버즈 두바이'는 세계에서 가장 높은 800미터의 빌딩이다.

셰이크 모하메드는 꿈을 제시했고 그 꿈으로 국민들을 설득하고 이끌어가는 리더십으로 불과 몇 십 년 전만 해도 사막이었던 곳을 화려하게 변모시켰다.

"Dreams have no limits, go future(꿈은 무한하다, 미래로 가자)!"

두바이의 청사진을 제시하면서 발표한 셰이크 모하메드의 구호다.

그는 꿈을 이루기 위해 처음에는 싱가포르를 벤치마킹했다. 두바이가 싱가포르와 여러모로 비슷한 환경이었기 때문이다. 그러나 그의 성취는 싱가포르의 리콴유가 이룩한 것을 훨씬 더 능가할 정도다. 그 꿈으로 국민들을 설득하고 이끌어간 것이 그의 리더십이었다.

대통령, 그룹 회장 등 우리나라의 각계각층 인사들도 요즘 이곳을 들러 눈도장 찍기에 바쁘다. 방문 이유는 천지개벽으로 불리는 발전상을 벤치마킹도 하고, 지도자 셰이크 모하메드의 리더십 노하우를 배우려는 목적에서다.

미국은 왜 총기규제를 하지 못하나?

2007년 4월에 일어난 미국 버지니아 공대 총격사건은 가히 충격적이다. 이를 계기로 총기규제 문제가 다시 대두되고 있다. 그러나 전망은 그리 밝아 보이지 않는다.

미국에서 총기를 규제하지 못하는 가장 큰 이유는 미국의 문화 자체가 총기문화라는 점이다. 미국의 건국이념 자체가 '무장할 수 있는 권리'이며, 이는 미국 헌법에 명시되어 있다. 미국 헌법 제1조는 종교와 표현의 자유이며, 제2조가 바로 주장의 권리이다.

그러나 좀 더 큰 이유는 이권단체의 로비 때문이다. 미국에서는 이권단체의 로비가 합법이며 실제로 많은 단체가 로비를 하고 있다. 중요한 이권단체로는 각종 종교단체, 변호사협회, 의사협회, 자동차 노조 등 수도 없이 많다.

그 중 조용하면서도 가장 막강한 영향력을 행사하는 곳이 미국총기협회(National Rifle Association)다. 그 막강한 영향력 때문에 1980~90년대의 끊이지 않는 총기사고에도 불구하고 총기규제는 흐지부지되고 만다.

미국 국민들의 여론도 총기규제에 그리 호의적이지 않다. 버지니아 공대 사건 직후 실시된 여론조사를 보면 미국 국민의 59퍼센트가 지금보다 더 엄격한 총기규제는 원하지 않고 있다.

총기류를 규제하지 않으면 더 많은 총기사고가 날 것 같고, 규제하자

니 이권단체의 로비나 여론이 부담되는 딜레마에 빠진 미국이 과연 큰

두통거리를 어떻게 해결할 것인가 주목된다.

10 한심한 청년 실업문제

경제문제는 처방을 잘못하면 자칫 사회문제로까지 이어질 수 있다는 점에서 심각성이 있다. 우리나라 경제문제 가운데 가장 큰 문제는 청년 실업이다. 청년 실업자 수는 대략 100만 명으로, 전체 청년 인구의 8퍼센트 정도다. 여기에 임시직, 취업불만자, 취업포기자, 그리고 유학생과 어학연수생 등을 합치면 10퍼센트로 올라간다. 앞으로 이를 방치하면 큰 사회불안 요인으로 작용하게 된다.

이렇게 청년 실업이 늘어난 원인은 3가지다.

첫째, 경기불황이다. 비교적 경기가 좋았던 1995년에 청년 취업자 수는 502만 명이었으나 2006년 407만 명으로 95만 명의 일자리가 감소했다. 경기가 회복되면 어느 정도 감소할 것 같지만 그 사이에 해외로 빠져나간 생산시설을 감안하면 불안하기만 하다.

둘째, 산업의 소프트화다. 외환위기 때부터 지금까지 우리나라뿐만 아니라 세계 곳곳에서 수많은 IT 기업들이 생기면서 소프트화의 바람이 불었다. 산업이 소프트화가 되면 많은 인력이 필요하지 않다. 아날로그 산업에서 매출 1,000억을 올리기 위해 필요한 인력이 1,000명이라면 IT 기업에서는 1/3 정도면 충분하다는 계산이 나온다. 우리나라 전자, 반도체, 정보통신 등 첨단 기술 분야를 보면 지난 2, 3년 동안 평균 성장률은 27.8퍼센트였지만 이에 따른 고용증가율은 3.4퍼센트에 불과했다. 즉, 산업이 고도화되고 소프트화되면 고용창출 효과는 그리 높지 않다는 말이다.

지금 정부 당국자나 전문가들은 경기만 살아나면 실업자 문제가 해결될 수 있다고 하지만 천만의 말씀이다. 경기가 살아나도 이전처럼 고용창출 효과가 높지 않기 때문에 실업문제는 해결되지 않는다.

셋째, 인력 수급의 불균형이다. 전문가들은 우리나라 청년실업의 상당 부분이 잘못된 교육제도 때문이라고 한다. 잘못된 교육제도란 기업과 사회에서 필요한 인력과 대학에서 배출하는 인력의 수와 질에 대한 불균형을 말한다.

우선 수(數)의 불균형을 보자. 우리나라 대학 진학률은 1980년 27.2퍼센트, 1990년 33.2퍼센트, 2000년 68퍼센트, 2005년은 82.1퍼센트이다. 이는 OECD 국가 평균의 3배다. 이들의 일자리가 모두 보장된다면 참 좋은 일이겠으나 대학을 졸업하는 학생의 수와 기업이 받아들일 수 있는 수의 극심한 차이에서 문제가 발생한다.

질(質)의 불균형을 보자. 명문대학 이공계에 입학한 학생인데도 수학의 기초인 미적분 수업을 진행할 수 없고, 인문계 학생들은 원서를 읽지 못해 영어를 다시 가르치는 것이 대학의 현실이다. 전문가들은 대학생 수를 1/3로 줄이는 대신 대학에 진학하지 못하는 나머지 학생들에게는 세분화되고 전문화된 직업교육을 시켜야 한다고 지적한다. 물론 정부의 책임하에서 말이다.

지금까지 정부는 청년 실업과 관련한 대책으로 몇 조가 넘는 돈을 투입했지만 청년 실업률은 요지부동이다. 단기적인 실적에 급급한 나머지 고용을 공급의 측면에서만 본 결과다.

기업이 투자를 늘리고 고용이 창출되어야 일자리가 늘어나는 것이지 보조금 몇 푼 준다고 해결되는 일이 아니다. 정부가 앞장서서 기업들의 투자환경을 개선시켜 외국으로 빠져나가는 일자리부터 막는 정책이 훨씬 더 효과적이다.

야식증후군

밤에 음식을 찾는 사람이 많다. 그런데 그 정도가 심하면 '야간식이증후군(night eating syndrome)'을 의심해봐야 한다. 야간식이신드롬이라고도 하며 흔히 야식증후군이라고 한다.

야근이 많아지고 밤늦게 활동을 많이 하면서 야식증후군도 빈번하게 발생하고 있는 것 같다. 잠자리에 들기 전에 먹는 야식은 백해무익이다. 하지만 전화 한 통이면 모든 음식이 배달되는 유혹을 참기 힘들다.

한림대 병원에서 조사한 바에 따르면 한국의 성인 10명 중 1명은 야식경향이 있으며 100명 중 1명은 야식증후군이라고 발표했다. 야식경향의 의학적인 정의는 하루에 섭취하는 칼로리 중 밤에 먹는 섭취량이 50퍼센트가 넘는 것을 말한다. 시간에 쫓기는 직장인의 식사 패턴이 여기에 속하기 아주 쉽다는 지적이다.

아침은 거의 거르거나 간단히 하고 점심도 햄버거 등으로 때우기 일쑤이니 저녁에 폭식하게 된다. 술자리라도 있으면 폭식은 더욱 심해진다.

우리나라는 비만 환자 10명 중 4명이 야식의 영향이며 미국은 10명 중 6명이다.

야식을 먹는 이유는 우울증과 스트레스다. 우울증 중에서도 가벼운 우울증이 가장 위험하다. 심한 우울증은 식욕 자체가 없어지지만 가벼운 우울증은 오히려 식욕을 높여준다. 실컷 먹어야만 우울증이 가신다고 한다. 직장인의 경우에는 스트레스의 영향도 크다.

11 왜 인터넷 컨텐츠 사업인가?

　　우리나라 인터넷시장을 보면 인터넷 창업을 하려는 사람 대부분은 인터넷에서 물건 파는 일에만 주목한다. 특히 인터넷 옷 가게가 가장 많다. 외국과는 다른 점이다.

　　인터넷 창업은 여러 분야로 나눌 수 있겠지만 크게 상품을 판매하는 사업과 컨텐츠 사업으로 대별할 수 있다. 컨텐츠 사업은 인터넷에 사이트를 개설하여 특정 주제에 관한 정보를 올리고 상담도 해주고 관련 상품도 소개해주면서 광고를 유치하는 방식이다.

　　인터넷 컨텐츠 사업은 일단 궤도에 오르기만 하면 무한대의 부가가치 창출이 가능한 모델이나 우리나라에서는 그리 활성화되지 않고 있다.

　　낚시를 예로 보자. 전국의 낚시꾼을 대상으로 매주 새로운 낚시 정보를 올리면 어떨까? 이번 주에는 저수지별로 물때와 조황이 어떻고, 어디에는 어떤 미끼와 장비가 필요한지를 날씨 정보 등과 함께 올리는 것이다. 일종의 온라인 낚시 잡지 정도로 생각하면 된다. 그러면서 낚시 관련 상품을 판매하는 업체들과 제휴하여 광고를 하고 상품도 내거는 것이다.

여성 관련 컨텐츠의 경우 아이를 키우는 엄마로 대상을 정하면 그들에게 필요한 거의 모든 정보를 다룬다. 취미, 요리, 육아, 재테크, 건강, 다이어트, 자녀교육, 취업, 창업 등의 정보를 올리고 상담도 해주면서 다른 전문기관들과 제휴하여 온·오프라인 강좌를 진행하는 것이다. 회원 수가 어느 정도 이상 늘어나면 관련 상품이나 서비스를 취급하는 기업들의 광고가 자연스럽게 들어온다.

뜨개질을 잘하는 사람이라면 사이트를 만들어 자신의 작품과 재료를 판매하고 온라인 강의를 하면서 광고도 유치하면 괜찮은 수익원이 될 것이다.

열대어를 좋아하고 많이 안다면 열대어 기르기 컨텐츠를 만들어 자신의 노하우를 공개하고 열대어 분양도 하고 먹이도 팔면 또 하나의 수익을 창출할 수 있다.

컨텐츠 사업은 당장 돈이 생기지 않는다. 일단 사람들이 많이 몰려들어야 한다. 그래야 거래가 발생하고 관련 회사의 광고도 유치할 수 있다.

그렇게 하려면 컨텐츠가 좋아야 하고, 정기적으로 업데이트시켜야 한다. 일단 궤도에만 올라가면 안정적으로 운영할 수 있는 비즈니스 형태다.

　자신만의 전문 분야가 있다면 그것을 사업으로 전개할 때 제일 유용한 방식이 인터넷 컨텐츠 사업이다.

유태인의 금전 철학

세계에서 가장 부자가 많은 민족은 유태인이다. 부자뿐만이 아니다. 그들은 세계 인구의 0.25퍼센트에 불과하지만 노벨상의 30퍼센트를 차지하고 있으며 경제학 관련 상만 보면 41퍼센트를 차지하고있다.

석유재벌 록펠러, 세계 반도체 산업을 좌지우지하는 인텔의 앤드루 그로브, 마이크로 소프트의 빌 게이츠와 스티브 발머, 델 컴퓨터의 마이클 델, 오라클의 래리 애릭슨, 금융계의 황제 조지 소로스 등 우리가 익히 알고 있는 많은 사람이 유태인이다. 또한 미국 명문대학 교수의 60퍼센트가 유태인이며 미국의 금융가 월 스트리트(Wall Street)를 장악하고 있는 사람들도 미국의 3대 신문, 3대 방송 모두를 소유한 사람들도 유태인이다.

월 스트리트가 미국 금융의 중심지가 된 사연도 유태인들과 관련이 있다. 제2차 대전 당시 유태인들이 히틀러의 박해를 피해 미국으로 몰려들자 미국은 허드슨 강가에 정착촌을 만들어줬다. 그런데 강물이 범람하자 이를 막기 위해 옹벽을 설치했다. 일종의 방수벽인 셈이다. 이것을 '월(Wall)'이라고 불렀다. 이곳에 자리 잡은 유태인들이 금융업을 일으켰고 오늘날의 월가가 된 것이다.

이런 역사 때문인지 지금도 월가 임직원의 30퍼센트 정도가 유태인인 것으로 알려지고 있다. 미국이 산업자본주의를 거쳐 완전한 금융자본주의로 진입했다고 할 때 금융을 지배한 자가 미국을 지배한다고 볼 수 있다. 그렇다면 미국의 정치, 경제 등 주요 분야는 모두 유태인들이 좌우한다고 보면 맞을 것이다.

유태인들을 이해하기 위해서는 이들이 살아온 역사적 배경과 돈에 대한 철학을 알아야 한다. 2,000년 동안 나라 없이 세상을 떠돌면서 살아야 했던 그들이 믿고 살아갈 수 있는 것은 돈뿐이었다. 유태인들은 서구 기독교 사회에서 가는 곳마다 박해를 받았다. 바로 예수를 죽인 민족에 대한 증오인 셈이다.

유태인들은 제한된 구역으로 밀려나 살아야 했으며, 직업도 마음대로 가질 수가 없었다. 물건을 만들어 판매하는 제조업도 금지되어 있어서 할 수 있는 거라고는 대금업뿐이었다. 당시 기독교에서는 이자를 받고 돈을 빌려주는 대금업을 금지했기 때문에 기독교에서 소외된 유태인들은 할 수 있었다. 그래서 그들은 아끼고 절약하여 만든 목돈으로 대금업을 했다. 그 대금업이 지금 하는 금융업의 모태가 된 것이다.

유태인의 금전 철학에는 남다른 점이 있다. 유태인들은 자녀에게 '돈이란 인간을 축복해주는 고마운 것'이라고 가르친다. 또한 '부유함은 견고한 요새'이고 '빈곤은 폐허와 같다'고 교육한다. 그들은 대부분 무일푼 철학에서 출발한다. 무일푼에서 지혜를 짜내 목돈을 만들고 여기에 부가가치를 더해 각 분야로 나아가 성공을 거두는 식이다.

무일푼 철학은 왜 위대한가? 큰돈 없이 돈을 벌려면 아무도 하지 않는 분야를 찾아야 한다. 그것이 성공 가능성도 높고, 일단 성공만 하면 큰 부를 축적할 수 있기 때문이다. 그래서 유태인들은 지금도 남이 해서 성공한 분야는 쳐다보지도 않는다. 아무도 하지 않았거나 남이 실패한 분야를 찾아 적은 돈으로 승부를 걸면서 성공을 만들고 있다. 마케팅의 관점에서 보자면 차별화, 세분화된 시장을 찾는다는 의미다.

'승자의 주머니에는 꿈이 있고 패자의 주머니 속에는 욕심이 있다.'

탈무드에 나오는 말이다.

우리나라 자녀들에 대한 경제교육은 무일푼의 철학이 없다는 점에서 유태인들과 크게 다르다. 부모가 이룩한 것을 물려주기만 해서는 절대로 크게 일어서지 못한다. 먼저 꿈을 심어주고 그 꿈을 이루기에 합당한 교육을 시켜줘서 그런 그릇이 된 다음에 필요한 최소한의 지원만 해줘야 한다. 꿈이 없는 아이에게 돈을 물려주면 그 아이는 작은 현실에 안주하고 만다.

13 무형의 부가가치가 미래의 경쟁력

글을 쓰다가 지울 일이 생겼을 때 지우개를 찾은 기억이 있을 것이다. 지우개는 그리 큰 물건이 아니어서 책상에 물건이 조금이라도 있으면 쏙 숨어서 찾기 어렵다. 하지만 연필 끝에 지우개를 달면 지우개 찾는 수고를 덜게 된다. 쓰다가 연필을 돌리면 바로 지우개로 지울 수 있으니까.

이 지우개 달린 연필도 누군가 아이디어를 낸 특허로, 역사상 돈을 많이 번 특허 중 하나다. 이것처럼 부가가치란 기존의 재료에 뭔가를 플러스해서 좀 더 편리한 것으로 가공될 때에 발생하는 가치를 말한다.

동물의 가죽은 그리 비싸지 않은 가격에 거래되지만 이것으로 옷이나 구두를 만들면 훨씬 비싼 가격에 팔 수 있다. 강가에 있는 한

줌의 모래는 경제적인 가치가 별로 없지만 이를 가공해서 예쁜 유리잔을 만들면 돈을 받고 파는 상품이 된다. 또한 그 유리잔에 아름다운 문양을 그려 넣으면 상품의 가치는 더 올라가게 된다. 두루마리 휴지를 일정한 규격으로 잘라서 예쁜 종이상자에 담으면 티슈가 되어 훨씬 더 비싼 가격에 팔린다.

앞의 사례는 모두 부가가치를 더해가는 과정이다. 기업들이 하는 일도 기존의 재료를 좀 더 유용한 것으로 가공하는 과정이라고 할 수 있다. 따라서 한 나라의 부(富)는 기업들이 얼마나 많은 부가가치를 창출해 내느냐 하는 문제다.

2004년을 기준으로 우리나라 10대 기업이 창출한 부가가치는 55조 3,000억 원, 30대 기업으로 확대하면 82조 5,000억 원으로 GDP의 11.9퍼센트가 된다. 100대 기업으로 확대하면 117조를 넘어 GDP의 16.88퍼센트를 차지한다. 그 중 가장 많은 부가가치를 창출한 기업은 삼성전자로 14조 5,000억 원, GDP의 2퍼센트를 만들어냈다. 전문가들은 우리나라가 선진국으로 진입하기 위해서는 이런 일류기업 4, 5개 정도 더 나와야 한다고 지적한다.

모래에서 석영을 추출하여 유리잔을 만들면 1,000원에 팔 수 있다. 여기에 예쁜 그림을 그려 넣으면 유리잔의 가격은 1,500원으로 높아진다. 유리잔을 1,000원에 팔아봤자 가공비와 인건비를 빼면 그리 많이 남는 장사가 아니지만 그림을 그려 넣으면 거의 들지 않는 재료비로 500원이라는 높은 부가가치를 창출하게 된다.

부가가치는 유형의 상품보다는 무형의 상품에서, 제조업보다는 서비스업에서 높게 나타난다. 전문가들은 우리나라가 외환위기 이후 제조업의 부진보다 서비스업의 활력이 떨어져서 회복이 늦은 것으로 보고 있다.

외환위기 이후 평균 6퍼센트까지 떨어졌던 부가가치 증가율은 2006년에 8.9퍼센트로 회복됐지만 서비스업은 여전히 2, 3퍼센트 선에 머물고 있다. 우리나라는 서비스업의 비중이 업종 수로는 49퍼센트, GDP로는 60퍼센트에 달한다. 이렇게 큰 비중을 가진 서비스업이 성장 동력을 잃고 있다는 현실은 우리가 하루라도 빨리 해결해야 할 과제이다.

높은 부가가치의 상품을 만들기 위해서는 무형의 요소들에 훨씬 많은 노력을 기울여야 한다. 유리잔을 만드는 기술은 비슷하지만 여기에 아름다운 문양을 그리는 기술은 천차만별이다. 이 차이에서 부가가치가 발생하는 것이다.

디자인, 브랜드, 친절, 서비스 등 눈이 보이지 않는 모든 요소들이 무형의 부가가치다. 이는 기업뿐만 아니라 개인도 눈에 보이는 요소보다 눈에 보이지 않는, 남들이 갖지 못한 무형의 자산을 기르는 것이 경쟁력 확보의 지름길이다.

소믈리에를 아시나요?

식생활 패턴의 변화와 웰빙 바람으로 우리나라 와인 소비량이 크게 늘어나고 있다. 2006년 와인 수입은 전년보다 31퍼센트가 늘어났다. 국별 수입량은 프랑스가 가장 많고 칠레, 미국 순으로 이어진다. 칠레의 경우 자유무역협정으로 수입량이 크게 늘어났기 때문이다. 미국과의 자유무역협정이 발효되면 미국산도 크게 증가할 것으로 보인다.

와인은 마시기 끼다로운 술이다. 음식에 따라, 취향에 따라, 분위기에 따라 고르기가 매우 까다롭다. 호텔이나 고급 레스토랑 등에서 와인만 전문적으로 서비스해주는 사람을 소믈리에(Sommelier)라고 부른다.

와인 소비량의 증가에 힘입어 소믈리에의 인기도 높아지고 있다. 2000년부터 개설된 와인 아카데미에서는 5000명 이상의 전문가를 배출하고 있는데, 앞으로 새로운 전문직으로 자리 잡을 것으로 보인다. 직장인들의 취미나 세컨드 잡으로 유망한 직업이라고 한다.

14 21세기는 대량맞춤 시대

이제는 상품과 서비스도 21세기 인터넷 시대에 맞게 전략적인 변신을 하지 않으면 살아남지 못한다.

시장은 유기체와 같아서 늘 변한다. 그 변화의 속도에 약간의 차이는 있을 수 있지만 항시 흐르는 물과 같이 변한다. 이 전략적 변신의 선두주자로 대량맞춤이 두각을 나타내고 있다.

이제는 대량맞춤 시대

세계 최대의 인터넷 서점 아마존에서 도서나 음반을 구입해보면 아주 각별한 체험을 할 수 있다. A도서를 주문하면 이와 관련한 도서 정보를 보내준다. 이 정보에는 책의 내용, 서평, 같은 도서를 구입한 사람들에 대한 설명, 그 사람들이 구입한 다른 도서 등이 담겨 있다. 클릭 한 번으로 독서 전문가에게 직접 상담을 받은 느낌이 들 정도이다.

이처럼 인터넷 시대의 특징은 대량맞춤(mass customization)이다. 대량맞춤은 대량생산(mass production)과 맞춤화(customization)가 결합된 용어로 소비자 개개인의 특성에 맞춰 상품과 서비스를 제공하되, 상품과 서비스를 대량생산을 통해 비용을 낮춰 경쟁력을 창출하는 새로운 방식이다.

여러 분야에서 이런 서비스가 빠르게 진행되고 있다. 이것이 인터넷 시대의 특징이기도 하다. 소비자들이 자신에게 맞는 특별한 서비스를 저렴한 비용으로 받고 있다는 느낌이 들기 때문에 계속 활성화되고 있는 것이다.

나이키

나이키 운동화도 이젠 맞춤시대로 접어들었다. 'www.nikeid.com'으로 들어가서 자신이 원하는 운동화를 직접 디자인할 수 있다. 원하는 형태, 소재, 색상뿐만 아니라 자신이 원하는 글자까지 새겨준다. 이럴 경우 상품의 희소성을 덤으로 얻을 수 있다.

브룩스 브라더스

남성복 맞춤집인 브룩스 브라더스는 '바디스캐너'라는 룸에 들어가면 12초 만에 고객의 치수에 관한 모든 정보가 입력된다. 그런 다음 원단, 색상, 디자인 등을 선택하면 자동화 시스템으로 데이터가 전송되고 곧바로 생산에 들어간다.

그렇게 해서 완성된 상품은 집으로 배송해준다. 이렇게 특화된 개별 맞춤 양복은 시중 가격보다 12~15퍼센트 정도의 높은 가격이라도 지불할 용의가 있다는 연구결과도 있다.

미국에는 바지만 전문적으로 맞춤 생산을 하는 회사도 있다. 매장에 나가지 않아도 원단, 컬러, 자신의 치수 등을 인터넷으로 입력하면 며칠 후 집에서 제품을 받는다.

편리한 반송 시스템, 스마트 레이블

인터넷에서 거래를 하면 직접 얼굴을 맞대지 않기 때문에 커뮤니케이션에 문제가 생길 수 있다. 이를 해결한 것이 스마트 레이블 (smart label)이다. 주문한 상품을 배송할 때 스마트 레이블을 함께 보낸다. 여기에는 바코드와 반송 주소가 찍혀 있다. 주문한 제품이 마음에 들지 않으면 박스에 상품을 담아 이 스마트 레이블을 박스에 부착하고 보내면 모든 것이 해결된다. 최근에는 인터넷 기업들을 위한 반송 전문 서비스도 등장했다.

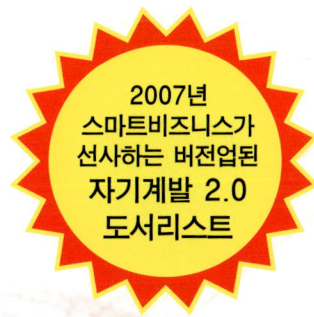

"성공이란 과목엔 지도교수가 없습니다!"

그러나, 지도교수는 없어도
성공을 위한 도서목록은 있습니다.
우리 인생에
더 많은 선택과 여유로움을 선사할
스마트비즈니스의 책!

성공의 촉수는 스스로 길을 내겠다고 마음먹은 순간부터 예민해집니다. 수동적으로 받아들이던 정보와 지식들을 능동적으로 찾아 나서게 되는 것도 이때부터입니다. 책 한 권을 읽어도 현실에 적용하려 애쓰고, 만나는 모든 사람에게서 배우려고 긴장합니다. 결국 그 촉수는 점점 발달하여 스스로 먹이를 낚아채는 방법을 깨우칠 것이고, 아무도 읽어내지 못하던 성공의 감을 감지하게 되는 날이 오게 됩니다. 먹이를 배식 받는 것에 익숙하면 사냥하는 법을 잊어버리게 되고 성공을 감지하는 촉수는 더디게 발달하거나 퇴화하게 마련입니다. 누군가의 밑에서 배운다는 것 자체로 성공은 보장되지 않습니다. 오히려 그 사람의 아류가 되거나 2인자의 삶을 살 가능성만 높아질 뿐입니다. **성공은 레슨 받는 과목이 아니라 스스로 깨달아야 하는 과목이기 때문입니다.**

확률은 성공의 답을 알고 있다

노구치 테츠노리 지음 | 신은주 옮김 | 값 12,000원

알면 절반은 이기고 시작하는
우리 인생의 '경우의 수'

'성공'하는 사람은 '확률'을 즐기고
'실패'하는 사람은 '우연'에 기댄다

확률은 알고 있다. 그저 우연이라고 생각했던 일,
논리적이라 믿었던 결과, 이해할 수 없는 현상,
다가갈 수 없을 것 같은 희망….
확률은 이 모든 이유와 해답을 알고 있다.
확률은 우리의 인생과 밀접한 관련을 맺고 있다.
때로는 성공과 실패를 좌우하기도 한다.
인생의 중요한 의사결정의 순간에
확률을 알면 절반은 이기고 시작하며
모르면 반드시 지게 되어 있다.
이 책은 인생에 꼭 필요한 확률지식을
재미있고 풍부한 사례로 알려주는
성공을 위한 필독서다!

원숭이도 셰익스피어 소설을 타이핑할 수 있다?

기우제를 올리면 반드시 비가 온다?

강수 확률 0%인데도 비가 온다?

입사시험에 합격할 확률은 85%?

당첨이 잘되는 혈액형은 따로 있다?

확률 $\frac{1}{2}$인 게임에서는 올인하는 게 최선의 방법?

찍기로 시험을 치르면 몇 개나 맞힐까?

나중에 뽑으면 당첨되기 쉽다?

대 한 민 국 · 유 머 화 법 · 교 과 서

방우정의
맛있는 유머화법

방우정 지음 | 값 11,000원

방우정 : 네가 하고 있는 「연예가중계」 난 딱 한 번박에 못 봤다.
김제동 : 선생님! 전 한 번도 못 봤습니다.
방우정 : 와?
김제동 : 그게 생방송이라서요.

김제동의 스승이자,
이벤트 MC계의 살아있는 전설,
방우정의 22년 유머 노하우로 가득 찬
'대한민국 유머화법 길라잡이!'

성공한 대화법과
사람을 얻는 유머화법은
절대로 밥 한 끼 먹는 시간 동안
체득할 수 있는 가치가 아니다!

이 책은 20년 넘도록 무대 위에서 살아온 '방우정의 마이크 인생'이 담겨져 있다. 집필을 통해 앞만 보고 달려온 나의 화법인생을 정리할 수 있었으며, 무엇보다 '메모의 힘'을 절실하게 느낀 기회였다. 사례, 유머, 이슈, 정보 등을 적어놓은 노트를 꺼내 이 책 한 권 안에 탈탈 털어넣었다.

사람들은 유머 있는 사람을 무조건 '웃기는 사람'이라고 단정 짓는다. 그러나 진정한 유머가란 단순히 사람을 즐겁게 해주는 달변가가 아니라, 사람의 감정을 웃기기도 하고 울리기도 하는 공감능력을 지닌 사람을 말한다. 유머는 사람의 감정을 움직이는 힘의 원천이다.

세상에서 사람을 얻는 방법에는 여러 가지가 있지만 '유머' 만큼 빠른 것은 없다. 독자들이 이 책을 통해 현명한 대화법과 사람을 내 편으로 만드는 유머화법을 구사하는 방법들을 맛있게 즐길 수 있다면 나에게 더 없는 기쁨이다.

마지막으로 현명한 유머가는 절대로 밥 한 끼 먹는 시간 동안 만들어질 수 없음을 독자들이 기억했으면 좋겠다.

— 머리말에서

대 화 가 · 풀 리 면 · 세 상 이 · 즐 겁 다

이숙영의

맛있는 대화법

이숙영 지음 | 값 11,000원

아침 방송 20년에 빛나는 이숙영의 맛있는 대화 노하우

"비즈니스와 연애는
대화가 99%다!"

이 시대 진정한 '라디오 스타'
아나운서 이숙영의
'맛있게 대화하기' 비법 대공개!

부드러운 대화 속에는
더 많은 여유와 선택을 꽃피울 수 있는
씨앗이 있다!

이숙영 씨는 내가 닮고 싶은 인생의 선배다. 내가 아는 그녀는 정말 부지런하고 따뜻한 사람이다. 평소 한국인의 정서와 상황에 맞는 대화 책이 있으면 참 좋겠다 싶었는데, 이 책이 그런 갈증을 풀어줄 수 있으리라 기대한다.

- 채시라(탤런트)

딱 한 번 만나고도 왠지 끌리는 사람이 있다. 그 이유가 뭘까? 바로 좋은 대화법! 상대방과 어떻게 말을 하느냐 하는 것이 인간관계의 성공과 실패를 결정짓는 키포인트다. 모든 사람들에게 매력적인 사람으로 어필할 수 있다면, 누군가에게 특별한 사람으로 기억되고 싶다면, 이 책을 비타민처럼 복용하자!

- 최윤희(행복 디자이너)

평소에 좋은 이야기를 귀담아두었다가 방송에서 열정적으로 말하는 그녀는 진정한 대화의 프로다. 호감과 끌림을 이끌어내는 화술은 테크닉에 있는 게 아니라 상대에 대한 배려에 있다는 그녀의 말에 나 또한 100퍼센트 동감한다.

- 유인경(뉴스메이커 편집위원)

"당신의 열정과 희망에
격려와 응원을 보내는 책이 있습니다!"

오늘보다 더 나은 내일을 위한
최고의 선물

여훈 지음 | 값 12,000원

무심코 신는 신발이나 청바지 한 벌에도 저
개발국 어린이들의 슬픈 노동력이 숨어있다.

아기는 부드럽게 면도한 아빠의 뺨을
젖으로 오해했다. 부드러움은 항상
끌어들인다.

조직이 '자리'를 빼앗을 수는 있어도
'꿈'은 빼앗을 수 없는 것처럼,
경쟁자가 당신의 '작은 기회'를 빼앗을 수는 있어도
큰 기회를 만드는 '좋은 습관과 태도'는 빼앗을 수 없습니다!

당신 안에는 이미
'누구도 빼앗을 수 없는 특별한 것'이 있습니다.
그것을 깨우십시오!

용기만 있다면 천적도 협력자로 바뀔 수 있다.

인생에서 주인공이 아닌 사람은 없다.

잊지 말아야 할 것이 있다면, 기억하는 것만
으로는 부족하다. 기록해야만 한다.

The Art of Money Getting

150년 전 부자,
바넘이 들려주는
부의
황금률

P. T. 바넘 지음 | 서유진 옮김 | 값 8,500원

150년 전 부자, 바넘이 들려주는 부의 황금률은
세상에 부를 갈망하는 사람들이 존재하는 한
'아직도 현재진행형이다'

세계 역사상 가장 위대한 흥행사 바넘은 자신이 엄청난 부를 모을 수 있었던 비밀을 이 책에서 밝히고 있다.
그가 부를 만들고 잃었던 그 엄청난 경력에 왕과 왕비들은 매혹되었고, 그의 천재성과 위트 그리고 화술을 통해 바넘은 돈을 모으는 것에 대한 황금률을 써나갔다. 바넘이 말하는 20가지 부의 황금률은 150년의 세월이 흘렀지만 지금도 벤저민 프랭클린과 함께 많은 독자들의 사랑을 받고 있다.
누구나 부자가 될 수 있고 성공을 약속해주는 이 법칙들은 150년 전 뿐 아니라 오늘날에도 적용할 수 있을 만큼 생생하다. 바넘의 다채로운 설명과 독특한 풍미는 이 책의 매력임과 동시에 아직도 현재진행형으로 펄떡거리고 있다.

바넘이 들려주는 **20가지 '부의 황금률'**

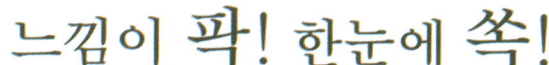

하버드, 스탠포드, UCLA,
옥스퍼드, 와튼, 컬럼비아, 워싱턴 등
전 세계 유수 경영대학원 필수 교재!

느낌이 팍! 한눈에 쏙!

맥킨지, 차트의 기술

Say it with Charts, 4th Edition

진 젤라즈니 지음 | 안진환 옮김 | 값 13,000원

개념과 상징으로 완성하는
'비즈니스 커뮤니케이션의 절대 법칙!'

· 수많은 종류의 차트 가운데 가장 적절하고 효과적인 차트를 선택, 준비, 활용 하는 방법.

· 메시지를 일목요연하게 전달할 수 있는 글자 크기, 색상, 형태를 선택하는 방법.

· 애니메이션, 이미지, 음향, 비디오 효과의 활용 및 웹 사이트 링크를 적절히 이용해 극적인 전자 비주얼을 만드는 방법.

가 벼 워 지 자 , 삶 이 라 는 것 으 로 부 터 !

게으르지 않고
느 리 게
산 다 는 것

기젤라 크레머 지음 | 이민수 옮김 | 값 10,000원

지난달에는 무슨 걱정을 했었지?
작년에는?

그것 봐.
기억조차 못하고 있잖니.

그러니까 오늘 네가 걱정하고 있는 것도
별로 걱정할 일이 아닌 거야.

잊어버려,
내일을 향해 사는 거야.

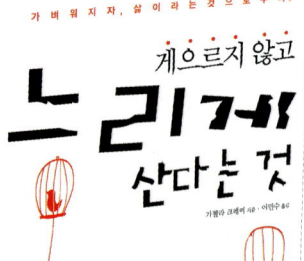

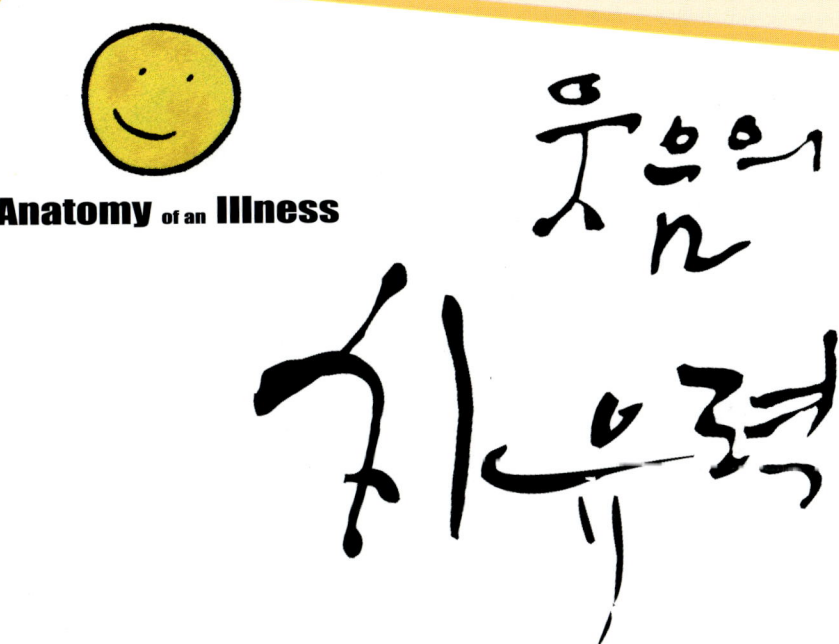

Anatomy of an Illness

웃음의 치유력

노먼 커즌스 지음 | 양억관 · 이선아 옮김 | 값 10 000원

"왜 우리는 나이 들면서 웃음을 잃어가는가? 아이는 하루 평균 300번 이상 웃는다는데, 어른은 고작 6번에 불과하다."

삶을 위협하는 고통과 싸워 이기게 하는 웃음의 놀라운 힘!

모든 인간은 고통을 극복할 수 있는 능력이 스스로에게 존재한다.
우리 몸에는 완벽한 약국이 있다. 우리는 그 어떤 병이라도 치유할 수 있는
강력한 약을 가지고 있다. 그것은 다름 아닌 바로 '웃음' 이다.

_『워싱턴포스트』

경이로운 책이다. 삶에 힘들어하는 모든 이들에게 큰 용기를 줄 것이다.

_『시카고선타임스』

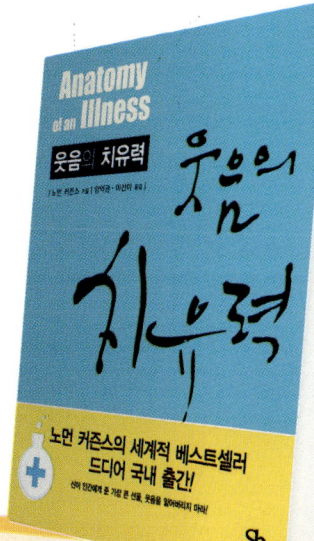

오프라 윈프리, 위대한 인생

Oprah Winfrey and the Glamour of Misery

에바 일루즈 지음 **강주헌** 옮김

| 값 15,000원 |

THE OPRAH

인생의 승리자가 되려면 반드시 책임지는 사람이 되어야 합니다.
과거에 머물러서, 그 과거가 지금 당신을 지배하게 놔둔다면 결코 성장할 수 없습니다.
분명 사람들에게는 저마다 지닌 장점들이 있습니다. 다만 그것을 찾으려고 노력하지 않을 뿐이지요.
우리는 살아가면서 자신에게 질문을 던져야 합니다.
'나는 열정과 용기를 가진 사람인가?', '나는 능력을 키우기 위해 어떠한 노력을 하고 있는가?'
만약 이 질문에 자신 있게 대답하지 못했다면 다시금 힘차게 시동을 걸어야 합니다.
능력은 과거의 시간을 뛰어넘는 힘에서 출발합니다.

- 오프라 윈프리 -

 SBS 『김미화의 U』에서 극찬한 바로 그 책!